Friedrich von Gentz

Betrachtungen über die Französische Revolution

In zwei Teilen. Erster Teil

Friedrich von Gentz

Betrachtungen über die Französische Revolution
In zwei Teilen. Erster Teil

ISBN/EAN: 9783744691338

Hergestellt in Europa, USA, Kanada, Australien, Japan

Cover: Foto ©Suzi / pixelio.de

Weitere Bücher finden Sie auf **www.hansebooks.com**

Betrachtungen

über die

französische Revolution

Nach
dem Englischen des Herrn Burke
neu/bearbeitet

mit

einer Einleitung, Anmerkungen,

politischen Abhandlungen,

und

einem critischen Verzeichniß

der in England über diese Revolution erschienenen Schriften

von

Friedrich Gentz.

In Zwei Theilen.

Erster Theil.

Neue Auflage.

Berlin 1794,
bei Friedrich Vieweg dem Aelteren.

Inhalt.

Erster Theil.

Zweyter Theil.

Politische Abhandlungen.

Einleitung.

Ueber den Einfluß politischer Schriften, und den Charakter der Burkischen.

Es war eine Zeit, wo es für einen denkenden Mann kaum einen edlern und kaum einen süßern Beruf gab, als — politischer Schriftsteller zu seyn. Die Menschheit erwachte aus einem langen Schlummer. Der dämmernde Tag beleuchtete eine grauenvolle Scene von Barbarey, Erniedrigung, Knechtschaft, und tausendfachem Elend. Ein Strom von Licht mußte die dicke Finsterniß zerreißen, die den menschlichen Geist gefangen hielt. Wahrheit und Freyheit mußten aus einem zweyten Chaos eine neue Welt hervorziehen, und Belehrung ward das erste Bedürfniß der Nationen.

In diesem Zeitpunkt einer allgemeinen Verjüngung war jeder Schritt auf der Bahn der Wissenschaften ein entschiedner Gewinn, der näher oder entfernter alle Classen der Gesellschaft erreichte. Die Großen wurden durch den Zuwachs an Erkenntniß sanfter und milder, die Geringern wurden zugleich selbstständiger und lenksamer. Was den Einzelnen beglückte, stärkte auch die Regierungen. Die Geissel konnte ruhen, als die Vernunft den Scepter ergriff, und aufgeklärte Bürger waren treuere Unterthanen, als

unwissende Sklaven. Indem die steigende Cultur der Allgewalt des unumschränkten Beherrschers einen mächtigen
Damm entgegen setzte, war sie im glücklichsten Bunde mit
seinem wahren und bleibenden Interesse. Dadurch, daß
blinder Gehorsam und blinde Verehrung ein Ende nahmen,
wurden Achtung für die Gesetze, Liebe zur bürgerlichen Ordnung, und Vertrauen auf die Führer des Staats, die
sichersten Stützen der Thronen, in allen Gemüthern befesti-
get: und der, welcher die Tyrannen angriff, ward ein
Wohlthäter der Fürsten.

Jetzt hat sich das Verhältniß sonderbar geändert. Unser mit Kenntnissen aller Art gesättigtes Jahrhundert will
über das Ziel hinausfliegen, und fängt an des Zügels
zu bedürfen. Eine einseitige, regellose, ausschweifende
Bearbeitung des Verstandes, die mit der Bildung des Cha-
rakters in keinem Ebenmaß steht, treibt in allen Ländern
von Europa die rastlose, unmuthige, neuerungssüchtige
Stimmung hervor, die sich allemahl da einfindet, wo Geistes-
Cultur ohne wahre Energie erscheint. Das Uebermaß des
Wissens kann der Menschheit so verderblich werden, als es
die Unwissenheit ihr war. Wir schwimmen in einem Ozean
von Schriften, dessen Gränzen die Einbildungskraft kaum
erreicht. Wäre die Glückseeligkeit unsers Geschlechts auf
dem Wege des Lesens und Schreibens zu finden, so müßte
sie durchaus nicht mehr zu suchen seyn.

Jetzt ist es offenbar so weit gekommen, daß es für einen
Mann, der sich mit allen Fähigkeiten zum öffentlichen Wirken ausgerüstet fühlt, ein ernsthaftes Problem wird, ob er
seinen Zeitgenossen redlicher dient, wenn er spricht, oder
wenn er schweigt. Die zahllosen Irrthümer und Thorheiten, welche sich mit einem zahllosen Heer von Büchern in
die Welt drängen, soviel als es die Kraft und die Geschick-

lichkeit eines Einzelnen vermag, zu bekämpfen, scheint freylich eine der ersten Pflichten gegen die Gesellschaft, in der
wir leben, zu seyn: aber die Gefahr, mit den besten und
weisesten Absichten die Verwirrung zu vergrößern, das, was
man ausrotten möchte, mit neuer Wichtigkeit zu bekleiden,
und erhitzte Leidenschaften durch Widerstand zu nähren, —
muß die Ausübung dieser Pflicht oft hemmen, und immer
unendlich erschweren.

Niemand findet sich in die Skrupel, die dieses bedenkliche Verhältniß erzeugt, so tief verwickelt, als der, welcher in unsern Tagen über politische Gegenstände sprechen
will. Auf keiner Seite ist der Geist des Menschen so über-
gebildet und so verbildet, wie auf dieser. Das Studium
der Politik hat in einem Lande, wo jede Art von wissenschaftlicher Industrie aufs höchste getrieben war, gleich einem
barbarischen Eroberer alles, was sich in seiner Nachbarschaft fand, angefallen und ausgerottet; hier, alle höhere
Litteratur aufgerieben oder gelähmt, dort, den ganzen Inbegriff der Modelectüre und der litterärischen Tändeleyen
verschlungen. Wenn Frankreich das Beyspiel giebt, wie
könnte Europa zurückbleiben! Diese politische Bücherwuth
zieht schon von Land zu Land und von einer Classe der Gesellschaft zur andern fort. Wo der Boden nicht von selbst
die neue Frucht tragen will, wird sie ihm künstlich einge-
pfropft. Wo man noch kein eignes Feuer hat, wärmt man
sich an fremdem. Legionen von Zeitschriften, Tagesblättern
und Broschüren stürzen sich auf die Werkstätten, und auf
die öffentlichen Versammlungsörter, wie auf die Studir-
stuben, und auf die Gesellschaftszimmer der Großen. Wer
eine Feder regieren kan, glaubt sich zurück gesetzt, wenn er
nicht zum wenigsten auch eine Stadt regiert: und wer sich
mit einer Handvoll Kunstwörtern vertraut gemacht hat,

schreitet muthig und unverzagt, zu Entwürfen neuer Regierungsformen.

Natürlich kan es zu einer Zeit, wo fast Jedermann Lehrer seyn will, nur gar wenig Lernende geben. Unter allen
Zweigen wissenschaftlicher Erkenntniß hat von Alters her
keinen so sehr das Loos getroffen, von ungeschickten Händen
verstümmelt zu werden, als die Politik. Nirgends hat sich
der gemeinste und ungeübteste Verstand so leicht in den
Traum einer seligen Allwissenheit einwiegen lassen. Alltägliche Bescheidenheit schließt dem Layen den Mund, wenn
der Kunstverständige über Jurisprudenz, Arzneywissenschaft
oder Metaphysik spricht: aber sobald von Staatsverfassungen die Rede ist, wird Jeder ein Adept. Wenn dieß das
Schicksal der Politik in einfältigen und unwissenden Jahrhunderten war, was läßt sich erwarten, seitdem einen großen Theil des Erdbodens die Mittagssonne der Erkenntniß
bestrahlt? — Es ahndet jetzt keinem, der über die Schul-
jahre hinaus ist, daß man eine politische Schrift lesen könnte, um sich zu unterrichten. Censur ist der einzige Zweck
alles Lesens, und ein flüchtiges Lob der höchste Lohn, den
sich das reichhaltigste Werk zu versprechen hat.

Mehr oder weniger an die großen Weltbegebenheiten
gekettet, die ihn umringen, sinkt der Philosoph, der Staaten und Regierungsformen zum Thema seiner Meditationen
machte, in dem unaufhaltsamen Strome der Zeit, wo eine
Welle die andre verschlingt, mit unter. Die vortrefflichsten
Raisonnements über die politischen Verhältnisse der Nationen werden der Vergessenheit überliefert, sobald neue Verhältnisse das Gemüth des Beobachters an sich reißen. Nie
war dieser Wechsel so auffallend sichtbar, als in dem Wir-
war großer, neuer, unerhörter Revolutionen, die seit einigen Jahren, Schlag auf Schlag, die Aufmerksamkeit

und das Erstaunen der Menschen herausgefordert haben.
Wenn „Vergänglichkeit“ das große Losungswort ist, wenn
Völker ihre Staatsverfassungen einführen und abschaffen,
wie man ein Gewand anzieht und ablegt, wenn ein ewiger
Kampf zwischen Werden und Vergehen der allgemeine Charakter der gesellschaftlichen Verhältnisse werden soll — wie
kann das, was ein Individuum hervorbringt, wie kann ein
flüchtiger Gedankenbau, wie kan der Antheil, den man an
einer Ideenreihe nimmt, auf Dauer Rechnung machen!
Wenn Schauplatz und Schauspieler verschwinden, wer hört
noch auf die Critik eines Zuschauers? Wäre nicht der mächtige Reiz, der die Vorstellung vom Genuß eines augenblicklichen Ruhms begleitet, wie ließe es sich begreifen, daß jetzt
in Frankreich Tausende von Schriftstellern heute aufsteigen,
um morgen auf immer unterzugehen? Wie ließe es sich begreifen, daß, selbst mit dem Bewußtseyn ausgezeichneter
Talente einem Sterblichen noch Muth genung bleibt, um
durch Gedanken und Worte den Beyfall einer Nation zu suchen, bey der selbst Thaten keine dauernde Monumente
mehr sind? einer Nation, die nichts mehr rührt, als was
im gegenwärtigen Moment die Sinne ergreift oder den er-
müdeten Geist aus dem Schlummer rüttelt? die ihrer Lehrer wie ihrer Wohlthäter vergißt, die ihre eignen Götzen-
bilder nicht achtet, und ihre Lieblinge mit Füßen tritt, die
nichts mehr davon weiß, daß es einen Bergasse unter ihr
gab, die für ein Meisterstück von Necker's Hand, kaum
einen Leser mehr stellt, die es kaum bemerkt, wenn Barnave im Kerker schmachtet, und Rochefoucault unter dem
Mordmesser sinkt; bey der die Hinrichtung eines Clermont = Tonnere vorüberrauscht, wie ein albernes Mährchen des Tages, das am Abend dahin stirbt?

Die, welche die Augen auf das große Drama richten, neh=
men nach und nach die Gefühle und die Manieren der Helden
an. Wenn es nicht einen Thronumsturz, ein Volksblut=
bad, oder einen Königsproceß gilt, wird es nicht mehr der
Mühe werth geachtet, bey einem Werk über politische Ge=
genstände länger als bey einer Zeitung zu verweilen. In
dem unermeßlichen Schwall fruchtlos = beschriebnen Papiers
verliehren sich die weisesten Plane und die genievollsten
Ideen, wie die Mordanschläge wüthender Demagogen,
und die Fieber = Rasereyen des Jacobiner = Clubbs.

Dies sind die Aussichten, dies sind die Hoffnungen ei=
nes Jeden, der seine Stimme in diesem allgemeinen Tumult er=
heben will. Dies ist das gemeinschaftliche Schicksal der Schrift=
steller aller Partheyen. Der, welcher den Lieblings Weg mit=
wandelt, dem Lieblingstraum schmeichelt und den Rausch des
Augenblicks theilt, wird beklatscht: der, welcher die Räder des
geflügelten Wagens hemmen will, wird verhöhnt, und beyde
werden vergessen. Aber ein höherer Muth muß Führer auf ei=
ner Bahn seyn, wo nicht einmahl die Bewunderung einer
Stunde zu erwarten ist. Die Richtung welche der Geist der
lesenden Welt in den meisten Europäischen Ländern genommen
hat, droht jedem Versuch, das Gleichgewicht unter den politi=
schen Ideen herzustellen, mit augenblicklichem Mislingen, und
eiserner Unfruchtbarkeit. Wer nicht in die Triumphslieder der
Weltverbesserer einstimmt, wer nicht „Freyheit und Gleich=
heit" auf dem Titelblatt aushängt, wer nicht alle auf Erden
vorhandne Macht, als Narrheit verlachen, oder als Ty=
ranney verfluchen kan, der findet, sogleich als nur die er=
sten Perioden sein verhaßtes System enthüllt haben, allent=
halben verschloßne Ohren, und ungünstige Gemüther.

In Ländern um welche die Wasserfluthen einer Revolu=
tion toben, ist diese Stimmung weder unerwartet, noch

erklärbar. Wenn ganze Nationen ihren bürgerlichen Zustand verabscheuen und mit aller Wuth der entzügelten Leidenschaften einem neuen entgegenstürzen, wenn ein wilder Enthusiasmus hinter sich und neben sich nichts als Elend und Nacht,
sich nichts als Heiterkeit und Wohlfarth zu sehen glaubt,
wenn sich individuelle Gefühle, Haß, und Neid, und Eigennutz
und Herrschsucht, und blinder Faktionsgeist mit dem allgemeinen Taumel vermengen, und die Vernunft das Feld verläßt,
wo das Heer ihrer verbündeten Feinde raset: — dann ist jeder
Widerstand vergeblich, und eitel jede Hoffnung, einen Sieg
durch Worte zu gewinnen. So ist es in Frankreich, so
mußte es in Frankreich seyn. Aber, daß ein großer, daß
sogar der glücklichste Theil von Europa mit dieser Stimmung sympathisirt, daß in Ländern, wo ein hoher Grad
politischer Freyheit ein sehr verdächtiges Geschenk, und eine Revolution das schrecklichste aller Uebel seyn würde, nur
der, welcher die neue Lehre predigt, gefällt, und alles was
die herrschenden Meynungen antastet, ein Gräuel ist — das
verdient eine aufmerksame Betrachtung. Es ist umsonst,
die Ursachen dieser merkwürdigen Erscheinung in einzelnen
Begebenheiten, in der Macht des Beyspiels, oder in den
Bemühungen einer fabelhaften Propaganda zu suchen: sie
müssen tief im Menschen liegen, sie müssen aus der Natur
der Sache zu nehmen seyn: sie müssen den unermeßlichen
Umfang, sie müssen die Größe der Wirkung begreiflich machen. Es ist der Mühe werth, einen Augenblick bey diesem
interessanten Gegenstande zu verweilen, und einen Blick
auf die charakteristischen Unterschiede zu werfen, die zwischen den Vertheidigern der Revolutions-Systeme, die man
allgemein die Lobredner des Neuen nennen kan, und
ihren Gegnern (welche nur gemeine Unwissenheit mit
Freunden der Tyrannei verwechselt) obwalten.

1. Der Lobredner der neuen Systeme findet überall die Neigungen auf seiner Seite: der Vertheidiger des Alten muß sich an die Vernunft wenden.

Der Einfluß, welchen Empfindungen, Gemüths-Stim-
mung, und äußre Lage des Menschen auf seine Meynungen
und Raisonnements haben, ist nirgends so auffallend als
in den Urtheilen über politische Verhältnisse. Hier sind die
Principien fast ganz eine Folge der Gefühle. Weil nur wenige einer anhaltenden Spekulation über diese Gegenstände
gewachsen sind, so hält fast Jeder das für wahr, was mit
seinen Wünschen zusammenstimmt. Wenn man von dem
großen Haufen derer, die über politische Angelegenheiten
sprechen, die äußerst eingeschränkte Anzahl competenter
Richter absondert, so kan man dreist sagen, daß es nichts
als Empfindung oder Wahn eines augenblicklichen Gewinns
oder Verlustes ist, was dem politischen System jedes Welt-
bürgers seine Gestalt und seinen Charakter giebt. Die,
welche gegen Revolutionen lästern, sind in der Regel nur
deßhalb Feinde derselben, weil sie persönlich dabei einzubüßen glauben, und die welche nach Revolutionen trachten,
haßen die gegenwärtige Situation der Staaten nur darum,
weil sie in einer Veränderung eine Verbesserung ihres individuellen Zustandes hoffen.

Unglücklicher Weise gehört eine große Majorität des
menschlichen Geschlechts, selbst unter den wohlthätigsten
Formen der bürgerlichen Gesellschaft, beständig zu der letztern Classe. Nur eine höchst geringe Anzahl auserwählter
Sterblichen lebt im Besitz eines hohen Grades von Glückseligkeit: und Zufriedenheit ist noch ein unendlichseltneres
Loos. Die übrigen sind entweder von tausend vergeblichen

Wünschen, und von tausend chimärischen Bedürfnissen ge=
foltert, oder von wahrem, oft fürchterlichem Elend nieder=
gedrückt. Das äußerste, was menschliche Weisheit bey der
Bildung und Regierung der Staaten vermag, ist, daß sie
das Uebel mindre: es ist schlechterdings unmöglich, es ist
gegen die Natur der Dinge, es ist gegen des Menschen
Natur, vielleicht selbst gegen seine Bestimmung auf Erden,
daß es ganz und gar gehoben werde. So lange es aber
währt, ist eine geheime Sehnsucht nach Revolutionen in
den Gemüthern eines großen Theils der Menschheit un=
auslöschlich. Die träumerische Hoffnung, daß jede neue
Ordnung der Dinge eine beßre seyn werde, verdrängt kein
Raisonnement aus dem Herzen des Leidenden. Wer das
Elend lange in einer und derselben bürgerlichen Lage, lange
in der tödtlichen Einförmigkeit einer und derselben Gestalt
erblickt hat, faßt die Idee nicht mehr, daß es in einer
schrecklichern auftreten kan, wenn diese zerstöhrt seyn wird.
Wenn die Gegenwart unerträglich ist, der schmachtet nach
der Zukunft, und wenn sie auch nur mit Phantomen von
Erleichterung gaukelte: und wer nichts zu verliehren hat,
der ist so verdammlich nicht, wenn er beym allgemeinen
Umsturz zu gewinnen hofft.

So tief hat diese kranke Begierde nach Hauptverände=
rungen auf dem großen Schauplatze der Welt in den zahl=
reichen Wohnstätten des Unglücks gewurzelt, daß tausend
fehlgeschlagne Erwartungen sie weder überwinden, noch
entkräften können. Wenn sich die schmeichelndsten Verhei=
ßungen angebeteter Revolutionsstifter in Nichts auflösen,
wenn am Ende der gewaltsamsten Zerrüttungen und der
blutigsten Kriege nur ein verändertes Gewand für die
alten Leiden erkämpft ist, oder wenn gar nach einer finstern
Reihe von Calamitäten aller Art ein Zustand emporsteigt;

gegen welchen der verworfne Gewinn wäre: so stirbt doch
der brennende Wunsch neuer Revolutionen, und wenn auch
neue Convulsionen und neuer Jammer der Preis wären,
nicht in der Seele des Handelnden, nicht in der Seele des
Zuschauers aus. Das Gefühl der Noth drückt unablässig
fort; was heute verfehlt ward, kan morgen erreicht werden. Tausend mislungne Versuche schrecken den nicht zurück, dessen einziges Heil in Versuchen liegt; und das un-
bezwingliche Rufen nach Erlösung und Glückseligkeit, das
aus den Schauplätzen des Jammers tönt, übertäubt die
Stimme der Weisheit, der Erfahrung, und der Jahrhunderte.

Außer der unübersehlichen Schaar von Revolutions-
Freunden, die dieser einzige Umstand erzeugt, giebt es nun
noch eine andre, wenn gleich nicht so zahlreiche, doch eben
so gefährliche Parthey, welche jede Aussicht auf politische
Veränderungen entzückt. Zu dieser Parthey gehören die,
welche der Durst nach Größe verzehrt, die, welche im gewöhnlichen Lauf der Dinge nichts als Schranken für eine
schrankenlose Eitelkeit erblicken, und welche auf den Trümmern dessen, was jetzt sein Haupt emporträgt, das ihrige
zu erheben wähnen. Diese Classe ist unheilbarer als die
vorige. Wer bloß dem Elend zu entrinnen sucht, kan oft
sein Ziel erhaschen: wer Macht und Ruhm begehrt, ist nie
befriedigt, so lange noch etwas zu begehren bleibt. Das
Bündniß, welches diese herrschsüchtige Rotte in jedem
Staat, wo sich große Bewegungen äußern, sogleich mit
dem armen, unzufriednen, und verzweifelten Theil der
Gesellschaft schließt, ist der schrecklichste Umstand und das
wahre Lebens-Princip aller großen Revolutionen.

Der welcher der vereinten Macht so vieler ungestümen
Neigungen entgegen gehen will, hat nichts auf seiner
Seite,

Seite, als die kalte Vernunft. An diese muß er seine
Worte richten, wenn er dem unzufriednen Bürger begreif=
lich machen will, daß nicht alles Elend des Lebens gehoben
ist, wenn man eine Staatsverfassung umgeworfen hat, daß
das Wohl der Völker an keine Regierungsform ausschlie=
ßend gebunden ist, daß der Weg zur Glückseligkeit, im öf=
fentlichen Verhältniß so wenig als im Privatleben durch
Blut, Missethaten und Zerstöhrung führt. An diese muß
er seine Worte richten, wenn er den Ehrgeizigen belehren
will, daß die Wasserblase der Volksgunst so schnell zerplatzt,
als entsteht, und daß die, welche die Grundpfeiler des ge=
sellschaftlichen Baues daniederreißen, nur allzuoft unter den
Ruinen, die sie schufen, begraben werden. Welche Auf=
gabe für einen Schriftsteller! Welche Aufgabe in einem
Zeitpunkt wie der jetzige, wo noch der erste Schimmer einer
neu=entstandnen Volksmacht die Augen fesselt! Einer
Theorie, die diesen Schimmer zerstreuen will, stämmt sich
eine ungeheure Masse von Leidenschaften und Begierden
entgegen: alle Herzen fliegen dem zu, der diesen Schimmer
auffängt, in den Brennpunkt einer verführerischen Darstel=
lung sammelt, und mit verdoppelter Kraft den Völkern der
Erde zuwirft.

2. Der Lobredner der neuen Systeme, der Frei=
heit als das höchste Gut anbetet, streitet für eine ur=
sprüngliche Kraft: Der Gegner für eine noth=
wendige Einschränkung dieser Kraft.

Der Vorzug, den dies dem Revolutions=Schriftsteller
sichert, ist größer und reizender als der bisher betrachtete,
weil hier sogar neutrale und uninteressirte Menschen, weil
hier gebildete und denkende Köpfe auf seine Seite treten.

b

Die Schimäre einer unbegränzten Freyheit hat eine so magi-
sche Kraft, daß sogar die, welche die Täuschung zu entwik-
keln verstehen, ihr in schwärmerischen Augenblicken huldi-
gen: Jeder Zustand, der Einschränkung der Freyheit fordert, wird im günstigsten Fall als ein nothwendiges Uebel
angesehen. Man haßt ihn, indem man sich ihm unterwirft:
man unterwirft sich ihm, wie einem siegreichen Feinde, dem
man gutwillig keinen Zoll seines Landes übergiebt. Indem
die Vernunft Regierungen entwirft, sehnt sich das Herz
nach Unabhängigkeit. Dies ist das Fundament, worauf
der Volks-Schriftsteller sich stützt. Alle Herrschaft ist Be-
schränkung: alles Gehorchen ist Last. Systeme, die das
Regieren an der Wurzel angreifen, die Erleichterung des
Jochs, gleichviel um welchen Preis erkauft, versprechen,
schmeicheln dem Stolz so wie den Hoffnungen des Menschen. Der Vertheidiger der Freyheit ist der Spielgeselle
seiner innern Kraft: der Vertheidiger der Regierungen
übt das saure Geschäft eines Erziehers. Diesem giebt man
nach, wenn man ihm nicht länger widerstehen kan: jener
wird gesucht, wenn er auch in Abgründe leitete, wenn auch
Tod und Verderben aus seiner Umarmung quölle. —

3. Der Lobredner der Revolutionen preiset ein
künftiges Gut, und lehnt sich wider ein gegenwärtiges Uebel auf: sein Gegner warnt vor einem
künftigen Uebel und nimmt ein gegenwärtiges
Gut in Schutz.

Die Neigungen der Völker sind die Neigungen der
einzelnen Menschen. Es ist die Vernunft was im Laufe
der Staaten so wie im Laufe des Privatlebens Einheit er-
hält: wenn die Neigungen allein herrschten, wäre beydes

der Schauplatz eines unaufhörlichen Wechsels. Alles
stürmt im Menschen auf Veränderung; das Leiden, weil
es von einem Moment der Dauer zum andern unerträgli-
cher wird, das Glück, weil es im anhaltenden Genuß
Ermüdung und Ekel zeugt. Wer die Krankheiten des Augenblicks heilen kan, der ist der beliebte Arzt, wenn auch ärgre
Krankheiten hinter seinen verrätherischen Arzneyen lauern
sollten. Wer neues Glück verheißt, zieht alle die, welche
des alten satt sind, an seinen Spieltisch, wenn auch sein
Rad voll Nieten, und Ruin der Gewinn wäre. Revolutions-
Schriftsteller greifen das Gemüth auf seinen beyden schwachen Seiten zugleich an. Sie entwerfen ein schauervolles
Gemählde von der Gegenwart, sie führen idealische Scenen
einer glänzenden Zukunft auf: sie stehen im Bündniß mit
den Gefühlen des Menschen, wenn sie klagen, im Bündniß
mit seinen Begierden, wenn sie preisen. Was man ihnen
entgegensetzt, sind Schilderungen des künftigen Uebels, an
das Niemand glaubt, und Apologien des gegenwärtigen
Guten, dessen Niemand achtet: — sie sind allenthalben
unüberwindlich.

4. Der Vertheidiger der Revolutionen hat das
Vertrauen der großen Anzahl für sich: der Gegner
findet, wo er sich nur zeigt, alle Gemüther mit Mißtrauen gewaffnet.

Wenn Wahrheitsliebe alle Federn leitete, könnte dieser entehrende Unterschied nicht Statt finden. Es giebt
Mißtrauen, wo es Verräther giebt: aber es ist ein höchst
seltsames Phänomen, daß hier die Verräther nur auf einer
Seite gesucht werden.

Völkern schmeicheln, ist ein eben so niedriges Geschäft
als Fürsten schmeicheln. Der, welcher allgemeine Verwir-

rung sucht, um individueller Nichtigkeit zu entrinnen, der,
welcher Pöbel=Gunst erschreibt, weil er hofft, daß Pöbel=
Gunst wichtig werden kan, der welcher den Frieden seines
Vaterlandes aufs Spiel setzt, um sich im schnöden Beyfalls=
Jauchzen einer Stunde zu berauschen, ist gerade so verächt=
lich als der, welcher um fürstliche Wohlthaten durch Hoch=
verrath an Wahrheit und Menschheit buhlt, oder für einen
Sonnenblick der Macht, der Thorheit der Großen und den
Lastern der Höfe einen vergifteten Weyrauch streut. — So
urtheilt die partheylose Vernunft, wenn sie menschliche
Verdienste bestimmt: aber so urtheilt die Menge nicht.
Fürsten belohnen ihre Schmeichler und verachten sie: Völ=
ker beten die ihrigen an.   Wer einen Fürsten bloß dadurch
erheben wollte, daß er von seiner Macht spräche, würde
mit Recht verspottet werden: und tausend nichtswürdige
Sykophanten gründen eine Glorie die in ferne Regionen
leuchtet auf Nichts als die armselige Kunst, Nationen von
ihrer Freyheit zu unterhalten.

Das Vorurtheil sey so elend es wolle, es wird dauern,
so lange es Schriften und Menschen giebt.   Die erste
Frage, sobald ein gemäßigtes Buch, oder eine kraftvolle
Darstellung politischer Mode=Schwärmereyen erscheint, ist
allemahl die: „In wessen Solde steht der Verfasser?“ —
als wenn es ohne Rücksicht auf ein Motiv des Eigennutzes
für das befremdende Wagestück, Regierungen zu verthei=
digen, keine Erklärung mehr gäbe; als wenn beym Anblick
der Missethaten, welche die Sophisterey dieser Tage in Tu=
genden hinauf vernünftelt, und des Wahnsinns, welcher
den Titel der Weisheit usurpirt, kein freyer Abscheu in
einer menschlichen Brust mehr erwachen könnte, als wenn
es noch einer Aufforderung von außen bedürfte, um gegen
die Schrecknisse einer allgemeinen Zerrüttung zu sprechen;

oder als wenn man Narrheit, Ungerechtigkeit und Tyranney nicht in einer Gestalt hassen könnte, ohne sie in einer andern zu lieben.

5. Der Schriftsteller vom neuen Geschmack hat, alles andre gleich gesetzt, den Vorzug im Vortrage der Ideen: er kan einen dreisten Flug nehmen, der Gegner ist auf allen Seiten gebunden.

Ein einziger Blick auf die berühmtesten FreyheitsSchriften dieser Periode, und auf den Eindruck, den sie gemacht haben, bewährt und erklärt diesen Unterschied. Nichts ist leichter als durch Stärke des Ausdrucks zu bezaubern, wenn man sich über Maß, Regel und Schranken hinweg gesetzt hat. Sobald eine Sammlung von Ideen außerhalb der Bezirke der Wirklichkeit umher schweift, ist bloß der Schatten eines innern Zusammenhanges nöthig, um die Welt damit in Erstaunen zu setzen. Was gar nicht zu realisiren ist, ist gar nicht zu widerlegen: was nie existirte, ist keinem Tadel unterworfen: keine Critik kan Worte unsinnig, Bilder übertrieben, Figuren abgeschmackt finden, wenn sie etwas bezeichnen, dem noch nie ein Zeichen adäquat war. Wer den freyen Aether durchfliegt, findet nirgends Widerstand.

Ganz anders verhält es sich mit den Arbeiten dessen, der seine Plane auf Realitäten, seine Ideen auf menschliche Fundamente baut. Er muß seinen Ausdruck mit gewissenhafter Strenge, oft mit ängstlicher Sorgsamkeit abmessen; um nicht zu viel zu sagen, muß er oft schwächer, um nicht von Leidenschaft hingerissen zu scheinen, oft kälter sprechen, als seine Kräfte und die Lebhaftigkeit seiner Vorstellungen es verstatten würden. Geht er in einem Augenblick der

Wärme nur um ein Haarbreit weiter, als Beweis und Dokumente reichen, so wird er mit Härte zurückgewiesen, oder mit bitterm Spott verlacht. Die, welche frohlocken, wenn der Redestrom seines Gegners Reiche und Generationen mit sich fortwälzt, behandeln ihn als einen Verbrecher, wenn er dem letzten ihrer Günstlinge durch eine kühne Metapher zu nahe tritt.

So ist das Verhältniß zwischen den beyden Haupt-Classen von Schriftstellern, welche sich in die großen politischen Angelegenheiten dieses erschütterten Welttheils mischen. Nur zu offenbar ist Ehre und Succeß fast ganz auf eine Parthey übergegangen, und der Erfolg, den sich die redlichsten Bemühungen der andern versprechen können, wird täglich unbedeutender und unsicher. Um großen Beyfall zu erwerben, und große Hoffnungen zu nähren, ist jetzt nur ein Weg im Felde der Litteratur offen: wer sich auf einen andern begiebt, der muß sich zeitig daran gewöhnen, beydes mit Gleichgültigkeit zu betrachten.

So ungünstig auch die Zeiten seyn mögen, es ist unmöglich, die Sache der Vernunft aufzugeben. Wenn die ausschweifendsten Prophezeyungen enthusiastischer Neuerer in Erfüllung gingen, wenn wirklich in wenig Jahren die ganze Oberfläche der Erde umgewandelt wäre, sollte darum auch eine Revolution im Gebiete der Wahrheit vorgehen? sollte darum Sittlichkeit ihre ernsten Gebote, Klugheit ihre alten Vorschriften abschaffen und Glückseligkeit auf dem Wege des Verderbens gesucht werden müssen? Sollte darum, weil Nationen freveln, Verbrechen nicht mehr Verbrechen, und weil Nationen rasen, was einmahl Unsinn war, nicht weiter Unsinn seyn?

In diesem Augenblick wird es höhere Pflicht als je, der Weisheit da, wo man sie zu erblicken glaubt, ein Opfer

zu bringen. Der Denkende und Redliche ist es sich selbst
schuldig: er ist es der Welt schuldig, wenn gleich unter
Millionen nur Einer auf seine Stimme hörte: er ist es besonders dem kleinen Haufen von Freunden der Mäßigung,
der Ordnung und des Friedens schuldig, die dies stürmische
Jahrhundert, zu einer Zeit, wo die Regierung der Welt
in die Hände der Unmündigen, der Marktschreyer, oder
der Bösewichter zu sinken beginnt, noch hie und da, wie
einzelne Sterne an einem umwölkten Himmel zählt. Es
ist nöthiger als je, daß er ihnen ein schwaches Signal gebe,
um ihren sterbenden Muth zu beleben. Während daß die
Thorheit in Horden geht, ihr Feldgeschrey von einem Lande
zum andern ertönt, und nichts als Philosophie, Menschen-
recht und Menschenliebe auf ihren Panieren prangt, sind
die Anhänger wahrer Philanthropie und bescheidner Welt-
weisheit zerstreut, getrennt, ohne Berührungspunkte —
Mit keinem Parteizeichen geziert, durch keine Parteina-
men charakterisirt, kommen sie oft in Gefahr einander zu
verkennen, und schwächen die gemeinschaftliche Sache, indem sie im Getümmel der Schlacht die Waffen, welche den
Feind bekriegen sollten, ohne es zu wissen, gegen den Bruder richten.

Es ist hier nicht der Ort, die eigentlich-politischen Wirkungen der allgemeinen Revolutionswuth, welche Europa
ergriffen hat, zu schildern, zumahl, da die folgenden Abhandlungen diesem Zweck gewidmet sind. Aber es verlohnt
sich der Mühe, diese Krankheit unsrer Tage aus einem allge-
meinern Gesichtspunkt — in ihrem Zusammenhange mit der
Bildung des menschlichen Geistes, dem letzten Ziel aller
menschlichen Wirksamkeit, zu betrachten.

Es

Es hat sich seit einigen Jahren in die politischen Systeme, in die Denkungsart der Nationen, in die herrschende Litteratur, und in alle Verhältnisse, welche das Innre des Menschen am nächsten berühren, eine Einseitigkeit von einer bisher ganz unbekannten Art eingefunden, die jedem freyen Geistesschwung, indem sie ihn zu begünstigen scheint, den Untergang bereitet, und die nichts weniger zur Absicht hat, als, das ganze menschliche Geschlecht in eine und dieselbe Form zu pressen. In einem Zeitalter, wo Energie fast ganz verlohren, und — vielseitige Bildung das einzige und letzte Gut der Menschheit ist, kan dies für keine unbedeutende Gefahr gelten; und wer Freyheit aufrichtig liebt, kan es nicht mit Gleichgültigkeit ansehen, daß unter ihrem lockenden Nahmen eine Geistessklaverey einreißen soll, die, wenn gleich mit einer glänzendern Aussenseite, nach dem innern Werthe beurtheilt, um nichts besser ist, als die Barbarey der finstersten Jahrhunderte.

Eine Sammlung täuschender Maximen, welchen die Völker ihre Wiedergeburt, die Individuen eine neue Wohlfahrt zu danken haben sollen, ist ein politisches Credo für die ganze revolutionsdürstige Welt geworden. Die despotische Synode zu Paris, innerlich von ihren Inquisitionsgerichten, äußerlich von Tausenden freywilliger Missionarien unterstützt, erklärt mit einer Intoleranz, von welcher seit dem Verfall der Untrüglichkeit der Päpste kein Beyspiel vorhanden war, jede Abweichung von diesen Maximen für Ketzerey und Gräuel. Wer sich untersteht zu behaupten, „daß Reformen wohlthätiger als Revolutionen wären,“ wer sich erkühnt, gegen das erhabne Axiom: „daß das Volk nie irren könne,“ den bescheidensten Zweifel zu hegen, wer die Vermuthung wagt, „daß ein Theil des menschlichen Elends

ganz unabhängig von allen Staatsverfassungen durch den
Wechsel der Regierungsformen nie gehoben werden möchte," wer noch den Nahmen eines Königs nennt ohne sich
einen Räuber zu denken, und den 14ten July, den 6ten
Oktober, den 10ten August, die Tage jener „tugendhaften"
Rebellionen, nicht für die glorreichsten in den Annalen der
Geschichte erkennt, wird verbannt, ausgestoßen, und verfolgt. Eine Gesellschaft seichter Köpfe, die alles, was Ge-
nie mit Mäßigung verband, weggefegt und verwiesen haben, giebt jetzt, nicht ihrem Pöbel allein, sondern dem er-
staunten Europa den Maßstab der Menschenbeurtheilung,
die Theorie der Staaten, und die Grundgesetze, aller bürgerlichen Verbindung, giebt sie mit einer Vermessenheit und
einem Stolz, dessen noch nie ein Fürst sich schuldig gemacht
hat, und will als allgemeiner Gesetzgeber anerkannt seyn. Alles
was bisher in den Augen des Menschen Werth hatte, soll
für Tand gehalten, alles, wobey sich Millionen glücklich
fanden, als Grille und Verderbniß ausgerottet werden.
Alles soll forthin Ein Reich, Ein Volk, Ein Glaube, und
Eine Sprache seyn. Statt mühsamer Regierungssysteme,
von Weisheit und Erfahrung langsam zusammengetragen,
sollen „Freyheit und Gleichheit" den Scepter der Welt in
ihre Hände nehmen, und die Tyrannen der Erde mit allen
ihren alten Bundsgenossen, mit Religion, Wissenschaften
und Künsten, wenn sie sich nicht in ein ganz neues Gewand
schmiegen wollen, in die Nacht einer ewigen Vergessenheit
wandern.

Und dieser mehr als tyrannischen Verheerungstheorie
sollte ohne Kampf und ohne Straucheln eine Alleinherr-
schaft, deren Wirkungen und Folgen aller menschlichen Berechnung spotten, überlassen werden? Die, welche noch
außerhalb des Wirbels stehen, sollten nicht ihre Kräfte an-

spannen, um wenigstens den Schein eines Widerstandes
aufrecht zu erhalten, und zu verhindern, daß eine förmliche und fürchterliche Präscription alle Ansprüche der partei-
losen Vernunft und der veralteten Weisheit zum ewigen
Stillschweigen verdamme? — Schon ist ein beträchtlicher
Theil des menschlichen Wissens und der Beschäftigungen des
Geistes als nichtswürdiges Kinderspiel, ein andrer als
Hülfsmittel der Unterdrückung aus dem Gebiet der neuen
philosophischen Republik verbannt: schon wird, wo nur
französisches Licht eindringen konnte, jeder, der nicht auf
die Symbole der Deklaration der Rechte schwören will, wie
ein Empörer gegen die Grundgesetze der menschlichen Natur
behandelt: schon ist eine unendliche Schaar unschuldiger
Sitten, ehrwürdiger Gebräuche, als Monumente der Knechtschaft verworfen, schon ein weitläuftiges Register von Worten, von Wendungen und sogar von Bildern als unerlaub-
tes Gut gebrandmarkt, und jedem, der noch gehört seyn
will, bey Strafe einer augenblicklichen Zurückweisung von
jedes modernen Lesers Richtstuhl verboten. — Soll denn
die Grille einer alleinseligmachenden Kirche, nachdem man
sie in der Religion von der Erde vertrieben hat, in der Politik wieder aufstehen, und alle Kraft eines freyen Ideen-
ganges lähmen? soll denn am Abend dieses erleuchteten
Jahrhunderts alles für Posse und Betrug erklärt werden,
was nicht aus einigen Lieblingsvorstellungen abgeleitet wird,
oder die Farbe einiger Lieblingshelden trägt?

Wenn auch in den neuen Systemen keine andre Gefahren schlummerten, so wäre es um dieser einzigen Willen,
von großer Wichtigkeit, daß sich hie und da, so lange man
noch ohne Furcht vor dem Laternenpfahl raisonniren darf,
eine Stimme dagegen erhöbe. Nur dadurch kan ein gewis-

ses Gleichgewicht in den Ideen, Urtheilen und Meynungen
der Menschen erhalten, nur dadurch einer despotischen Einförmigkeit, welche die eine Hälfte der Geistesübungen ver-
drängen, und die andre verfälschen würde, vorgebeugt, nur
dadurch der allmächtigen Schwerkraft entgegen gewirkt werden, mit welcher Nationen in die Abgründe neuer Thorheiten und neues Elends sinken.

Es giebt indessen auch, ohne sich auf den Einfluß der
Revolutions- und Freyheitsideen an diesem oder jenem Ort,
in diesem oder jenem Verhältniß einzulassen, einen ganz
allgemeinen praktischen Gesichtspunkt, aus welchem man
jeden ernsthaften Kampf mit diesen Ideen als eine Wohlthat, und, diesen Kampf zu bestehen, als heilige Pflicht des
aufgeklärten Menschenfreundes betrachten kan. Wenn gleich
ein Buch nie Stärke genung besitzt, um einer großen Volks-
bewegung zu wehren, wenn gleich politische Schriften, die
so manche Rebellion anzündeten, nicht eine ausgelöscht haben: so ist doch die Hoffnung, durch sie auf den National-
charakter zu wirken, so lange als die Ruhe währt, eine erlaubte Hoffnung, und einer der edelsten Zwecke dieses Wir-
kens — Zufriedenheit mit dem gegenwärtigen Zustande zu
unterhalten. Wenn ein Buch, welches die Thorheiten und
die Gräuel einer Revolution schildert, auch nur bey einer
geringen Anzahl friedlicher Bürger den glücklichen Erfolg
hatte, daß es sie die Güter, die sie besitzen, gegen die Verheissungen, womit man sie lockt, die Uebel welche sie drük-
ken, gegen die Uebel, welche sie erwarten, nüchtern und gelassen abwägen lehrte; daß es ihnen vor gewaltsamen Operationen Widerwillen, vor grausamen Abscheu einflößte, daß
es sie auf sanfte Mittel, ihren Zustand zu verbessern, als
allgemeine Zerrüttungen und bürgerliche Kriege führte —

so ist die Mühe, es zu schreiben, gewiß nicht verloren gewesen.

Um aber diesen Zweck zu erreichen, ist kalte und ungeschmückte Darstellung — in jeder andern Rücksicht das beste Gegengift für die Ausschweifungen des Verstandes — nicht immer mächtig genung. Wenn mehr als gewöhnliche Kraft überwunden werden soll, muß mehr als gewöhnliche Kraft streiten. Wenn die, welche Aufruhr und Zerstöhrung predigen, einen Bund mit allen Leidenschaften schließen: wie soll die nackende Vernunft ihm entgegen treten! Wenn sie alle Kunststücke der Rede aufbieten, und neue Sprachen erfinden, wo die alten zu arm oder zu kraftlos sind: wie soll ihr Gegner Eingang finden, sobald er nichts als truckne Wahrheit auf diesen furchtbaren Kampfplatz bringt! Um denen, welche das Elend in alten Staatsverfassungen und die Fehler ihrer Regenten in riesenhaften Carrikaturen aufstellen, nicht ganz das Uebergewicht in der menschlichen Meynung, und im Urtheil der Nationen zu lassen, muß man die Schreckniffe der Revolutionen, die Armseligkeit neuer Staatssysteme und die Thorheiten der Volksregierung mit lebhaften Farben mahlen. Wer in einem großen Getümmel sichtbar seyn will, muß einen erhöhten Standort suchen: und wer ein Ungewitter überschreyen will, der muß mit der Stimme des Donners reden.

Aus diesem Gesichtspunkt, aber auch aus diesem allein ist es möglich, ein gerechtes Urtheil über das Unternehmen eines Burke zu fällen. Wäre seine erschütternde Schrift gegen die französische Revolution in einer Periode geschrieben, wo kaltblütige Prüfung und ruhige Critik auf Gehör und Eingang rechnen durften, so könnte man mit einigem Recht sagen, daß sie durch ein Uebermaß der Beredsamkeit

und durch eine gewiſſe Ueppigkeit der Kraft ihr Ziel überſprungen, und ihre eignen Zwecke zerſtöhrt hätte. Aber in
dieſem Getümmel ſchwärmeriſcher Leidenſchaften, in dieſen
Zeiten einer moraliſchen Feerey, wo auf einen Zauberſchlag
neue Welten entſtehen, und Heere von Geſetzgebern, Lehrern und Regenten in voller Rüſtung aus der Erde hervor-
ſteigen, wo die armſeligſten Erfindungen, als wären ſie Offenbarungen einer Gottheit von tauſend und tauſend Zungen geprieſen, und politiſche Kindermährchen die Grund-
flächen großer Staatsoperationen werden — ſollte da ein
Mann von entſchiedner Geiſtesſuperiorität, wenn er mächtig auf ſeine Zeitgenoſſen wirken wollte, einen einzigen der
Vortheile ſchwinden laſſen, die ihm das Talent einer magi-
ſchen Einkleidung, eine hinreißende Sprache, und eine bil-
derreiche Phantaſie darbot? — Es war die Liebe zur
brittiſchen Conſtitution, was ſeinen Enthuſiasmus
anfeuerte, es war die verzeihliche Furcht, die Wohlfahrt
ſeines Vaterlandes einem treuloſen Hirngeſpinſt, das mitten unter-Ruinen und Frevelthaten die Augen der Welt
durch hochtönende Verheißungen feſſelte, geopfert zu ſehen, es war die Erbitterung eines wohlwollenden, der
Stolz eines erfahrnen Staatsmanns, was ſeine brennenden
Schilderungen und ſeine zermalmenden Sentenzen beſeelte.
Burke ſah in der franzöſiſchen Revolution nicht Frankreich
allein, er ſah den brittiſchen Staat in den Grundfeſten ſeiner glücklichen Verfaſſung erſchüttert, er ſah alle europäiſche
Reiche von den fürchterlichſten Convulſionen, und von all-
gemeinem Umſturz bedroht. In Gegenſtänden von ſolcher
ſchauervollen Größe hat die kalte Critik mit nichts als den
Principien, mit nichts als den Grundideen eines Buchs zu
thun; alles übrige iſt außer ihrer Competenz: es geht zum

Herzen, und das Herz allein kan es auffassen oder verwerfen.

Es giebt im ganzen Gebiet der gelehrten und der populären Critik keine Art von Tadel, von der höchsten Bosheit auf einer Seite bis zum letzten Unsinn auf der andern,
womit man die Burkische Schrift verschont hätte. Bald
war der Verfasser ein erkauftes Instrument der Ministe-
rialpartei in England, ein besoldeter Sklave des Königs
von Frankreich, oder ein geheimer Helfershelfer der vereinten Europäischen Mächte; bald war er nichts als ein fieberhafter Phantast, dessen verwirrte Einbildungskraft den Untergang der Welt in ihrer Wiedergeburt, und die Wohlfahrt der Menschengattung in ihrem Verderben sah, oder
ein wilder Paradoxant, dem es nur darum zu thun war zu
glänzen, in welcher Gestalt er auch glänzen mochte: bald
schalt man ihn einen gefahrvollen Sophisten, der dem Ungeheuer des Aristokratismus, dessen Scheußlichkeit er so gut
als ein andrer kannte, seine Vernunft, seine Ueberzeugungen und sogar seinen vormahligen Ruhm schlachtete, bald
wieder einen verächtlichen Deklamateur, dessen veralteter
Geist die Wahrheit, die er lästerte, nicht begreifen konnte,
und der sich in gutem Ernst vorstellte, Staatsverfassungen
existirten von Ewigkeit her, und Könige wären Götter.

Ein großer Theil dieser Beschuldigungen ist keiner Erörterung werth. Der Erfolg hat die, welche in Burke einen feilen Verräther vermuthen konnten, belehrt, was
es mit dem Lohn auf sich hatte, den seine eingebildete Apo-
stasie ihm gewähren sollte. Die nichtswürdige Verläum-
dung, die ihn als einen Miethling des Hofes schilderte, ist
fast eben so schnell vergessen worden, als sie sich erhob, weil
der ganze zahlreiche Schwarm seiner Feinde nicht die leich-

teste Spur eines Beweises dafür finden konnte. Er hat kein
öffentliches Amt erhalten: sein politischer Einfluß hat sich
weit eher vermindert als vermehrt: und seitdem er sich im
Parlament öffentlich gegen seine bisherige Parteigenossen
erklärte (was er als geheimer Alliirter der entgegen gesetz=
ten Partei wohl nie gethan haben würde) ist er auf dem öf=
fentlichen Schauplatz wenig oder gar nicht erschienen, hat
bey den wichtigsten Debatten einen schweigenden Zuhörer
abgegeben, und sich entschiedner als je in die Ruhe und Un=
abhängigkeit eines glücklichen Privatlebens vergraben.

Es ist indessen unter den Vorwürfen, die nicht sowohl
den Charakter des Werks, als den Charakter des Schrift=
stellers getroffen haben, einer, der eine nähere Prüfung ver=
dient, weil er häufiger und mit einem größern Anschein von
Gerechtigkeit, als alle übrigen, auftritt: und dies ist der
Vorwurf der Inconsequenz. — Die, welche Burke's
Buch nicht zu widerlegen vermochten, oder denen es nicht
genug schien, es widerlegt zu haben, griffen mit hämischem
Frohlocken nach dem Schattenbilde eines entehrenden Wi=
derspruchs zwischen diesem Buche und den frühern Produk=
ten des Verfassers — stellten den zwanzigjährigen Verthei=
diger der Freyheit und der Volksrechte in einen Lobredner
der Unterdrückung und der Tyranney verwandelt dar, und
brandschatzten jedes große und kleine Monument seines
Geistes, um das, was sie seine neue Meynungen nannten,
mit seinen alten Grundsätzen zu bekämpfen.

Die Principien der meisterhaften Apologie *), wodurch
sich Burke gegen alle Pfeile, die von dieser Seite nach

---

*) In der Schrift: *An Appeal from the new to the old Whigs* —
wovon im zweyten Theil eine umständlichere Nachricht vor=
kömmt.

ihm zielten, gedeckt hat, sind, so zu sagen, aus dem Herzen jedes vernünftigen und unparteyischen Richters über
sein Betragen genommen. Burke hat in seiner ganzen politischen Laufbahn kein andres Augenmerk gehabt, als die
unverfälschte Reinigkeit der brittischen Constitution, die er
in jedem Augenblick seines öffentlichen Lebens, als das kunst-
reichste und wohlthätigste Staatssystem verehrte, das jemals
aus der Coalition zwischen Weisheit und Glück erstanden
ist. Diese Constitution ist eine vermischte Constitution,
deren Grundgewebe drey heterogene Bestandtheile bilden.
Wer ein Ganzes dieser Art dauernd gesichert wissen will,
muß jeden einzelnen Theil, sobald eine Gefahr ihm naht,
schützen, und über einem unwandelbaren Gleichgewicht mit
strenger Sorgfalt wachen. Burke war in den meisten
wichtigen Verhandlungen seiner Zeit ein Gegner der Minister, weil der Einfluß des Hofes über dies gerechte Gleichgewicht hinausreichte, weil er die Volksrepräsentation zu
vernichten oder zu entkräften drohte. Burke nahm sich mit
einer Wärme, der er viel von seinem großen Nahmen zu
danken hat, der Amerikaner an, weil man ihnen, als
Britten die Brittische Constitution verwei-
gerte, weil er nach den Maximen wahrer brittischer
Politik ihre Forderungen gerecht fand, weil er die Kraft
ihres Widerstandes, und den wahrscheinlichen Ausgang des
unglücklichen Krieges, den man ihnen lieferte, besser als ein
verblendetes Ministerium berechnet hatte. — Aber jetzt, in
dieser veränderten Lage aller Dinge, wo der monarchische Bestandtheil der Verfassung der leidende ist, wo
man, durch unerhörte Beyspiele aufgemuntert, dem brittischen Thron unerhörte Anfälle zubereitet, wo ein wilder re-
publikanischer Geist, vor dem nichts Gnade findet, als was
er selbst geschaffen hat, und der nichts als Ruinen schaffen
kan,

kan, die Englische Regierungsform durch Volksgewalt umstoßen, und in ein demokratisches Grab stürzen will *) — soll da der Mann, der so lange das Volk gegen den Hof vertheidigte, nicht, ohne inconsequent zu heißen, den Hof gegen das Volk, das ist, das Heil des Volks gegen die Launen des Volks, und gegen die Ränke seiner Verführer in Schutz nehmen? soll der Freund einer alten geprüften Staatsverfassung, seinen Beyfall einem neuen System zujauchzen, nach dessen Principien diese alte Staatsverfassung als Usurpation und Tyrannei behandelt werden muß?

Es ist eine sonderbare Zumuthung an einen vernünftigen Mann, daß er ein Ding lieben oder hassen soll, bloß, weil es einen gewissen Nahmen führt, mit dem er einst Liebe oder Haß verbunden hat. Französische Freyheit ist gerade so wenig brittische Freyheit, als die französische Monarchie die brittische war. Wenn auch unter dem ewigen Wechsel der Begebenheiten die Grundsätze in uns nie wankten, so muß sich doch die Anwendung unaufhörlich ändern. Alles Raisonnement über praktische Gegenstände aber ist nichts als Anwendung der Grundsätze. Wer es zu seinem höchsten politischen Princip gemacht hätte, „daß der vernünfti-

---

*) Hume, der über diese Regierungsform tief gedacht hatte, erklärt (ganz im Gegensatz mit diesen modernen Versuchen) auf den Fall, daß sich ihr kunstvoller Bau nicht halten könnte, und daß sie in eins der Extreme, die sie so glücklich balancirt, sinken müßte, absolute Monarchie für die Euthanasie des Englischen Staatssystems. S. Essays and Treatises Vol. I, Essay 7.

ge Wille der Nation über alles herrschen soll" der würde, nachdem er gestern einen Monarchen, der diesen vernünftigen Willen kränkte, angegriffen hätte, heute eine National=Versammlung die ihn tyrannisirte, und morgen vielleicht die entschiedenste Majorität der Nation selbst verdammen, wenn sie ihren Leidenschaften den Sieg über ihre Vernunft gewährte. Wer hierin Inconsequenz findet, der verurtheilt sich selbst, seine Consequenz in nichts als in Worten zu suchen.

Gesetzt indessen (wenn es zu viel gewagt ist, es einzuräumen, so muß es doch erlaubt seyn, es anzunehmen) Burke wäre auf diesem Wege nicht vollkommen zu rechtfertigen: gesetzt, es wäre wirklich in seinen politischen Grundsätzen in der Zwischenzeit, die von seinen Reden für die Independenz von Amerika bis zu seinen Schriften über die Revolution in Frankreich verfloß, eine Veränderung vorgegangen, die man immer nur sehr uneigentlich Inconsequenz nennen würde — seit wann ist denn eine solche Veränderung ein Schandfleck im Leben eines Staatsmanns oder eines Gelehrten geworden? Allerdings würde ein ewiges Schwanken zwischen entgegen gesetzten Meynungen, und eine kindische Leichtigkeit, Principien aufzunehmen und abzuschaffen, wie der Wind der äußern Begebenheiten bläset, einen denkenden und besonders einen bejahrten Mann nicht zieren. Aber daß die Reihe menschlicher Gedanken vom Anfang bis zum Ende unsrer Existenz, Ein Ganzes und Eine Harmonie seyn, daß das System unsrer Jugend, das System unsers hohen Alters bleiben, und daß der gebrechliche Mensch, das was er einmahl für wahr gehalten hat, ohne allen Ansprü=

chen auf Achtung zu entsagen, nicht mehr verwerfen, oder limitiren soll — das ist eine Theorie, gegen welche Billigkeit und Klugheit mit vereinigter Macht protestiren müssen. Wer wird bestehen, wenn man ihn nach diesen Forderungen richtet? Wer, der sich selbst beobachtete, hat diese Art von Consequenz in der Geschichte seiner Ideen wahrgenommen? — Unsre Principien (eine einzige Gattung ausgenommen, die allen Wechsel ausschließt) sind in jedem gegebnen Augenblick das Resultat der Entwicklung unsrer Geisteskräfte, und der Eindrücke, welche die Gegenstände auf uns machen. Wie sich die Elemente dieses Resultats ändern, muß das Resultat selbst sich ändern. Bey Menschen von langsamen Geist und kaltem Charakter gehen die Umwandlungen unmerklich, nach Art einer allmähligen Reform von Statten: bey warmen und lebhaften Köpfen nehmen sie oft die Gestalt einer plötzlichen Revolution an. Es giebt nur Eins in diesen Veränderungen, was für den, welchen sie treffen, gefährlich und entehrend, für die Verhältnisse in denen er lebt, verderblich werden kan — die falsche nur allzuoft unüberwindliche Scham, welche vor einem offnen Geständniß zurückbebt. Hätten alle die, welche seit vier Jahren zu einem Antheil an den Staatsgeschäften in Frankreich berufen waren, den Muth gehabt, so oft als ein reiferes Nachdenken oder eine lehrreiche Erfahrung übereilte Theorien umwarf, und ausschweifende Grundsätze in die gerechten Schranken zurückwies, das, was in ihnen vorgegangen war, redlich zu bekennen, vielleicht hätten sie ihrem Vaterlande die Hälfte seiner Verwirrung und die Hälfte seines Elends erspart.

Soviel zur Vertheidigung des Schriftstellers: das Werk mag sich selbst vertheidigen. Die Lehre, die es enthält, ist die Lehre der vernünftigen und der gemäßigten, also nicht der modernen Freyheit. Kein Wunder daß es von allen Seiten Widersacher fand. Es sündigt gegen alle Götzen dieser Zeiten, es vergreift sich an allem, was die französische Revolution geheiligt hat: es mußte also allenthalben, wo man diese anbetet, ein Aergerniß seyn.

Man hat vielfältig, und nicht ganz ohne Grund die Methode dieses Werks getadelt. Allerdings fehlt es darin an strenger Absonderung der Materien, an logischer Anordnung und regelmäßiger Oekonomie. Die Form eines Briefes die es anfänglich erhalten sollte, rechtfertigt einen Theil dieser Mängel: der unermeßliche Umfang und die Vielseitigkeit des Gegenstandes, die Collision der mannichfaltigen Zwecke des Schriftstellers, die Schnelligkeit der Composition, und selbst die bewegte, oft leidenschaftliche Stimmung, in der es unläugbar geschrieben ist, muß für das übrige stehen. Wenn ihm logische Ordnung und logische Einheit abgeht; so enthält es dafür einen innern Zusammenhang unter den Ideen und eine Einheit der Maximen, die den wahren Charakter des tiefsinnigen Denkers bilden. Burke's Werk ist, nach einem strengen Maßstabe beurtheilt, nichts als eine Rhapsodie: aber eine Rhapsodie, aus der sich das vollständigste und regelmäßigste System entwickeln läßt.

Die Größe des Styls und die Majestät der einzelnen Gedanken zwingt selbst den entschiedensten Tadler, die Be=

geisterung des Bewundrers zu theilen. Wenn man das
Kraftvollste ausnimmt, was Bossuet und Rousseau
hervorbrachten, ist eine Beredsamkeit von dieser Art, seit
den glänzenden Tagen der alten Republiken nicht erschienen. Diese unerschöpfliche Fülle kühner und neuer Ideen,
glühender Worte, überraschender Wendungen und glückli-
cher Bilder, dieser schwelgerische Reichthum, dem kein Gebiet der Erkenntniß unzugänglich, keine Region des menschlichen Geistes verschlossen scheint, überwältiget die Einbildungskraft selbst, und läßt das erstaunte Gemüth keinen
Augenblick Rast und Erholung finden. Wenn der zer-
schmetterndste Witz den Schauplatz verläßt, nimmt der er-
habenste Ideenflug, die gewaltigste Darstellung, das rüh-
rendste oder schreckenvollste Gemählde seine Stelle ein. Alles belebt und erhebt sich unter den Händen dieses genie-
vollen Bildners. Selbst da, wo das Raisonnement durch
eine fehlerhafte Form entkräftet wird, bleibt der Stoff
noch lehrend und bewundernswerth. Die Critik beugt sich
vor den Mann, indem sie über sein Gewand vernünftelt;
indem man ihm mit den Waffen der Schule einen Sieg ab-
gewinnt, erliegt man unter der Herrlichkeit und Großmacht
seines Geistes.

Wenn man die Burkische Schrift bloß in ihrer Beziehung auf die französische Revolution betrachtet, so hat
sie unstreitig von dem Interesse, das sie bey ihrer ersten
Erscheinung mit sich führte, verlohren. Die Thorheiten,
die Burke geißelt, sind von neuen Thorheiten verdrängt,
gegen welche die alten beynahe das Ansehen von Weisheit
haben: die Verbrechen, die Burke schildert, verliehren
sich unter den Gräuelthaten welche die folgenden Jahre auf

᷄ 3

diese erſten Probeſtücke thürmten. Die Schwärmerey von
1789 war nur der Embryo des ausgewachſnen Wahnſinns
von 1792: was damals in einem öffentlichen Vortrage noch
für trunkne Ausſchweifung oder für ſtrafbare Frechheit
galt, iſt jetzt gemeine Beredſamkeit, und „die Ordnung
des Tages" geworden. Die Häupter der erſten National-
Verſammlung haben durch die Vergleichung mit ihren
Nachfolgern einen gewiſſen Glanz, durch ihre traurigen
Schickſale ein gewiſſes Intereſſe erhalten, das ſie gegen einen ſtrengen und erbitterten Tadel in Schutz zu nehmen
ſcheint. Das Gebäude, welches ſie errichteten iſt zertrümmert: die Baumeiſter ſind verbannt, eingekerkert und vergeſſen. Es iſt, als kämpfte man gegen einen Leichnam,
wenn man jetzt gegen die Schöpfer der erſten Conſtitution
zu Felde zieht.

Von der andern Seite haben Burke's Reflexionen
eben deshalb einen vorzüglichen Werth, weil ſie die Frucht
im Keime ausſpähten, weil ſie das, was jetzt wirklich er-
folgt iſt, ſo meiſterhaft vorausverkündigten, weil ſie die
Quelle ergründeten, aus welcher alle Irrthümer, alle Verbrechen, und alle Calamitäten Frankreichs gefloſſen ſind.
Wenn eine befriedigende Erklärung der großen Begebenheiten der letztern Jahre auch nur in dem vereinten Wirken einer Mannichfaltigkeit von Umſtänden zu ſuchen iſt:
ſo ſind doch die Fehler der conſtituirenden Verſammlung
in der Summe dieſer Umſtände das präponderirende Moment geweſen. Die Beſchlüſſe, die Reden, die Principien
der Majorität dieſer Verſammlung befruchteten jede Revolution, die unter ihren Händen aufwuchs zur Mutter neuer
und endloſer Revolutionen: es war das Charateriſtiſche

ihrer Irrthümer, daß sie größre Irrthümer erzeugen mußten: und die ausschweifendsten Maximen derer, welchen
sie die Regierung überlieferten, waren richtige Folgesätze
aus ihren verderblichen Theorien.

Der Zustand worin sich Frankreich in diesem Augenblick *) befindet, hat von mehr als einer wesentlichen Seite
betrachtet eine auffallende und Unglück-weissagende Analo-
gie mit dem, worin es sich in der letzten Hälfte des Jahrs
1789 befand. Gerade wie damals hat man in wenig Mi-
nuten umgestürzt und vertilgt, ohne zu wissen, wie man
wieder aufbauen wird; gerade wie damals läßt man alle
Welttheile vom Lobe einer Staatsverfassung ertönen —
die erst entworfen werden soll; gerade wie damals wird für
eine Constitution, die nicht existirt, geschworen, gekämpft,
verfolgt und gemordet; gerade wie damals macht man sich
den Uebergang von einer Regierungsform zur andern zu
Nutze, um das Schattenbild vollkommner Freyheit und
Gleichheit, das nur in dieser schauervollen Kluft gedeihen
kan, für das Fundament eines neuen Staatssystems auszugeben; gerade wie man damals glaubte alles gethan zu
haben, nachdem man erklärt hatte: „daß Frankreich eine
Monarchie, und diese Monarchie Eins und untheilbar seyn
sollte" so wähnt man jetzt, jede Schwierigkeit besiegt zu haben, nachdem Frankreich, als „Republik und diese Republik als Eins und untheilbar" ausgerufen ist. Wie es sich
mit der innern Möglichkeit dessen was man begehrte, wie
es sich mit der Möglichkeit der Existenz unter diesen und
diesen Umständen verhielt, ward damals so wenig, als jetzt
gefragt. Gleicher Anfang wird zu gleichem Ende führen.

*) Im December 1792.

Frankreich wird von Form zu Form, von Catastrophe zu
Catastrophe schreiten, um noch in mehr als einer Gestalt
dem aufgeregten Europa, dem es so lange in seiner Bil=
dung und in seinen Thorheiten, in seiner Größe und in
seinen Lastern Modell gewesen ist, eine ernsthafte Warnung
gegen politischen Leichtsinn, und politische Schwärmerey zu
bereiten; und eine Masse von Belehrung die sonst die Ge=
schichte auf das Studium mehrerer Jahrhunderte vertheil=
te, wird sich hier in dem lebendigen Gemählde einiger tha=
tenreichen Jahre zusammen drängen.

Burke

über die

Französische Revolution.

———

Sie haben mich von neuem und dringend aufgefodert, theurer Freund, Ihnen meine Gedanken über die neusten Begebenheiten in Frankreich zu eröfnen. Ich will nicht in den Verdacht kommen, daß ich meinen Meynungen ein großes Gewicht beylegte, daß ich eitel genug wäre, sie nur auf wiederholtes Bitten andern mitzutheilen: sie sind von so geringer Bedeutung, daß ich sie ohne weitläuftige Ueberlegung vortragen oder verschweigen konnte. Blos auf Sie nahm ich Rücksicht, wenn ich Ihnen mein Urtheil nicht sogleich, als Sie es verlangten, zukommen ließ. In dem ersten Briefe, den Sie von mir erhalten haben, schrieb ich weder für irgend eine Parthey, noch nach irgend einer. In diesem werde ich ein Gleiches thun. Die Irrthümer die er enthalten mag, sind meine eignen. Mein eigner Ruf bleibt allein verantwortlich dafür.

Daß ich herzlich wünsche, Frankreich von dem Geist einer vernünftigen Freyheitsliebe beseelt zu sehen; daß ich Ihre Landsleute nach allen Vorschriften einer redlichen Staatsklugheit verpflichtet glaube, für eine bleibende Congregation zu sorgen, die diesen Geist aufbewahre, und für ein kraftvolles Organ, das ihn in Bewegung setze; — daß ich aber zugleich so unglücklich bin über verschiedene Haupt-Punkte in den neuerlichen Verhandlungen wesentliche Skrupel zu hegen: alles dies hat Ihnen mein erster Brief schon gesagt.

Das Siegel der öffentlichen Sanction, welches zwey unsrer hiesigen Clubbs, genannt die Constitutions-und die Revolutions-Gesellschaft auf gewisse Unternehmungen in Frankreich gedrückt haben, hat Sie vielleicht verleitet, auch mich unter die Lobredner dieser Unternehmungen zu rechnen. Ich habe freylich die Ehre, zu mehr denn einem Clubb zu gehören, in welchem die Constitution dieses Königsreichs, und die Grundsätze unsrer Revolution in hohen Ehren gehalten werden, und ich glaube selbst einer von denen zu seyn, die mit dem wärmsten Eifer jene Constitution und diese Grundsätze in höchster Reinigkeit, und größtem Ansehen, zu erhalten suchen. Aber gerade, weil ich das thue, bin ich äußerst besorgt, allen Mißverständnissen und Irrungen vorzubeugen. Die, denen das Gedächtniß unsrer Revolution theuer ist, und die Constitution dieses Reichs am Herzen liegt, können nie mit genugsamer Vorsicht alle Verbindung mit einer Classe von Leuten fliehn, welche unter dem Vorwande eines besondern Eifers für Revolution und Constitution, nur allzu häufig den Grundsätzen beyder untreu werden, und bey jeder Gelegenheit bereit sind, von dem festen, aber behutsamen und überlegenden Geiste abzuweichen, der die eine hervorbrachte, und der über der andern waltet. Ehe ich zur Beantwortung der wichtigern Punkte in Ihrem Briefe übergehe, bitte ich mir die Erlaubniß aus, Ihnen, soviel als ich von den beyden Clubbs, die für gut gefunden haben, sich als Corporationen in die französischen Angelegenheiten zu mischen, erfahren konnte, mitzutheilen: denn ich selbst bin nie Mitglied einer dieser Gesellschaften gewesen.

Der erste, welcher sich die Constitutions-Gesellschaft nennt, ist seit sieben oder acht Jahren vorhanden. Die Entstehung dieser Gesellschaft gründet sich auf eine wohlthätige, und in so fern löbliche Absicht. Man hatte den Zweck, auf Kosten der Mitglieder eine Menge von Büchern in Umlauf zu bringen, die ohne diese Vermittlung nur wenig gekauft worden, und den Buchhändlern zum großen Nachtheil ihres nutzbaren Gewerbes zur Last geblieben wären. Ob diese Bücher mit eben der Menschenfreundlichkeit gelesen worden sind, mit der man sie einkaufte, ist mir nicht bekannt. Es ist möglich, daß verschiedene davon nach Frankreich verführt worden sind, und wie Waare, nach welcher hier keine Nachfrage war, dort ihre Käufer gefunden haben. Ich habe öfters von einem gewissen neuen Licht gehört, was aus diesen von hier hinüber gesandten Büchern geschöpft seyn sollte. Ob sie etwa by der Versendung gewonnen haben (so wie man von gewissen Getränken behauptet, daß sie sich verbessern, wenn sie über See gehen) kann ich

nicht beurtheilen. Soviel weiß ich wohl, daß ich mich nicht erinnre
irgend einen unterrichteten, oder nur irgend einen Mann von ge-
wöhnlichem gesunden Verstande ein Wort zum Lobe des größten
Theils der von dieser Gesellschaft beförderten Schriften ausspechen
gehört zu haben; auch hat man nie, es müßte es denn einer aus
ihrer Mitte gethan haben, irgend einer ihrer Schriften im Ernste
die geringste Wichtigkeit beygelegt.

Von diesem guten, ehrlichen und menschenliebenden Clubb
scheint die National Versammlung eben so zu denken, als ich. Der
ganze Vorrath rednerischer Dankbezeugungen, die die französische
Nation auszuspenden hatte, war für die Revolutions-Gesellschaft aufgehoben. Dies wird mich rechtfertigen, wenn ich das
Betragen dieser Gesellschaft vorzüglich zum Gegenstande meiner
Bemerkungen mache. Die französische National-Versammlung
hat den Personen, die zu dieser Gesellschaft gehören, ein Ansehen
von Wichtigkeit beygelegt, indem sie dieselben feierlich auf- und
annahm, und sie belohnen diese Gunst, indem sie sich, wie eine
Art von Unter Committee betragen, die bestimmt ist, in England
die Prinzipien der National-Versammlung auszubreiten. Von
nun an müssen wir sie also als eine privilegirte Classe, als einen
beträchtlichen Bestandtheil des diplomatischen Corps ansehen.
Hier ist eine von den Revolutionen vorgegangen, durch welche das
Verborgne ans Licht gebracht, das unerkannte Verdienst zu Glanz
und Ruhm emporgehoben wird. Ich habe nur ganz neuerlich die
Existenz dieses Clubbs erfahren; er hat bis jetzt keinen Augenblick
meine Gedanken, oder die Gedanken irgend eines andern, es sey
denn seiner eignen Anhänger, beschäftiget. Bey näherer Erkun-
tigung habe ich wohl vernommen, daß eine Gesellschaft von Dissenters (von welcher Sekte, ist mir unbekannt) seit langer Zeit die
Gewohnheit hatte, am Jahrestage der Revolution von 1688 in
einer ihrer Kirchen eine Predigt anzuhören, und nacher, wie es
andre Clubbs thun, den Tag im Speisehause zuzubringen. Aber
nie habe ich gehört, daß irgend eine öffentliche Angelegenheit, irgend ein politisches System, noch weniger aber, daß die Vorzüge
fremder Staatsverfassungen der Gegenstand einer förmlichen Verhandlung bey ihren Zusammenkünften gewesen wären, bis ich sie

plötzlich zu meiner unaussprechlichen Verwunderung in einer Art
von öffentlichen Qualität erscheinen sehe, indem sie durch eine Glückwünschungs-Adresse die Beschlüsse der französischen National-Versammlung mit ihrer förmlichen und feyerlichen, Genehmhaltung
beehren. *)

In den alten Grundsätzen des Clubbs und in seinem bisherigen Betragen fand sich, wenigstens, so weit man davon Kenntniß
hatte, nichts, wogegen ich, oder irgend ein Mann von nüchter-
ner Ueberlegung etwas zu erinnern haben konnte. Es ist mir wahrscheinlich genug, daß in einer oder der andern Absicht verschiedene
neue Mitglieder in diesen Clubb getreten sind, und daß Politiker
von wahrhaft-christlichem Sinn, welche gern Wohlthaten aus-
streuen, aber die Hand nicht zeigen wollen, aus der die Gabe fließt,
sie zu Instrumenten ihrer frommen Plane gemacht haben. Wie
viel Grund auch vorhanden seyn mag, über die geheimen Operationen dieser Gesellschaft Verdacht zu hegen, so will ich doch von
nichts mit Zuverläßigkeit reden, als von dem, was öffentlich geschehen ist.

Es sollte mir allerdings herzlich leid thun, wenn man mich
jemals mit den Schritten dieser Leute in der geringsten mittelba-

---

*) Die Revolutions-Gesellschaft versammelte sich am 4ten Nov.
1789 in dem Bethause der Old-Jewry, um die Gedächt-
nißfeyer der Revolution von 1688 zu begehen. Hier hielt der
nunmehr verstorbene Doctor Richard Price von der Kanzel
die Rede über die Liebe zum Vaterlande, welche die
erste Veranlassung zu Burke's Schrift gegeben hat. Hierauf
begab sich die Gesellschaft in die London-Tavern, machte
unter dem Vorsitz des Grafen Stanhope verschiedene Beschlüsse, welche die Verbreitung der Freyheits- und Revoluti-
ons-Principien in Großbritannien zum Zwecke hatten, und
endigte ihre Sitzung mit einer Glückwünschungs-Adresse an
die National-Versammlung, welche, blos mit der Unterschrift
des Grafen Stanhope versehen, dem Herzoge von Rochefoucault zugesandt, und von der National-Versammlung
förmlich beantwortet wurde. In dieser Adresse äußert die
Gesellschaft ihre Freude über die nahe Hoffnung einer allgemeinen Reformation in allen Europäischen Staatsverfassungen,
und über das glänzende Beyspiel, welches Frankreich aufgestellt hätte! — Dies sind die Verhandlungen, auf welche der
ganze erste Theil dieses Buchs gerichtet ist. Anmerkung
des Uebers.

ren oder unmittelbaren Verbindung glaubte. Für mich, in meiner individuellen Station behaupte ich troz irgend einem andern Weltbürger meinen guten Theil an den Speculationen über das, was auf dem öffentlichen Schauplaz geschehen ist, oder geschieht, es sey in der alten, oder in der neuern Welt, es sey in der Republik von Rom, oder in der Republik von Paris: aber, da mir keine allgemeine apostolische Sendung geworden ist, da ich ein Bürger eines besondern Staats, und durch den öffentlichen Willen dieses Staats wesentlich gebunden bin, so würde ich es, aufs gelindeste, für unschicklich und unregelmäßig halten, mit der Regierung eines fremden Landes, ohne dazu von der, unter welcher ich lebe, ausdrücklich bemächtiget zu seyn, in eine förmliche und öffentliche Cörrespondenz zu treten.

Noch weit weniger aber würde ich mich in eine solche Correspondenz einlassen, wenn man sie unter einem vieldeutigen unbestimmten Titel führte, welcher manchen, der mit unsern Gebräuchen nicht bekannt ist, auf den Gedanken bringen könnte, als wäre die Addresse, in die ich einstimmte, die Akte einer von den Gesetzen des Königreichs anerkannten, und von einem Theil seiner Bürger zur Wortträgerin seiner Gesinnungen ernannten Corporation. Nicht blos das Kleben an der Form, sondern die Unsicherheit, die bey solchen willkührlichen allgemeinen Benennungen unvermeidlich ist, und die Gefahr des Betrugs, der sich darunter verstecken kann, würde das Englische Unterhaus vermögen, die demüthigste Vorstellung über den geringfügigsten Gegenstand zu verwerfen, wenn sie sich der Art von Unterschrift bediente, der die französische National-Versammlung die grossen Flügelthüren ihres Audienzzimmers eröfnet, und die sie mit einem Ceremoniell eingeführt, und mit einem Beyfallssausen empfangen hat, als wenn die ganze repräsentative Majestät des englischen Volks einen Besuch bey ihr abgestattet hätte. Wäre das, was diese Gesellschaft überreichte, nichts als philosophisches Raisonnement gewesen, so war es unbedeutend, wessen Raisonnement es seyn mochte. Es würde nicht mehr und nicht weniger überzeugend gewesen seyn, ob es von dieser oder jener Parthey gekommen wäre. Aber hier ist von einer Addresse, von einem Beschluß die Rede. Hier kömmt es also auf Man-

dat und Befugniß an, und doch tritt Niemand hervor, der bevoll-
mächtigt hätte. Die Unterschriften der sämmtlichen Mitglieder der
Gesellschaft hätten doch wenigstens, meiner Meynung nach, ihrem
Document angehängt werden müssen. Die Welt wäre dann im
Stande gewesen, zu beurtheilen, wie viel ihrer sind, und von welchem Werth, in Rücksicht auf ihre persönlichen Talente, ihre Kennt-
nisse, ihre Erfahrung oder ihren Rang und Einfluß im Staat, ihre
Meynungen seyn mögen. Einem schlichten Mann, wie ich bin,
scheint das Verfahren der Gesellschaft etwas zu schlau und ausstu-
dirt: es sieht zu sehr nach einem politischen Kunstgriff aus, dessen
man sich bedient, um unter einem hochtönenden Namen für die
öffentlichen Erklärungen dieses Clubbs das Ansehn einer Wichtigkeit zu erschleichen, die sie bey näherer Prüfung nicht so ganz verdienen möchten. Es ist ein Kunstgriff, der einem Betruge gar
nahe verwandt ist.

Ich darf behaupten, daß ich eine männliche, sittliche, und
geordnete Freyheit nicht weniger als irgend ein Anhänger dieser
Gesellschaft, sey er, wer er wolle, liebe, und vielleicht habe ich
von meinem Eifer für die Sache dieser Freyheit in meinem öffentlichen Leben so gute Beweise, als irgend einer unter ihnen abgelegt. Auch beneide ich, so wenig als sie, andre Nationen um
ihre Freiheit. Aber ich kann nicht hervortreten, und in irgend
einer Angelegenheit, wo menschliche Handlung und menschliches
Interesse im Spiel ist, Lob und Tadel austheilen, wenn man
mir nichts, als den isolirten Gegenstand zeigt, so wie er, von jedem äußern Verhältniß entkleidet, in aller Blöße und Einsamkeit
einer metaphysischen Abstraction dasteht. Umstände (welche freylich bey den meisten dieser Herren für nichts mehr geachtet werden)
geben im Reiche der Wirklichkeit jedem politischen Princip seine
eigenthümliche Farbe, und seinen unterscheidenden Character.
Umstände sind es, was jeden bürgerlichen und politischen Plan
wohlthätig oder verderblich für die Menschheit macht. Im allgemeinen ist Regierung sowohl als Freyheit etwas Gutes. Konnte
ich aber, ohne mich am Menschenverstande zu versündigen, Frankreich vor zehn Jahren über den Besitz einer Regierung (denn
damals hatte es noch eine) glücklich preisen, ohne mich darum

zu bekümmern, von welcher Beschaffenheit diese Regierung war,
und wie sie verwaltet wurde? — Kann ich denn nun der französischen Nation zu ihrer Freyheit Glück wünschen? Soll ich
darum, weil Freyheit an und für sich eins von den Gütern der
Menschheit ist, einem Rasenden, der sich den heilsamen Banden
und der wohlthätigen Dunkelheit seiner Zelle entriß, meine Freude
bezeugen, daß er Licht und Freyheit wieder genießt? Soll ich einem Straßenräuber, einem Mörder, der seinen Kerker durchbro-
chen hat, zur Wiedererlangung seiner natürlichen Rechte Glück
wünschen? Ich würde ja das lächerliche Schauspiel von jenen
Gefangnen, die zu den Galeeren verdammt waren, und ihrem
heldenmüthigen Befreyer, dem metaphysischen Ritter von der
traurigen Gestalt erneuern.

Wenn ich den Geist der Freyheit aufgeregt sehe, so sehe ich
eine furchtbare Kraft in Bewegung; und dies ist für eine gerau-
me Zeit schlechterdings alles, was ich davon sagen kann. Der
wilde Dampf der eingeschloßnen fixen Luft ist nun herausgelassen:
aber unser Urtheil müssen wir aufschieben, bis das erste Aufbrausen sich gelegt hat, bis die Mischung klar geworden ist, bis wir
etwas tiefres als die Wallungen einer unruhigen und schäumen-
den Oberfläche erblicken können. Bevor ich es wage, Menschen
Glück zu wünschen, muß ich hinlänglich versichert seyn, daß ihnen
wirklich ein Glück widerfahren ist. Schmeicheley verderbt den, der
sie ausgiebt, so wie den der sie empfängt, und Schmeicheley ist
wahrlich Völkern nicht dienlicher, als Königen. Ich muß also
meine Freudensbezeugungen über die neue Freyheit von Frankreich
aussetzen, bis ich unterrichtet seyn werde, wie diese Freyheit mit
der Regierung vereinigt worden ist, wie mit der öffentlichen Gewalt, mit der Erhebung eines sichern und wohlvertheilten Staatseinkommens, mit Sittlichkeit und Religion, mit der Festigkeit
des Eigenthums, mit Ruhe und Ordnung, mit bürgerlichen und
gesellschaftlichen Gebräuchen. Alle diese Dinge sind ja an ihrem
Theil auch wünschenswürdig; ohne sie wird Freyheit von keiner
Dauer, und so lange sie dauert, keine Wohlthat seyn. Die Wirkung der Freyheit auf die einzelnen Menschen ist, daß sie sie in
den Stand setzt, zu thun was ihnen beliebt. Wir müssen doch

erſt ſehen, was Ihnen belieben wird, ehe wir Glückwünſche wagen, die vielleicht bald Trauerliedern Platz machen werden. Dies
würde Klugheit gebieten, wenn nur von einem Privatmann die
Rede wäre. Aber, wenn Menſchen in Maſſen wirken, wird
Freyheit eine Macht. Leute, die zu überlegen gewöhnt ſind,
werden, ehe ſie ſich erklären, erſt genau Acht haben, auf was für
einen Gebrauch dieſe Macht gerichtet wird, zumahl wenn ſie ein
ſolcher Stein des Anſtoßes iſt, als neue Macht in neuen
Menſchen, deren Grundſätze, Neigungen und Dispoſitionen
man nicht kennt, allemahl, vorzüglich aber in ſolchen critiſchen Lagen ſeyn muß, wo die, welche ſich am meiſten auf dem Schauplatz
tummeln, vielleicht nicht die wahren Urheber der Bewegungen ſind.

Alle dieſe Betrachtungen müſſen unter der transſcendenten
Würde der Revolutions-Geſellſchaft geweſen ſeyn. So lange ich
mich auf dem Lande aufhielt, von da aus ich zuerſt an Sie ſchrieb,
hatte ich nur eine unvollſtändige Vorſtellung von dem, was dieſe
Geſellſchaft eigentlich begann. Als ich in die Stadt zurückkam,
ließ ich mir die auf ihre Veranlaſſung bekannt gemachte Nachricht
von ihren Verhandlungen holen, die eine Predigt des Doctor
Price, die Briefe des Herzogs von Rochefoucault und des Erz-
biſchofs von Aix *), und verſchiedne andre Documente enthielt.
Der ganze Anſtrich dieſer Schrift, und die unverkennbare Abſicht,
die franzöſiſchen Angelegenheiten mit den engliſchen in Verbindung
zu bringen, indem man uns das Verfahren der National-Ver-
ſammlung zur Nachahmung vorhielt, machte einen ſehr unangeneh-
men Eindruck auf mich. Die Wirkungen jenes Verfahrens auf die
Macht, den Credit, die Wohlfahrt und die Ruhe von Frankreich
wurden von Tage zu Tage ſichtbarer. Was man dem Staat für
eine Verfaſſung geben wollte, wurde immer klarer. Jetzt können

---

*) Der Erzbiſchof von Aix war damals Präſident der National-
Verſammlung, und folglich ihr Organ bey der Beantwortung
der Glückwünſchungs-Adreſſe: ein Mann von weiland groſſem
Anſehn, von edler und redlicher aber aufgeklärter und gemäſ-
ſigter Freyheitsliebe, der anfänglich eine bedeutende Stelle unter den Repräſentanten einnahm, nachher als die Ausſchwei-
fungen ſich häuften, den Schauplatz verließ, und zuletzt wie
Alle ſeines Gleichen verfolgt, und verbannt wurde. Anmerk. des Ueberſ.

wir bereits mit hinlänglicher Sicherheit die eigentliche Beschaffenheit des Gegenstandes beurtheilen, der uns zum Muster aufgestellt
ist. Wenn in gewissen Lagen die Klugheit, die als Lehrerin der
Bescheidenheit und des Wohlstandes auftritt, Stillschweigen gebietet: so giebt es andre, wo eine Klugheit von höherer Ordnung
uns bevollmächtiget, vorzutragen was wir denken. Schon hat
die Verwirrung ihre ersten Schritte bey uns gemacht, freylich
noch ohnmächtig und kaum sichtbar: aber wir haben in Frankreich gesehen, wie sie aus einer viel ohnmächtigern Kindheit von
Moment zu Moment zu einer Stärke hinanwuchs, mit der sie
Berge auf Berge thürmen, und den Himmel selbst zum Streit
herausfordern durfte. Wenn unsers Nachbarn Haus in Flammen
steht, wird es nicht überflüßig seyn, die Feuerspritzen gegen das
unsrige zu versuchen. Besser für zu ängstliche Vorsicht verlacht, als durch zu trotzige Sorglosigkeit zu Grunde gerichtet zu
werden.

Vorzüglich bekümmert um die Ruhe in meinem Vaterlande,
aber keinesweges gleichgültig gegen das, was das Ihrige angeht,
will ich daher ausführlicher vortragen, was anfänglich nur der
Gegenstand eines Privatschreibens seyn sollte. Ich will Ihre
Angelegenheiten nicht aus den Augen verlieren, ich will fortfahren, meine Worte an Sie zu richten. Da ich mich der Regello-
sigkeit des Briefstyls überlasse, so hoffe ich Verzeihung, wenn
ich, ohne mich an wissenschaftliche Methode zu binden, meine
Gedanken in der Ordnung hinwerfe, meine Empfindungen in der
Folge ausdrücke, wie sie sich so eben in meiner Seele entwickeln.
Ich bin von den Proceduren der Revolutions-Gesellschaft aus-
gegangen, aber ich werde mich nicht auf sie einschränken. Könnte
ich es auch wohl? Mir ist, als winkte uns eine fürchterliche Crise,
nicht für die Angelegenheiten von Frankreich allein, sondern
für die Angelegenheiten von Europa, und vielleicht von mehr
als Europa. Alle Umstände zusammengenommen ist die französische Revolution die erstaunungswürdigste, die sich noch bisher
in der Welt zugetragen hat. Auf allen Seiten werden die wunder-
samsten Dinge hervorgebracht durch die abgeschmacktesten und
lächerlichsten Mittel, unter den allerlächerlichsten Formen, und,

dem Anschein nach, mit den verächtlichsten Werkzeugen. In diesem seltsamen Chaos von Leichtsinn und Verruchtheit, von Schandthaten aller Art im gewaltsamsten Gemisch mit Narrheiten aller Art, scheint alles aus dem Geleise der Natur gewichen zu seyn. Wenn man seine Blicke auf diese abentheuerliche tragicomische Scene richtet, so müssen nothwendig die widersprechendsten Empfindungen im schnellen Wechsel, oft in einem und demselben Augenblick das Gemüth ergreifen: bald Verachtung und bald Erbitterung, bald Lachen und bald tiefe Traurigkeit, bald Spott und bald Abscheu.

Inessen ist nicht zu läugnen, daß dieses beyspiellose Schauspiel gewissen Zuschauern in einem ganz andern Lichte erschienen ist. Bey ihnen brachte es nichts als Empfindungen des Jubels und des Triumphs hervor. Sie sehen in allem, was in Frankreich geschehen ist, nichts als den Ausbruch eines muthigen und wohlgeleiteten Freyheitsgefühls, und finden diesen Ausbruch, im Ganzen genommen mit Sittlichkeit und Religion so übereinstimmend, daß sie ihn nicht allein des weltlichen Beyfalls unruhiger, machiavellischer Staatsmänner werth achten, sondern ihn selbst zum Thema der frommen Ergiessungen einer gottgeheiligten Beredsamkeit machen.

Am 4ten November des vorigen Jahrs hielt Doktor Price, ein ausgezeichneter non-conformistischer Geistlicher in einem Versammlungshause der Dissenters in der Old-Jewry vor seinem Clubb oder seiner Gemeinde eine höchstmerkwürdige buntscheckige Rede, worin einige gute, und nicht übel ausgedrückte moralische und religiöse Gesinnungen unter einem seltsamen Gemengsel politischer Meynungen und Reflexionen, bey deren Mischung und Zubereitung die französische Revolution der Hauptbestandtheil war, aufgetischt wurden. Ich sehe die Adresse, welche die Revolutions-Gesellschaft der National-Versammlung durch Graf Stanhope übersandt hat, als ein Produkt den Principien dieser Predigt und als eine Folge derselben an. Der Prediger der diese gehalten hatte, brachte jene in Vorschlag. Sie wurde von denen die ganz warm aus der Atmosphäre dieser Predigt zurückkehrten, blindlings, ohne irgend eine ausdrückliche

oder stillschweigende Censur, ohne irgend eine Einschränkung angenommen. Sollte Jemand der dabey interreßirt ist, die Predigt
von der Adresse abzusondern wünschen, so mag er zusehen, wie
er die eine anerkennen, und sich von der andern losmachen will.
Er mag die Trennung vornehmen: ich kann es nicht.

Was mich betrift, so habe ich die Predigt als eine öffentliche
Erklärung eines Mannes betrachtet, der mit gelehrten Kabalen-
machern, und intriguirenden Phiosophen, mit politischen Theologen, und theologischen Politikern, sowohl im Lande als aus-
wärts in sehr genauer Verbindung steht. Ich weiß, daß sie ihn
wie eine Art von Orakel verehren, weil er mit den besten Absichten von der Welt ein gebohrner Schmähredner ist, und seine prophetischen Gesänge im genausten Einklang mit ihren Planen
anstimmt.

Diese Predigt ist in einem Tone abgefaßt, den man, so viel
ich mich erinnre, auf keiner der Kanzeln, die in diesem Königreich
geduldet oder begünstiget sind, seit dem Jahre 1648 gehört hat,
wo ein Vorgänger des Dr. Price, der Wohlwürdige Hugh Peters sich die Kapelle des Königs zu St. James auserwählt hatte,
um in ihrem Gewölbe den Preis und die Seeligkeit jener Heiligen wiederhallen zu lassen, welche „Gottes Lob im Munde und
„scharfe Schwerdter in ihren Händen tragen, Rache zu üben un-
„ter den Heiden und Strafe unter den Völkern, ihre Könige zu
„binden mit Ketten, und ihre Edeln mit eisernen Fesseln." [*] —
Wenige Kanzelreden, wenn ich die Zeiten der Ligue in Frankreich, und die Zeiten des heiligen Bündnisses in England
ausnehme, haben den Geist der Mäßigung in so hohem Grade
verläugnet, als diese Vorlesung in der Old-Jewry. Gesetzt
aber auch, daß etwas der Mäßigung ähnliches in dieser Rede zu
finden wäre, so bleibt es doch ausgemacht, daß Politik und die
Kanzel wenig mit einander zu schaffen haben. In einer Kirche
muß kein andrer Schall zu hören seyn, als die trostreiche Stimme christlicher Liebe. Bey einer solchen Vermengung aller Verhältnisse gewinnt die Sache der bürgerlichen Freyheit und der
bürgerlichen Verfassungen so wenig, als die Sache der Reli-

[*] Psalm 119,

gion. Die, welche ihren eigenthümlichen Platz verlassen, und nach einem fremden ringen, der ihnen nicht zukömmt, verstehen gewöhnlich den welchen sie verlassen eben so wenig zu bekleiden, als den zu welchem sie sich drängen. Unbekannt mit der Welt, in die sie sich so gern mischen wollten, und unerfahren in allen ihren Angelegenheiten, über die sie mit so rascher Zuversicht absprechen, haben sie nichts von der Politik erhascht, als die Kunst, einige Leidenschaften zu erregen. Wahrlich, die Kirche ist ein Ort, wo man sich wohl auf einen einzigen Tag einen Waffenstillstand in menschlichen Streitigkeiten und Erbitterungen gefallen lassen könnte.

Dieser Kanzelstyl, der nach einer so langen Zwischenzeit hier auf einmal wieder aufwacht, machte mich durch seine Neuheit, eine Neuheit, die nicht ganz ohne Gefahr zu seyn schien, aufmerksam. Ich behaupte nicht, daß diese Gefahr mit allen Theilen der Predigt in gleichem Grade verknüpft ist. Der Wink, der einem angesehenen Theologen in einem wichtigen öffentlichen Lehramt gegeben worden ist, und der nachher auch auf andre nicht in geistlichen Aemtern stehende Gottesgelehrte „von Rang und Ansehen" wie der Redner sagt, ausgedehnt wird, mag hier an seinem Platz, und nicht zur Unzeit angebracht seyn, ob er gleich von einer auffallenden Sonderbarkeit ist. Dr. Price schlägt den edeln Männern, die nach Wahrheit suchen *), vor, wenn sie auf dem alten Marktplatz der National-Religion, und selbst in der reichen Mannichfaltigkeit, welche die wohlversorgten Waarenlager der dissentirenden Gemeinden darbieten, nichts was ihren frommen Geschmack befriedigte, finden sollten, eine neue Stufe in der Sektirerey zu ersinnen, und abgesonderte Versammlungs-Häuser nach eines jeden eigenthümlichen Grundsätzen zu errichten. Es ist merkwürdig, genug, daß es diesem ehrwürdigen Theologen so sehr darum zu thun ist, neue Kirchen entstehen zu sehen, und so vollkommen gleichgültig, was darin gelehrt werden mag. Sein Eifer ist von einer sonderbaren Art. Er hat nicht die Ausbreitung seiner, sondern nur irgend einer, gleichviel welcher Lehre zum Zweck. Er sorgt nicht für die Ausbreitung der Wahrheit, sondern

*) Im Original heissen sie seekers, Sucher, ein Kunstwort aus den Zeiten der religiösen Schwärmerey unter Cromwell und Consorten. Anmerk. des Uebers.

nur für die Vermehrung streitender Meynungen. Wenn die edlen Lehrer nur uneins sind, so kömmt es gar nicht darauf an, mit wem oder worüber sie uneins sind. Wenn es mit diesem grossen Punkt einmahl in Richtigkeit ist, so muß ihre Religion ohne weitern Zweifel vernünftig und männlich seyn. Ich weis nicht, ob die Religion von dieser „großen Gesellschaft angesehener Prediger" allen den Vortheil ziehen wird, welchen der theologische Rechenmeister darauf gründet. So viel ist gewiß, daß sich wenn der Vorschlag Beyfall fände, ein schätzbarer Beytrag unclassificirter Geschlechter zu der weitläuftigen Sammlung bekannter Classen, Gattungen und Arten, die jetzt schon das Herbarium der Dissenters schmücken, gesellen würde. Eine Predigt von einem Herzoge, Marquis oder Grafen, würde ganz dazu gemacht seyn, in den einförmigen Kreis geistloser Zeitvertreibe, deren die Stadt überdrüßig zu werden beginnt, eine angenehme Abwechselung zu bringen. Ich würde indessen doch von diesen neuen Volkspredigern in Staatskleidern und mit gekrönten Scheiteln verlangen, daß sie den demokratischen und levellistischen Grundsätzen, die man von ihren adelichen Kanzeln erwartet, gewisse Gränzen sätzten. Ich glaube, diese neuen Apostel würden doch am Ende die Hoffnungen, die man von ihnen gefaßt hat, zu Schanden werden lassen. Kriegsführende Theologen würden sie vielleicht im billichen, aber nicht im buchstäblichen Sinn werden, noch Muth und Neigung haben ihre Zuhörer so zu discipliniren, daß sie nachher wie in den ehemaligen bessern Zeiten, Dragoner-Regimentern und Artillerie-Corps die neue Lehre predigen könnten. Dergleichen Anstalten, so heilsam sie auch für die thätige Beförderung bürgerlicher und religiöser Freyheit seyn mögen, möchten nicht ganz so zuträglich für öffentliche Ruhe und Sicherheit seyn. Diesen geringen Einschränkungen wird man sich wohl, ohne über Intoleranz und Despotismus zu schreyen, unterwerfen müssen.

Ich kann indessen mit Recht von unserm Prediger sagen: „O hätte er doch diesen Possen noch alle die Zeit geschenkt, in der er ernsthaft gefrevelt hat!"*) — Seine donnernde Bulle

*) — — — Utinam nugis tota illa dedisset
Tempora saevitiae. — — —
                                        Juvenal.

athmet nicht durchgängig so unschuldige Gesinnungen als diese; seine Lehre greift unsre Constitution in ihren edelsten Lebenstheilen an. Er sagt der Revolutions-Gesellschaft in seiner politischen Predigt: „daß der König von Großbrittannien fast der einzige „rechtmäßige König in der Welt wäre, weil er unter allen allein „seine Krone der Wahl seines Volks verdankte." Daß dieser Erz-Patriarch der Rechte des Menschen mit aller Machtvollkommenheit, die sich die Thronen-umstürzende päbstliche Gewalt in ihrem mittäglichen Glanze des zwölften Jahrhunderts anmaßte, und mit noch weit größrer Kühnheit, alle Könige der Welt, einen einzigen ausgenommen, in einer und derselben Clausel des Banns und der Verwünschung vom Erdboden wegfegt, und sie für Usurpatoren nach allen Graden der Länge und Breite über die ganze Kugel hinweg, erklärt — das mag die Könige aufmerksam machen, wie sie sich in Ansehung der Aufnahme dieser apostolischen Missionärs, die ihre Unterthanen zu belehren wünschen, daß sie nicht rechtmäßige Könige sind, zu verhalten haben. Dies ist die Sache der Könige. Die unsre ist es, die Zuläßigkeit des einzigen Grundsatzes, durch welchen sich diese Herren zum Gehorsam gegen ihren König verbunden halten, als einen einheimischen Gegenstand von einiger Wichtigkeit ernsthaft in Erwägung zu ziehen.

Diese Lehre ist nun, wenn man sie auf den gegenwärtigen Besitzer des englischen Throns anwendet, entweder Unsinn, und dann freylich weder wahr noch falsch, oder eine höchst grundlose, gefahrvolle, gesetzwidrige, constitutionsfeindliche Lehre. Nach diesem geistlichen Professor des Staatsrechts, ist der König, wenn er seine Krone nicht der Wahl seines Volks zu danken hat, kein rechtmäßiger König. Nichts aber ist unrichtiger, als daß die Krone von Großbrittannien auf diese Weise verliehen würde. Soll also jene Regel uneingeschränkt gelten, so ist der König von England, der sein hohes Amt wahrlich nicht der Wahl des Volks unter irgend einer Gestalt verdankt, in dieser Rücksicht nichts besser, als die übrigen von dieser Usurpatorenbande, die weit und breit über die Fläche dieser bejammernswürdigen Welt, ohne irgend ein Recht, ohne den geringsten reellen Anspruch auf den Gehorsam ihrer Völker, Regierung oder vielmehr Straßenraub

treiben. Die Absicht, die der Einschränkung der allgemeinen
Lehre in Bezug auf England zum Grunde liegt, ist sichtbar genug. Die Verkündiger dieses politischen Evangeliums hoffen,
daß man ihren abstrackten Grundsatz, den Grundsatz, daß alle
rechtmäßige Existenz der höchsten obrigkeitlichen Gewalt eine Wahl
des Volks voraussetze, übersehen werde, wenn er den König von
England nicht trift. Mittlerweile sollen die Ohren ihrer Zuhörer
nach und nach an diesen Satz, als an ein Axiom, worüber nicht
weiter zu streiten ist, gewöhnt werden. Für jetzt soll er nur als
Theorie wirken, und in das kräftige Conservirsalz der Kanzelbe-
redsamkeit gehüllt, zum künftigen Gebrauch aufbewahrt werden.
Durch diesen Kunstgriff sucht man unsrer Regierung, indem man
sie mit einem besondern Vorbehalt, auf den sie keinen Anspruch
machen kann, einschläfert, die Sicherheit, die sie mit den andern
Regierungen gemein hat, in sofern Sicherheit auf Meynung beruht, zu entreissen.

So gehen diese Politiker ihren Weg fort, so lange man nach
ihren Lehren nicht frägt: aber, wenn sie sich nun deutlicher über
den Sinn ihrer Worte, und über die eigentliche Tendenz ihrer
Sätze erklären sollen: dann kömmt Zweydeutigkeit und schwankende Auslegung ins Spiel. Wenn sie behauptet haben, der
König von England verdanke seine Krone der Wahl seines Volks
und sey deshalb der einzige rechtmäßige Souverain in der Welt
so werden sie uns nachher zu überreden suchen, sie meynten damit
nichts anders, als daß einige von des Königs Vorfahren durch
eine Art von Wahl zum Thron berufen worden wären, und daß
er in diesem Sinn seine Krone der Wahl seines Volks zu danken
hätte. Mit dieser jämmerlichen Ausflucht hoffen sie ihrem Satz
das gefährliche zu benehmen, und verwandeln ihn in ein Kinderspiel. Die Freystädte die sie für ihre Vergehung suchen, ist freylich offen und geräumig genug: denn sie nehmen ihre Zuflucht zu
ihrer Thorheit. Wenn aber diese Erklärung gelten soll, was giebt es
denn für einen Unterschied zwischen ihrer Vorstellung von Wahl,
und unsrer Vorstellung von Erblichkeit? Und woher kömmt es
denn, daß die Fortpflanzung der Krone in dem Hause Braunschweig, welches von Jacob dem Ersten abstammt, die Staats-

B

verfaſſung unſrer Monarchie rechtmäßiger macht, als es die Verfaſſung irgend einer der benachbarten iſt? Zu einer oder der
andern Zeit wurden freylich die Stammväter aller regierenden
Familien von denjenigen, die ſie zur Regierung beriefen, gewählt.
Wir haben Grund genug zu vermuthen, daß in einer frühern
Periode alle europäiſchen Königreiche mit mehr oder weniger Ein-
ſchränknngen Wahlreiche waren. Aber was auch die Könige vor
tauſend Jahren geweſen ſeyn, auf welche Weiſe auch die regierenden Familien von Frankreich und England angefangen haben
mögen, ſo iſt doch in dieſem Augenblick der König von Großbrittannien, vermöge eines unwandelbaren Succeſſionsgeſetzes, nach
der Conſtitution ſeines Reichs, König: und, ſo lange er die ge-
ſetzlichen Bedingungen des Souverainitätscontrakts erfüllt, trägt
er ſeine Krone, ohne ſich um den Willen der Revolutionsgeſellſchaft zu kümmern, deren Mitglieder weder einzeln noch in Ge-
meinſchaft eine einzige Stimme zu einer Königswahl haben, ob
ich gleich nicht zweifle, daß ſie ſich zeitig genug zu einem Kurfür-
ſtenkollegium erheben würden, wenn nur die Sachen ſchon ſo
angethan wären, daß ſie ihre Anſprüche durchſetzen könnten. Die
Erben und Nachfolger des Königs werden die Krone des Reichs,
eben ſo gleichgültig über das, was die Revolutions-Geſellſchaft
davon denkt, als der Monarch, welcher ſie jetzt trägt, jeder nach
ſeiner Reihe und zu ſeiner Zeit empfangen.

Mit welchem Erfolge ſie aber auch das von ihnen vorge-
brachte grundfalſche Factum, daß der König ſeine Krone, die
er freylich in Uebereinſtimmung mit den Wünſchen ſeines Volks
trägt, der Wahl deſſelben zu verdanken haben ſollte, wieder weg-
vernünfteln mögen, ſo werden ſie doch durch nichts in der Welt
ihrer beſtimmten und wiederholten Erklärung über das Recht des
Volks eine ſolche Wahl anzuſtellen, entwiſchen können. Alle
ihre verlarvte Aeußerungen über Wähler und Wahlen wurzeln eigentlich in dieſem Grundſatz, und beziehen ſich allein auf ihn.
Damit man nicht etwa die Grundlegung zu einem ausſchließend
rechtmäßigen Titel für unſern König, als bloßes Wortgepränge
furchtſamer und kriechender Freyheitsvertheidiger, anſehen ſoll,
ſchreitet der politiſche Gottesgelehrte in dogmatiſcher Ordnung zu

der Behauptung fort, daß wir Engländer vermöge der Grundsätze auf welchen unsre Revolution beruht, folgende drey funda-
mentelle in einem und demselben System verknüpfte Rechte erworben haben:

1) Unsre Regenten selbst zu wählen;

2) sie wegen Vergehungen abzusetzen; und

3) eine Staatsverfassung nach eignem Gutbefinden zu entwerfen.

Dieses neue, bisher unerhörte Grundgesetz ist und bleibt nun freylich, obgleich im Namen des ganzen Volks vorgetragen, das bloße
Privateigenthum der Herren von der Revolutionsgesellschaft und
ihrer Parthey. Die große Masse der englischen Nation hat keinen Theil daran. Sie verwirft es aufs feyerlichste. Sie wird
sich der praktischen Einführung desselben aus allen Kräften, mit
Habe und Gut und Leben widersetzen. So zu handeln verbin-
den sie die w a h r e n G e s e t z e ihres Vaterlandes, die zur Zeit der
nehmlichen Revolution gemacht wurden, an welche die Gesellschaft
die ihren Namen misbraucht, zur Unterstützung ihrer e i n g e b i l-
d e t e n R e c h t e appellirt.

Diese Herren von der Old-Jewry haben bey allem, was
sie über die Revolution von 1688 sagen, eine andre, die sich 40
Jahr früher in England zutrug, und die neuliche französische Revolution so sehr vor Augen und im Herzen, daß sie beständig die
drey Revolutionen mit einander verwechseln. Es ist nothwendig das zu scheiden, was sie vermischt haben. Man muß ihren
umherschweifenden Jdeenflug auf die Verhandlungen der Revolution, die wir alle verehren, zurückführen, um ihnen die Principien dieser Revolution kenntlich zu machen. Wenn diese Principien irgendwo zu finden sind, so ist es sicherlich in dem Statut
welches die D e k l a r a t i o n d e r R e c h t e genannt wird. In dieser weisen, nüchternen und überlegten Erklärung, die das Werk
großer Rechtsgelehrten und großer Staatsmänner, nicht erhitzter
und unerfahrner Enthusiasten war, ist nicht ein einziges Wort,
welches gradezu, oder durch Auslegung auf ein allgemeines Recht
leitete, unsre Regenten zu wählen, sie wegen Vergehungen abzusetzen, und eine Staatsverfassung nach eignem Gutbefinden zu
entwerfen. B 2

Diese Declaration der Rechte ist der Eckstein unsrer Constitution, so wie sie zur damaligen Zeit aufgeklärt, verbessert, be-
kräftiget und in ihren Fundamentalprincipien auf alle künftige
Zeiten festgesetzt worden ist.   Sie heißt eigentlich: „Eine Akte
„zur Erklärung der Rechte und Freyheiten des Unterthans und
„Bestimmung der Thronfolge." Es ist sehr zu bemerken, daß
jene Rechte und diese Succession in einem und demselben Instrument bestimmt, und unzertrennlich verbunden sind.

Einige Jahre nachher bot sich eine zweyte Veranlassung dar,
ein Wahlrecht in Ansehung der Krone zu behaupten.   Da König
Wilhelm und die Princessin, nachherige Königin Ann', keine
Hoffnung auf Kinder hatten, kam die gesetzgebende Macht aber-
mals in den Fall, sich mit Bestimmung der Thronfolge und der
Rechte der Unterthanen zu beschäftigen.   Suchten sie etwa in diesem zweyten Fall die Rechtmäßigkeit des Throns nach den unächten
Revolutionsprincipien der Old-Jewry sicher zu stellen? Nein. Sie
befolgten die in der Deklaration der Rechte herrschenden Grundsätze,
und gaben blos die Folge der zur Regierung berufnen Personen in
der protestantischen Linie bestimmter an.   Diese Akte vereinigte,
gleich der vorigen, unsre Rechte, und die erbliche Thronfolge in
Einem Dokument.   Anstatt eines Rechts, unsre Regenten zu
wählen, wird hier vielmehr erklärt, daß die Erblichkeit des
Throns in dieser Linie (der protestantischen, von Jakob dem ersten abstammenden) schlechterdings nothwendig sey, um Ruhe,
Friede und Sicherheit im Reich zu erhalten, und daß es dem Parlament dringend obliege, über die Unverletzlichkeit dieser Erbfolge
zu wachen, „damit die Unterthanen zu allen Zeiten wissen mögen,
„wo sie Schutz und Zuflucht zu suchen haben." Weit entfernt,
den trüglichen Verheissungen eines Wahl-Rechts, günstig zu seyn,
beweisen diese beyden Akten vielmehr mit mathematischer Strenge,
wie gänzlich abgeneigt die Weisheit der Nation war, einen Fall
der Nothwendigkeit in eine gesetzliche Regel zu verwandeln.

Unstreitig gieng zur Zeit der Revolution in König Wilhelms
Person eine geringe und als Ausnahme betrachtete Abweichung
von der strengsten Ordnung einer regelmäßigen Erbfolge vor: aber
es ist gegen alle gesunde Rechtsgrundsätze, eine Vorschrift, die

auf einen speciellen Fall und für eine einzelne Person gemacht ist, zu einem allgemeinen Prinzip zu erheben. Privilegium non transit in exemplum. Wenn es jemals eine günstige Gelegenheit gab, um den Grundsatz, daß ein vom Volk gewählter König der einzige rechtmäßige sey, einzuführen, so war es ohne Zweifel die Revolution. Daß es damals nicht geschah, ist ein sicherer Beweis, daß die Nation überzeugt war, es müße nie geschehen. Die Majorität von beyden Partheyen im Parlement war, (wie jeder, der auch nur das geringste von unsrer Geschichte kennt, wissen muß) so wenig geneigt, jenem Grundsatz beyzutreten, daß sie anfänglich sogar die erledigte Krone nicht dem Prinzen von Oranien, sondern seiner Gemahlin Maria, Tochter des Königs Jakob, der ältsten des Theils seiner Familie, den man ohne Widerspruch für den seinigen erkannte, aufsetzen wollte. Es wäre unnütze Wiederhohlung längst bekannter Dinge, wenn ich hier alle die Umstände erzählen wollte, welche beweisen, daß die Ernennung König Wilhelms nicht eigentlich eine Wahl war, und daß sie von allen denjenigen, die nicht wünschten, den König Jacob zurückzurufen, oder ihr Vaterland mit Blut zu überschwemmen und ihre Religion, Gesetze und Freyheiten von neuem in die Gefahr zu stürzen, der sie so eben entronnen waren, als ein Entschluß der Nothwendigkeit in dem strengsten moralischen Sinne dieses Worts angesehen wurde.

Es ist der Mühe werth zu bemerken, wie Lord Somers, der Verfasser der Deklaration der Rechte bey einem so schwierigen Geschäft, als die Entwerfung einer Akte seyn mußte, wodurch das Parlament für einen einzelnen Fall von der strengen Ordnung der Erbfolge zu Gunsten eines Prinzen, der, obgleich sehr nahe, doch nicht der nächste in der Successionslinie war, abwich, zu Werke gegangen ist. Es ist merkwürdig zu sehen, mit welcher Geschicklichkeit diese einstweilige Unterbrechung der Reihe ins Dunkel gestellt wird, und wie dagegen der große Mann, und das Parlament, welches ihm folgte, alles, was sich nur bey diesem auf Nothwendigkeit gegründeten Beschluß zur Aufrechthaltung der Idee einer erblichen Thronfolge sagen ließ, aufgestellt, herausgehoben, und ins hellste Licht gesetzt hat. Er geht von dem trock-

nen verordnenden Styl einer Parlamentsakte ab, er läßt sein Ober-
und Unterhaus in ein frommes Dankgefühl ausbrechen, und ankündigen: „Daß sie es als eine wundervolle Führung als eine
„sonderbare Güte und Barmherzigkeit Gottes gegen dieses
„Land ansehen, daß Er Ihrer Majestäten Königliche Personen
„bewahrt habe, um in Glück und Seegen auf dem Thron
„ihrer Vorfahren über uns zu regieren, wofür sie ihm
„aus dem Innersten ihrer Seelen den demüthigsten Preis und
„Dank darbrächten.“ Die Gesetzgeber hatten offenbar die Re-
cognitionsakte aus dem ersten Regierungsjahr der Königin
Elisabeth, und die aus dem ersten Regierungsjahr Jacob des
ersten, welche beyde die Erblichkeit der Krone sehr nachdrücklich
aussagen, vor Augen, und in vielen Stellen folgen sie mit buch-
stäblicher Genauigkeit den Worten und selbst den Danksagungs-
formeln die sich in diesen alten Declarationsstatuten finden.

In der Akte unter König Wilhelm dankten die beyden Parlamentshäuser nicht dafür Gott, daß sie Gelegenheit zu Behauptung eines Rechts, ihre Regenten zu wählen, gefunden hatten,
noch weit weniger, daß sie nun die Wahl zum einzigen rechtmäßigen Regierungstitel erheben konnten. Daß sie den bloßen
Anschein einer solchen Neuerung so viel als möglich hatten vermei-
den können, das dankten sie der Vorsehung als eine besonders
wohlthätige Führung. Sie zogen einen politischen kunstvoll-ge-
webten Schleyer über jeden Umstand, der dazu dienen konnte,
ein Recht, welches sie in der verbesserten Successionsordnung beyzubehalten gemeynt waren, zu entkräften, oder irgend eine künftige Abweichung von dem, was sie nun auf immer festsetzen wollten, zu begründen. Um die Nerven der monarchischen Verfassung nicht abzuspannen, und um dem Gebrauch ihrer Vorfahren,
so wie er sich in den Deklarationsstatuten der Königinnen Maria
und Elisabeth fand, aufs vollkommenste getreu zu bleiben, „erken-
„nen sie,“ in der nächsten Clausel, „in Ihren Majestäten, und
„übertragen Ihnen daher alle gesetzlichen Prärogativen der Krone,“
mit dem Zusatz: „daß diese Gerechtsame in ihnen, in vollem
„Maaß, in Kraft der Gesetze, und ungetheilt niedergelegt, ein-
„verleibt, vereiniget und verknüpft seyn sollen.“ In dem folgen-

den Artikel, durch welchen den Zweifeln über alle und jede ver-
meyntliche Ansprüche auf die Krone vorgebeugt werden soll, erklären sie, (indem sie auch hier mit der Traditionsweisheit der
Nation die Traditionssprache beybehalten, und die Worte der
ältern Akten, als wenn sie eine gesetzliche Formel abschrieben,
wiederholen) „daß von der Erhaltung der Sicherheit in der Erb-
„folge gedachter Regenten die Einigkeit, Ruhe und Sicherheit
„dieser Nation, unter Gottes Schutz einzig und allein abhinge. "

Sie wußten, daß ein zweifelhafter Successionstitel nur allzuviel Aehnlichkeit mit einer Wahl haben würde, und daß eine
Wahl schlechterdings mit „Einigkeit, Friede und Sicherheit dieser
„Nation" welches ihnen Gegenstände von einiger Wichtigkeit
waren, unverträglich seyn mußte. Um diese zu sichern, und deshalb die Lehre der Old-Jewry von einem Recht, unsre Regenten selbst zu wählen, für immer auszuschließen, fügen sie nun
noch eine Clausel hinzu, welche aus einer ältern Akte der Königin
Elisabeth entlehnt ist, und welche die feyerlichste Bürgschaft, die
jemals zu Gunsten einer erblichen Thronfolge geleistet ward, zugleich aber auch die feyerlichste Absagung der ihnen von der Revolutionsgesellschaft angedichteten Grundsätze, die es nur irgend geben kann, enthält. „Die geistlichen und weltlichen Lords und Her-
„ren vom Unterhause unterwerfen im Namen alles Volks (diesen
„Beschlüssen) sich, ihre Erben und Nachkommen zu allen künfti-
„gen Zeiten, gehorsamlich und getreulich, und versprechen, daß
„sie Ihre Majestäten, und zugleich die vorbesagte Thronfolge, so
„wie sie hierin beschrieben ist, anerkennen, aufrecht halten, und
„aus allen Kräften vertheidigen wollen."

Es ist so wenig wahr, daß wir durch die Revolution ein
Recht erlangt hätten, unsre Könige zu wählen, daß vielmehr die
englische Nation einem solchen Recht, wenn sie es auch wirklich
vorher ausgeübt hätte, damals aufs allerfeyerlichste, für sich und
ihre Nachkommen zu allen Zeiten entsagt hat. *) Jene Gesell-

*) Dieses ganze Raisonnement über das Princip der Erbfolge in
der englischen Staatsverfassung ist so schrecklich mißverstanden,
und so grausam entstellt worden, daß es durchaus nöthig ist,
gleich hier einige Worte zur Festsetzung des wahren Gesichts-
B 4

schaft mag sich auf ihre Uebereinstimmung mit dem, was sie die
Grundsätze der Whigs nennt, so viel einbilden, als sie will: ich
verlange nicht ein beßrer Whig zu seyn, als Lord Somers;
ich mache keine Ansprüche darauf, die Grundsätze der Revolution
besser zu verstehen, als die, welche die Revolution ausführten,
noch in der Deklaration der Rechte Geheimnisse zu lesen, von
welchen die nichts wußten, deren kraftvoller Styl den Geist und
die Worte jenes unsterblichen Gesetzes in unsre Herzen wie in
unsre Statuten grub.

Es ist unläugbar, daß es der Nation mit Hülfe der Macht
die sie in Händen hatte, damals gewissermaßen frey stand, bey

punkts zu sagen, aus welchem man es betrachten muß. Burke
hat nie gemeynt, und nie gesagt, daß die Beschlüsse des Parlaments vom Jahr 1689 die englische Nation dergestalt bänden,
daß es ihr zu allen Zeiten schlechthin unmöglich, oder
auch nur ohne ein offenbares Verbrechen, mithin schlechterdings moralisch unmöglich wäre, die Resultate dieser
Beschlüsse aufzuheben und umzustoßen. Seine Absicht ging
wie jeder aufmerksame Leser, wenn ihn nicht etwa das Geschrey der Gegenparthey schon verstimmt hat, mir einräumen
wird, lediglich dahin: 1) gegen die Behauptungen der Revolutionsgesellschaft, die ihre Lehren auf die Grundsätze der Revolution von 1688 bauen wollte, zu zeigen, daß in diesen
Grundsätzen durchaus nichts enthalten ist, was jene Lehren
begünstigte. Dieß hat er einleuchtend genug dargethan. 2)
Alle diejenigen, die nach Neuerungen begierig sind, darauf
aufmerksam zu machen, daß die eigentlichen Grundsätze der
englischen Staatsverfassung mit den Ideen der Neuern von
Wahlrecht, Volkssouverainität u. s. f. schlechterdings
streiten, und daß es folglich ohne eine Totalrevolution
nicht möglich ist, diesen Ideen in England praktischen Eingang
zu verschaffen. — Ob es nun heilsam, und ob es moralisch
sey, Totalrevolutionen vorzunehmen, darüber hat er sich
weiterhin ausführlich erklärt.

Die welche diesen ersten Theil des Buchs mit ihren ver-
meyntlichen philosophischen Waffen angriffen und zer-
setzten, scheinen ganz vergessen zu haben, daß er eigentlich eine
historische Discussion enthält. — Ueber den philosophischen Theil der Materie habe ich in der zweyten der an-
gehängten Abhandlungen meine Gedanken vorzutragen gewagt, und Burke's wahre Idee näher zu bestimmen versucht.
Anmerk. des Uebers.

Beſetzung des Throns ganz nach Belieben zu verfahren: aber es
ſtand ihr nur in derſelben Rückſicht frey, in der es auch von ihr
abhing, die Königliche Würde oder irgend einen andern Theil ihrer Conſtitution gänzlich abzuſchaffen. Nichts deſto weniger glaubte ſie ſich nicht berechtigt, dergleichen dreiſte Veränderungen vorzunehmen. Es iſt in der That ſchwer, vielleicht unmöglich, die
reinen, abſtrakten Gränzen der Befugniß einer oberſten Gewalt, ſo wie ſie das Parlament damals ausübte, zu beſtimmen:
aber die moraliſchen Gränzen dieſer Befugniß, welche ſelbſt
da, wo die Macht noch unſtreitiger ſouverain iſt, den Willen des
Augenblicks der ewigen Vernunft und dem bleibenden Geſetz der
Redlichkeit, Gerechtigkeit und höhern Staatsklugheit unterwerfen, ſind vollkommen erkennbar, und müſſen jedem, der Gewalt
im Staat unter irgend einem Namen, unter irgend einem Titel
ausübt, vollkommen unverletzlich ſeyn. Das Oberhaus zum Bey-
ſpiel kann, wie auch die äußern Umſtände beſchaffen ſeyn möchten,
nie moraliſch-befugt ſeyn, das Unterhaus aufzuheben, ja nicht
einmal ſich ſelbſt aufzuheben, und, (wenn es ihm etwa einfallen
ſollte) ſeinem Antheil an der geſetzgebenden Macht im Staate zu
entſagen. Ein König kann für ſeine Perſon abdanken, aber er
kann die königliche Würde nicht abſchaffen. Aus gleichen vielleicht
noch aus dringendern Gründen kann das Unterhaus nicht auf die
Macht die ihm beygelegt iſt, Verzicht thun. Der allgemeine
geſellſchaftliche Vertrag, welcher den Namen Conſtitution führt,
widerſetzt ſich ſolchen Eingriffen und ſolchen willkührlichen Entſa-
gungen. Die conſtituirenden Theile eines Staats ſind eben ſo gut
verpflichtet, das, was ſie einander, und das, was ſie jedem, der
bey ihrer Verbindung weſentlich intereſſirt iſt, ſchuldig ſind, un-
verbrüchlich zu halten, als der ganze Staat verbunden iſt, das
was ein abgeſonderter Staat von ihm zu fordern hat, zu erfüllen.
Wäre dies nicht mehr, ſo würde Befugniß und Macht bald nicht
zu unterſcheiden ſeyn, und der Wille des Stärkern das einzige Geſetz werden. Dieſem Grundſatz zufolge, iſt die Thronfolge in
England zu allen Zeiten geweſen, was ſie jetzt iſt, eine durch das
Geſetz beſtimmte erbliche Thronfolge. In der alten Succeſſions-
linie war ſie eine Erbfolge nach gemeinem, in der neuern eine

Erbfolge nach ſtatutariſchem Recht, welches aber das gemeine
Recht zum Grunde legte, im weſentlichen nichts änderte, blos die
Form regulirte, und die Perſonen bezeichnete. Beyde Arten von
Recht ſind von gleicher Kraft, und flieſſen aus einer Quelle, nem⸗
lich aus der gemeinſchaftlichen Uebereinkunft, aus dem urſprüng⸗
lichen Vertrage im Staate, und verbinden daher Volk und König
mit gleicher Strenge, ſo lange die allgemeinen Bedingungen gehal⸗
ten werden, und ſo lange die Nation daſſelbe politiſche Ganze
bleibt.

Es iſt nichts weniger als unmöglich, wenn wir uns nur nicht
in die Labyrinthe metaphiſiſcher Sophiſtereyen verwickeln laſſen, die
Nothwendigkeit, beydes einer feſten Regel und einer Abweichung
im einzelnen Fall zu vereinigen, und neben der Heiligkeit des
Princips der erblichen Thronfolge eine Macht zu gedenken,
die bey Veranlaſſungen von äußerſter Wichtigkeit in der An⸗
wendung des Princips eine Abänderung deſſelben vornimmt.
Selbſt in dieſem äußerſten Fall aber muß die Abänderung (wenn
wir den Umfang unſrer Rechte nach der Ausübung derſelben zur
Zeit der Revolution abmeſſen) nur auf den kranken Theil einge⸗
ſchränkt werden, auf den Theil der das nothwendige Abweichen
von der Regel veranlaßte: und auch dann darf, um ſie zu be⸗
wirken, nie eine Zerſetzung der ganzen bürgerlichen und politiſchen
Maſſe, mit der Abſicht, eine neue Ordnung aus Elementen einer
Geſellſchaft aufzubauen, Statt finden.

Ein Staat, dem es an allen Mitteln zu einer Veränderung
fehlt, entbehrt die Mittel zu ſeiner Erhaltung. Ohne ſolche Mit⸗
tel läuft er Gefahr, ſelbſt den Theil ſeiner Conſtitution den er
am heiligſten zu bewahren wünſchte, zu verliehren. Beyde Prin⸗
cipien, das Erhaltungs⸗ und das Verbeſſerungsprincip, wirkten
mächtiglich, als ſich England in den beyden critiſchen Perioden
der Reſtauration und Revolution ohne König fand. In
beyden Perioden hatte die Nation den Schlußſtein ihres alten
Gewölbes verlohren, aber darum warf ſie nicht den ganzen Bau
über den Haufen. Im Gegentheil, ſie richtete in beyden Fällen
den fehlenden Theil der alten Conſtitution durch Hülfe der unan⸗
gefochtenen Theile wieder auf. Dieſe alten Theile wurden unbe⸗

rührt gelassen, damit der verlohren-gegangene sich nach ihnen wieder bilden und ihnen wieder anpassen konnte. Sie wirkten durch die alten bereits organisirten Stände nach den Formen ihrer alten Organisation, nicht durch die formlosen Grundstoffe eines aufgelöseten Volks. Die oberste gesetzgebende Macht äusserte vielleicht nie eine zärtlichere Besorgniß für das Fundamentalprincip des brittischen Constitutionssystems, als zur Zeit der Revolution, zu eben der Zeit, da sie von der geraden Linie, der erblichen Thronfolge abwich. Die Krone wurde zwar aus der Linie, in der sie bisher fortgeschritten war, einigermaßen verrückt, aber die Linie ging doch von demselben Stamm aus. Es war immer noch Erbfolge, immer noch Erbfolge in derselben Familie, obgleich Erbfolge, der die protestantische Religion als Bedingung zugeordnet ward. Daß die Gesetzgeber, selbst indem sie die Ordnung änderten, dem Grundsatz treu blieben, zeigt am besten, daß sie diesen für unverletzlich hielten.

Aus diesem Gesichtspunkt betrachtet, hatte das Gesetz der erblichen Thronfolge schon in ältern Zeiten und lange vor der Revolution Verbeßrungen zugelassen. Bekanntlich entstanden einige Zeit nach der Eroberung Englands durch die Normänner wichtige Fragen über die eigentlichen gesetzlichen Principien einer solchen Thronfolge. Man stritt darüber, ob der Erbe per capita oder der Erbe per stirpes succediren sollte; *) aber wenn gleich jener weichen mußte, nachdem man für diesen entschieden hatte, wenn gleich der katholische Erbe Platz machte, als man den protestantischen vorzog, so lebte doch das Princip der Erblichkeit selbst, vermöge einer gewissen innern Unsterblichkeit durch alle diese Verwandlungen hindurch.

. . . . multosque per annos,
Stat fortuna domus, et avi numerantur avorum.

*) Die Frage, ob beym Tode eines Regenten die Kinder seines ältern früher verstorbenen Sohnes vor seinen jüngern Söhnen (per stirpes) oder seine üngern Söhne vor den Kindern eines früher verstorbenen ältern (per capita) succediren sollten, war noch im 13ten Jahrhundert in England nicht ganz entschieden, ob sich gleich die allgemeine Stimme schon sehr deutlich für die Succession per stirpes

Dies ist der Geist unsrer Constitution nicht allein in ihrem ruhigen Gange, sondern auch in allen ihren Revolutionen. Wer
auch den Thron bestieg, und auf welche Weise er ihn auch bestieg,
nach dem Gesetz, oder durch die Gewalt, immer ward die Erbfolge entweder fortgesetzt, oder von neuem eingeführt und behauptet.

Die Herren von der Revolutionsgesellschaft sehen in der Revolution von 1688 nichts, als die Abweichung von der Constitution, und sie halten die Abweichung von dem Princip für das
Princip selbst. Sie kümmern sich wenig um die nächsten
Folgen ihrer Lehre, ob sie gleich einsehen sollten, daß diese Lehre
den wichtigsten und heiligsten Verhandlungen und Urkunden unsers Staats Ansehen und Gültigkeit raubt. Wenn solch eine un-
haltbare Maxime einmal eingeführt ist, daß kein andrer König
rechtmäßig seyn soll, als ein gewählter, so sind die Anordnungen
aller der Prinzen, die vor der Epoche unsrer eingebildeten Wahl
regiert haben, ungültig. Sind diese Theoretiker etwa Willens
es einigen ihrer Vorgänger gleich zu thun, welche die Leichname
unsrer ältern Souverains aus der Ruhe ihrer Gräber hervor-
schleppten? Sind sie Willens, alle Könige, die vor der Revolu-

___

erklärt hatte. König Johann der im Jahr 1179 nach Richard I. den Thron bestieg, schloß den jungen Prinzen Arthur
den Sohn seines ältern Bruders Gottfried von der Regierung aus, übertrat also die Regel per stirpes ward aber nichts
desto weniger durchgängig als König anerkannt. — Zwey
hundert Jahr später war kein Zweifel mehr, daß die Succession per stirpes, als die einzige rechtmäßige angesehen werden
sollte, und Heinrich IV. der sich im Jahr 1399 der Regierung
bemächtigte, wurde nicht sowohl, weil er seinen Vorgänger Richard II. abgesetzt hatte, als weil er die Nachkommenschaft
Lionels Herzogs von Clarence (der ein ältrer Sohn
Eduards III. als Johann von Gaunt, Heinrich des
IV. Vater war) ausschloß, für einen Usurpator gehalten. Die
Streitigkeiten, die unter seinem Enkel zwischen den Häusern
Lancaster und York ausbrachen, gründeten sich blos auf
diese von ihm unternommene Verletzung des Erbfolgeprin-
cips in seiner strengsten Reinigkeit, in welcher es allerdings
für das zurückgesetzte Haus York sprach. Anmerk. des
Uebers.

tion regieret haben, in aufsteigender Linie anzufechten und zu caſſiren, und dadurch dem Thron von England den Schandfleck einer ununterbrochnen Uſurpation aufzuheften? Sind ſie Willens, zugleich mit den Regierungstiteln der ganzen Reihe unſrer Könige, auch jene große Sammlung von Statuten, die unter dieſen Uſurpatoren entſtanden ſind, zu entkräften, aufzuheben, oder wankend zu machen? Geſetze anzugreifen, die für unſre Freyheiten unſchätzbar, und ſicherlich von keinem geringern Werth ſind, als irgend eins, das während oder nach der Revolution gegeben iſt? — Wenn Könige, die ihre Krone der Wahl des Volks nicht zu danken haben, kein Recht hatten, Geſetze zu machen, was wird denn aus dem Statut de tallagio non concedendo? aus der Bitte um Recht, aus der Habeas-Corpus-Akte? *) — Getrauen ſich dieſe neuen Schriftgelehrten der Rechte des Menſchen zu behaupten, daß König Jacob II. der nach den Regeln einer damals unbedingten Erbfolge als nächſter Blutsverwandter den Thron beſtieg, nicht in jeder Rückſicht rechtmäßiger König von England war, ehe er noch irgend einen jener Schritte gethan hatte, die man mit Recht als eine Verzichtleiſtung auf die Krone anſehen mußte? War er es nicht, ſo hätte ſich das Parlament in der Epoche, welche die Herren feyern, viel Sorge

*) Das Statut de tallagio non concedendo iſt eine Urkunde, welche König Eduard I. im 34ten Jahr ſeiner Regierung unterzeichnen mußte, und wodurch feſtgeſetzt ward, daß künftighin keine Art von Abgaben, ohne ausdrückliche Beyſtimmung des Parlaments erhoben werden ſollte — die Bitte um Recht, Petition of right iſt die berühmte Adreſſe die das Parlament dem König Carl I. im 3ten Jahr ſeiner Regierung übergab, worin es die genaue Beobachtung des Statuts de tallagio, die Abſchaffung aller willkührlichen Verhaftsbefehle, und die Aufhebung des Kriegsgerichts, ſo wie aller Commiſſionen, die nicht nach den allgemeinen Geſetzen des Reichs verfuhren, verlangte. Dieſer Adreſſe mußte der König nach langem Widerſtreben geſetzliche Kraft verleihen — Die Habeas-Corpus-Akte iſt das bekannte Geſetz zur nähern Beſtimmung der perſönlichen Freiheit des Bürgers, welches die Nation unter der Regierung König Carl II. erhielt. Anmerk. des Ueberſ.

ersparen können. Aber König Jacob war kein Usurpator, sondern ein schlechter König mit einem guten Recht zum Thron. Die
Regenten, die vermöge der Parlamentsakte, welche der Kurfürstin Sophia und ihrer protestantischen Nachkommenschaft die
Krone versicherte, nach ihm regierten, bestiegen den Thron eben
so wie König Jacob. Er bestieg ihn vermöge des Gesetzes, so
wie es zu seiner Zeit beschaffen war; Die Prinzen des Hauses
Braunschweig bestiegen ihn — nicht Kraft einer Wahl sondern —
vermöge des Gesetzes der protestantischen Erbfolge, so wie es zu
ihrer Zeit galt, welches ich nun hinlänglich dargethan zu haben
hoffe.

Das Gesetz, welches die gegenwärtige Königliche Familie
bestimmt zur Succession beruft, ist die Akte aus dem 12ten und
13ten Regierungsjahr des Königs Wilhelm. Die Worte dieser
Akte verbinden „uns, unsre Erben und Nachkommen gegen sie,
„ihre Erben und Nachkommen, so fern sie Protestanten sind, auf
„ewige Zeiten" auf eben die Art, wie es die Deklaration der
Rechte gegen die Erben des Königs Wilhelm und der Königinn
Maria that. Sie setzt also eine erbliche Thronfolge und einen
erblichen Gehorsam fest. Wenn die gesetzgebende Macht nicht
durch den constitutionellen Bewegungsgrund, eine feste Regierungsform einzuführen, und eine Wahl des Volks auf immer auszuschließen, geleitet wurde, was konnte sie wohl dahin bringen,
die Gegenstände der Wahl, die ihnen unser eignes Vaterland so
reichlich darbot, eigensinnig zu verwerfen, und in auswärtigen
Ländern nach einer fremden Prinzessin zu suchen, von der die ganze
Folge unsrer Regenten, ihr Recht, Millionen von Menschen
durch eine Reihe von Jahrhunderten zu beherrschen, ableiten
sollte?

Die Prinzessin Sophia wurde in der Kronregulirungsakte
nicht etwa ihrer Verdienste halber, sondern blos um einen Stamm
und eine Wurzel künftiger Erbkönige abzugeben, zur dereinstigen
Verwalterin der obersten Macht, die sie vielleicht nie ausüben
sollte, und zu der sie wirklich nie gelangt ist, berufen. Sie ward
nur aus einer einzigen Ursach ernannt, weil, sagte die Akte, „die
„durchlauchtigste Prinzessin Sophia verwittwete Kurfürstin und

„Herzogin von Hannover, die Tochter der durchlauchtigsten Prin-
„zessin Elisabeth, verstorbenen Königinn von Böhmen, und En-
„kelinn unsers hochseligen Herrn Königs Jacobs des ersten, glor-
„reichen Andenkens ist, und daher Kraft dieser Akte, als nächste
„Erbin in der protestantischen Linie anerkannt wird rc. rc., und
„soll die Krone auf die Erben ihres Leibes, in so fern sie Protestan-
„ten sind, fortgehen." Diese Anordnung machte das Parlament, damit durch die Prinzessin Sophia nicht allein eine erbliche
Linie für die Zukunft gesichert, sondern auch (welches ihm von
großer Wichtigkeit schien) durch sie mit dem alten Erbstamm in
Jacob I. verknüpft werden sollte; damit die Einheit der monarchischen Verfassung durch alle Generationen hindurch erhalten und
(wofern nur die Religion gesichert blieb) in der alten eingeführten Successionsordnung erhalten würde, in welcher unsre
Freyheiten zwar einmal in Gefahr gerathen, aber doch auch oft
in allen Stürmen und Kämpfen zwischen den Prärogativen
des Throns und den Privilegien des Volks, bewahrt worden waren. Das Parlament handelte weise. Noch hat uns keine Erfahrung gelehrt, daß unsre politischen Vorzüge in irgend einem andern System, als dem einer erblichen Krone, wie ein erbliches
Recht fortgepflanzt und heilig gehalten werden können. Unregelmäßige, convulsivische Krankheiten mögen durch unregelmäßige
convulsivische Bewegungen gehoben werden. Aber die erbliche
Ordnung in der Thronfolge ist der gesunde Zustand der Brittischen Constitution. Fehlte es etwa dem Parlament, als es
die Akte wegen Uebertragung der Krone auf die hannöverische
Linie entwarf, an hinlänglicher Aufmerksamkeit auf die Gefahren,
denen das Reich dadurch, daß nun vielleicht zwey, drey und mehr
fremde Prinzen hinter einander den Thron besteigen konnten, ausgesetzt ward? Nein! das Parlament fühlte das Uebel, was aus
einer solchen fremden Succession entstehen konnte, vollkommen,
und fühlte es vielleicht lebhafter als nöthig war. Aber eben dieser Umstand, daß die englische Nation das System der protestantischen Erbfolge in der alten Linie, überzeugt und aufs innigste
durchdrungen von der damit verknüpften Gefahr, weil die Linie
nun eine fremde Linie geworden war, standhaft beybehielt, lehrt

entscheidender als alles, wie herrschend damals die Meynung gewe=
sen seyn muß, daß die Grundsäze der Revolution die Nation nicht
berechtigten, Könige nach Wohlgefallen und ohne alle Rücksicht auf
die alten Fundamentalprincipien unsrer Staatsverfassung zu
erwählen.

Noch vor wenig Jahren würde ich mich geschämt haben,
einen Gegenstand, der damals keiner äußern Stütze zu bedürfen
schien, mit einem solchen Gerüste von Argumenten zu umlagern:
aber jene aufrührerische constitutionswidrige Lehre wird jetzt öffent=
lich eingestanden, gepredigt und gedruckt. Der Widerwille den
ich gegen Revolutionen fühle, zu denen das Signal so oft von
den Kanzeln gegeben worden ist, der Geist der Neuerungen,
der allenthalben umher zieht, die in Frankreich schon herrschende,
bey uns einreissende Verachtung aller alten Verfassungen, welche
man jetzt dem Gefühl des kleinsten gegenwärtigen Vortheils und
jeder augenblicklichen Lieblingsneigung aufzuopfern bereit ist: alle
diese Umstände machen es, meiner Meynung nach, sehr heilsam,
die Aufmerksamkeit auf die wahren Principien unsrer vaterländi=
schen Gesetze zurückzuführen, damit Ausländer sie kennen lernen,
und wir fortfahren mögen, sie zu lieben. Auf beyden Seiten des
Meers haben wir alle Ursach gegen eine gewiße Classe von Schleich=
händlern auf unsrer Hut zu seyn, die vermittelst eines doppelten
Betrugs rohe Waaren, welche nie auf brittischen Boden gewach=
sen sind, als solche, 'in verbotnen Gefäßen nach Frankreich über=
führen, um sie nachher, nach der neusten Parisermode einer ver=
besserten Freyheit fabricirt, bey uns wieder einzufälschen. Das
englische Volk wird nicht Moden nachäffen, die es nie geprüft,
noch zu solchen zurückkehren, die es verderblich befunden hat. Die
Britten rechnen die gesetzmäßige erbliche Thronfolge in ihrem
Staate unter ihre Rechte, nicht unter ihre Lasten; sie betrachten
sie als eine Wohlthat, nicht als einen Misbrauch, als ein Pfand
ihrer Freyheit, nicht als ein Zeichen ihrer Knechtschaft. Sie le=
gen der Verfassung ihres Staats, so wie sie jetzt existirt, einen
unschätzbaren Werth bey, und sehen die ununterbrochne Erbfolge
auf dem Thron als eine Bürgschaft für die Festigkeit und Dauer
aller übrigen Theile ihrer Constitution an.

Ehe

Ehe ich weiter gehe, muß ich noch eines niedrigen Kunstgriffs erwähnen, dessen sich die Patronen des Wahlsystems, wenn
sie es als das einzige, womit eine rechtmäßige Regierung verein-
bart seyn soll, ausrufen, zu bedienen pflegen, um auf die Vertheidiger der wahren Grundsätze unsrer Constitution ein gehäßiges
Licht zu werfen. Diese Sophisten ersinnen nach Willkühr Gegenstände und Personen, und behandeln hernach die, welche die Erblichkeit der Krone in Schutz nehmen, so, als wenn sie ihre Hirn-
gespinste begünstigten. Es ist ihre gewöhnliche Methode, den
Streit so zu führen, als ob ihre Gegner zu jenen längstverworfnen
Fanatikern der Sklaverey gehörten, die einst behaupteten, was ge-
genwärtig wohl kein Mensch auf Erden mehr annimmt, „daß der
„Besitz des Throns ein göttliches, geerbtes, und
„unverliehrbares Recht sey.“ — Die, welche ehmals für
die unumschränkte Gewalt in einem Einzelnen schwärmten, disser-
tirten so, als wenn erbliche Königswürde die einzige rechtmäßige
Regierungsform wäre, gerade, wie unsre neuen Fanatiker der un-
beschränkten Volksgewalt behaupten, daß Volkswahl die einzige
rechtliche Quelle aller Autorität sey. Die alten Enthusiasten der
Königlichen Prärogative raisonnirten freylich abgeschmackt, vielleicht sogar frevelhaft, wenn sie sich einbildeten, daß göttliche Sanktion mehr auf einer Monarchie, als auf irgend einer andern Staatsverfassung ruhen müßte, und daß ein erbliches Recht zu regieren
in jedem, den einmal die Erfolge zum Thron berief, unter allen
Umständen, schlechterdings und im strengsten Sinne des
Worts unverliehrbar wäre. Aber eine abgeschmackte Vorstellung von dem erblichen Recht schließt eine vernünftige auf
festen Principien der Gesetze und der Staatsklugheit gegründete,
nicht aus. Wenn alle ungereimte Behauptungen der Rechtsgelehrten und Theologen die Gegenstände, worauf sie sich beziehen,
verwerflich machen sollten, so müsten wir längst keine Gesetze und
keine Religion mehr in der Welt haben. Eine abgeschmackte Theorie auf einer Seite rechtfertigt Niemanden, ein falsches Faktum
oder eine grundverderbliche Maxime auf der andern vorzutragen.

Die zweyte Forderung der Revolutionsgesellschaft ist „ein
„Recht unsre Regenten wegen Vergehungen abzu-

C

„ſetzen." Vielleicht war die Furcht, dereinſt Gelegenheit zu
einer ſolchen Anmaßung zu geben, die Urſach, weshalb unſre
Vorfahren bey Entwerfung der Akte, worin die Abdankung des
Königs Jacob enthalten iſt, wenn ſie ſich einem Fehler ausſetzen
wollten, den Fehler der übergroßen Genauigkeit und peinlichen
Behutſamkeit wählten. *) Dieſe ängſtliche Vorſicht iſt ein Beweis von dem wunderbaren Geiſte der Nüchternheit und Weisheit, welcher gerade in einer Lage, wo der Menſch, der erſt durch
Unterdrückung gereizt, und nachher durch den Sieg über dieſelbe
muthig geworden iſt, ſo leicht gewaltſame und verzweifelte Maaß-
regeln ergreift, in den Berathſchlagungen der Nation herrſchte:
ſie zeigt, wie viel den großen Männern, die damals an der
Spitze der öffentlichen Angelegenheiten ſtanden, daran lag, die
Revolution zur Mutter einer feſten Staatsverfaſſung, nicht zu
einer Pflanzſchule künftiger Revolutionen zu machen.

Keine Regierung würde einen Augenblick beſtehen, wenn
ſolch ein luftiges und unbeſtimmtes Ding als die Erklärung des
Worts Vergehung, ſie umblaſen könnte. Die Anführer bey
der Revolution gründeten die rechtlich präſumirte Abdankung König Jacobs auf kein ſo leichtes und ſchwankendes Princip. Sie
legten ihm nichts geringers zur Laſt, als einen, durch eine Menge
offenbarer, geſetzwidriger Unternehmungen, erwieſnen Plan, die
proteſtantiſche Kirche und den Staat ſammt allen fundamentel-
len, unbezweifelten Rechten und Freyheiten der Bürger umzu-
ſtürzen; ſie beſchuldigten ihn, den Grundcontrakt zwiſchen König
und Volk gebrochen zu haben. Dies war mehr denn Vergehung. Eine ſtrenge und gebieteriſche Nothwendigkeit, das uner-
bittlichſte aller Geſetze, zwang ſie zu dem Schritt, den ſie thaten,

*) Es hieß in dieſer Akte „daß König Jacob II, da er die Ab-
„ſicht gehabt die Conſtitution des Königreichs umzuwer-
„fen, und den Grundcontrakt zwiſchen König und Volk
„zu brechen; und da er, von Jeſuiten und andern verruch-
„ten Rathgebern verleitet, die Fundamentalgeſetze des
„Reichs übertreten, und ſich ſelbſt aus demſelben
„entfernt habe, gleich, als hätte er die Regierung nie-
„dergelegt, anzuſehen, und folglich der Thron erlediget
„ſey." · ·

mit unendlichem Widerstreben thaten. Das Ziel aller ihrer Operationen war eine Verfassung, worin es jedem künftigen Regenten beynahe unmöglich werden sollte, die Stände des Reichs je wieder zu dem gewaltsamen Mittel zu zwingen, dessen man sich damals bedienen mußte. Den Thron ließen sie, wie er es im Sinne des Gesetzes immer gewesen war, von aller Verantwortlichkeit frey: auf die Minister des Staats wälzten sie die ganze Last dieser Verantwortlichkeit, um das Oberhaupt davon zu entbinden. Durch das Statut, welches die Declaration der Rechte heißt, setzten sie fest: daß die Minister nicht anders als unter den Bedingungen dieser Deklaration der Krone dienen sollten. Bald darauf sicherten sie sich die häufigern Versammlungen des Parlaments, damit die ganze Regierung unter beständiger Aufsicht und steter Censur der Volksrepräsentanten und der Großen des Reichs bliebe. In der nächsten Haupt-Constitutionsakte (vom 12ten und 13ten Regierungsjahr des Königs Wilhelm) worin sie „die fernere Bestimmung der Thronfolge, und eine beßre Sicherstellung der Rechte „und Freyheiten der Unterthanen" zur Absicht hatten, machten sie aus, „daß gegen eine Anklage des Unterhauses, kein Gnaden„patent, wenns es auch unter dem großen Staatssiegel ausgefertiget wäre, gelten sollte." — Unter dem Schirm der Regierungsvorschriften, die in der Declaration der Rechte enthalten waren, unter der beständigen Aufsicht des Parlaments, unter dem mächtigen Panier der öffentlichen Anklage der Staatsbeamten, glaubten sie gegen alle Angriffe auf ihre Freiheiten, und gegen alle Fehler in der Verwaltung des Staats beßre Sicherheit zu haben, als ihnen der Vorbehalt des in der Ausführung so schwierigen, im Ausgange so ungewissen, oft in den Folgen so verderblichen Rechts „ihre Regenten abzusetzen" jemals verliehen hätte.

Dr. Price eifert in seiner Predigt gegen den Gebrauch grober Schmeicheleyen in Adressen die man Königen übergiebt. Statt dieses niedrigen Styls schlägt er vor, dem Könige von Großbrittannien künftig in den Glückwünschungsadressen zu sagen: „er müsse sich nicht als den Souverain, sondern als den „Diener seines Volks ansehen." Für ein Kompliment scheint diese neue Form der Adressen nicht gerade die lieblichste zu seyn.

Die, welche dem Namen nach und in der That Diener sind, sehen denn doch nicht gern, daß man ihnen ihre Lage und ihre Verbind- lichkeiten bey jeder Gelegenheit vorhält. Selbst der Sklave im alten Lustspiel sagte seinem Herrn *), "daß du mich daran erin- nerst ist fast so gut als beschimpfest du mich." Als Kompliment ist es nicht angenehm, als Lehre ist es höchst überflüßig. Denn wenn nun am Ende der König selbst in diesen neumodischen Adressenstyl einstimmte, wenn er ihn buchstäblich annähme, und die Benennung eines Dieners des Volks zu seinem Königlichen Titel wählte, was in aller Welt könnte dadurch für ihn, oder für uns gewonnen seyn? Ich habe sehr anmaßungsvolle Briefe gesehen, die von gehorsa- men und unterthänigen Dienern unterzeichnet waren. Die stol- zeste Herrschaft, die je auf Erden ertragen ward, führte noch einen weit demüthigern Titel, als ihn jetzt der Apostel der Frey- heit den Souveräins vorschlägt. Der, welcher Könige und Na- tionen mit Füßen trat, nannte sich „den Knecht der Knechte," und Mandate, vor welchen Kronen sanken, waren mit dem Sie- gel — „des Fischers" bezeichnet.

Ich würde alles dies als leichtes und eitles Geschwätz, durch welches freylich der wahre Geist der Freyheit in einem schaalen Dampf verdunstet, gar nicht berührt haben, wenn es nicht zu sichtbar die Idee des „Königs-Absetzens" unterstützen sollte, und einen Theil des auf diese Idee gegründeten Systems ausmachte. Blos in dieser Rücksicht verdient es, einen Augenblick näher be- leuchtet zu werden.

Könige sind in einem gewissen Sinne unstreitig Diener des Volks, weil ihnen ihre Macht vernünftiger Weise zu keinem andern Endzweck beygelegt seyn kann, als zum allgemeinen Be- sten: aber es ist, wenigstens vermöge unsrer Constitution, falsch, daß sie jemals in der gewöhnlichen Bedeutung des Worts Diener seyn können, weil es das wesentliche in dem Verhältniß eines Dieners ist, daß er den Befehlen eines andern gehorchen muß, und nach Gutbefinden abgedankt werden kann. Der König von Großbrittannien aber gehorcht keiner andern Person: alle andre

*) Haec commemoratio est quasi exprobratio.

Zeit genug seyn, sie aus dem Statutenbuche eines bessern zu belehren. Personen stehen vielmehr sammt und sonders unter ihm, und sind ihm gesetzlichen Gehorsam schuldig. Das Gesetz, welches weder schmeichelt noch beleidigt, nennet diesen hohen Staatsbeamten „unsern obersten Herrn, den König;‘‘ und wir unserer Seits kennen und sprechen lediglich die einfache und ursprüngliche Sprache des Gesetzes, und wissen nichts von den verwirrungsvollen Mundarten ihrer babylonischen Kanzeln.

Da Er nicht bestimmt ist, uns zu gehorchen, sondern wir verpflichtet sind, dem Gesetz in seiner Person Gehorsam zu leisten, so hat unsre Constitution keine Art von Vorkehrung getroffen, um ihn, in der Qualität eines Dieners, verantwortlich zu machen. Unsre Constitution weis nichts von einem solchen Amt, wie die Justiza in Arragonien, *) noch von irgend einem gesetzmäßigen Gerichtshofe, noch von irgend einer gesetzmäßigen Prozeßform, um den König der Verantwortlichkeit, die sich jeder Diener gefallen laßen muß, zu unterwerfen. Hierin hat er nicht einmahl vor den Mitgliedern beyder Parlamentshäuser, etwas voraus, von denen keines in seiner öffentlichen Qualität zu irgend einer Rechenschaft gezogen werden kann: und dennoch behauptet die Revolutionsgesellschaft im klarsten Widerspruch mit einem der weisesten und schönsten Theile unsrer Constitution, ein König sey nichts mehr, als „der erste Diener des Volks, vom Volke einge-„setzt und verantwortlich gegen das Volk.‘‘

Unsre Vorfahren zur Zeit der Revolution würden den Ruf der Weisheit, worin sie stehen, schlecht verdient haben, wenn sie die Freyheit nur dadurch zu schützen gewußt hätten, daß sie die Regierung in ihren Operationen gelähmt, in ihrer Existenz selbst abhängig gemacht, wenn sie kein beßres Mittel gegen unrechtmäßige Macht gekannt hätten, als bürgerliche Verwirrung. Die Herren, welche von der Verantwortlichkeit des Königs reden, müssen erst die Repräsentanten des Volks aufweisen, denen der König als Diener Rechenschaft schuldig seyn soll. Dann wird —

C 3

*) S. Robertson History of Charles V. vol. 1. Sect. 3. über die Geschäfte und Prärogativen dieses furchtbaren Amts — A. d. U.

Das Cassiren der Könige, wovon diese Herren als von einer
ziemlich unbedeutenden Ceremonie sprechen, kann nicht leicht ohne die äußerste Gewalt ins Werk gerichtet werden. Alsdann aber
tritt der Fall des Krieges ein, und die Probleme der Staatswis-
senschaft haben ein Ende. Unter den Waffen wird den Gesetzen
Stillschweigen geboten, und Tribunale schwinden mit den Frieden
dahin, den sie nicht länger erhalten können. Die Revolution von
1688 ward in einem Kriege errungen, unter solchen Umständen,
die einzig einen Krieg, und vorzüglich einen bürgerlichen Krieg
rechtfertigen können. „Ein nothwendiger Krieg ist ein gerechter
„Krieg." *) — Die Frage über die Entsetzung, oder wie die
Herren lieber wollen, über das Cassiren der Könige, ist von jeher
nicht eine Frage des Staatsrechts, sondern eine ausserordent-
liche Frage der Staatsklugheit gewesen, und wird es ewig
bleiben: eine Frage, bey deren Entscheidung es (wie in allen Fällen wo Staatsklugheit das Wort hat) weniger auf positive Be-
fugniße, als auf Anordnung, auf Führung, auf Mittel und Wege, auf Berechnung der wahrscheinlichen Folgen ankömmt. So
wie sie nicht für gewöhnliche Misbräuche bestimmt war, so ist sie
auch nicht von der Art, um von gewöhnlichen Köpfen behandelt
zu werden. In der Theorie ist die letzte Gränzlinie, wo Gehorsam aufhören, und Widerstand beginnen soll, schwach, dunkel,
schwer anzugeben. Es ist keine einzelne Handlung, keine einzelne
Begebenheit, was diese Linie bestimmt. Eine Staatsverwaltung
muß äußerst herabgekommen und verderbt, und die Aussicht auf
die Zukunft muß so trostlos, als das Gefühl des Vergangnen
schmerzhaft seyn, ehe man es wagen darf, an einen gänzlichen
Umsturz zu denken. Wenn dieser jammervolle Zustand gekommen
ist, dann geben die Symptome der Krankheit auch selbst die Ar-
neymittel an, klar und verständlich genug für die, welche die Natur ausrüstete, in verzweifelten Nöthen, diesen letzten, gefahrvollen, bittern Trank dem zerrütteten Staat darzureichen. Dann
werden Zeiten und Gelegenheiten und Aufforderungen am besten
lehren, was gethan werden muß. Der Weise wird sich nach der

*) Justa bella quibus necessaria.

Wichtigkeit der Bewegungsgründe bestimmen; der Reizbare nach
dem Gefühl der Unterdrückung; der Hochmüthige nach dem Grade seiner Erbitterung über den Misbrauch der Macht in unwür-
digen Händen, der Tapfre und Kühne nach den Aussichten auf
ehrenvolle Gefahr in einer schönen Sache: aber — rechtmäßig
oder unrechtmäßig, wird eine Revolution allemal die äußerste, letzte Zuflucht des Denkenden und des Guten seyn.

Der dritte Hauptpunkt, welchen die Kanzel der Old-Jewry
empfiehlt, nemlich „das Recht uns eine Regierungsform nach
„eignem Gutbefinden zu entwerfen‟ — wird durch das, was
zur Zeit der Revolution geschehen ist, man mag es nun als Beyspiel, oder als Grundsatz betrachten, um nichts kräftiger unterstützt, als die beiden ersten Forderungen. Die Revolution hatte
zur Absicht, unsre alten unstreitigen Rechte und Freyheiten, und
die alte Regierungsform, die unsre einzige Sicherheit für diese
Rechte und Freyheiten ist, aufrecht zu halten. Wer den Geist
unsrer Constitution, und das herrschende System in jener großen
Periode, die uns unsre Constitution aufbewahrte, kennen lernen
will, der studire unsre Geschichte, unsre Archive, unsre Parlamentsakten und Parlamentsjournale, und nicht die Predigten der
Old-Jewry, oder die Tischgesundheiten der Revolutionsgesellschaft.
In jenen wird er ganz andere Ideen und eine ganz andre Sprache
finden. Die Prätensionen der Neuerer stimmen eben so wenig
mit dem geringsten Schatten einer Autorität zusammen, als sie
sich zu unserm Nationalcharacter und zu unsern Neigungen
schicken. Die bloße Idee einer neuen Staatsverfassung
ist hinreichend, um einen wahren Britten mit Eckel und Abscheu
zu erfüllen. Zur Zeit der Revolution wünschten wir, was
wir jetzt wünschen, alles was wir besitzen als eine Erbschaft
von unsern Vätern ansehen zu können. Wir haben uns
wohl vorgesehen, auf diesen Erbstamm kein fremdartiges Pfropf-
reiß zu impfen, das sich mit dem ursprünglichen Gewächs nicht
verwebt haben würde. Alle Reformen, die wir bisher vorgenommen haben, sind von dem Grundsatz der Achtung für das Alte aus-
gegangen, und ich hoffe, ja, ich bin fest überzeugt, alle, die
noch jemals Statt finden mögen, werden sorgfältig auf Ana-

seln der Vergangenheit, auf Autorität und Beyspiel gegründet
werden.

Unsre älteste Reform ist die von der Magna Charta. *)
Es ist merkwürdig zu sehen, wie alle unsre großen Rechtsgelehrten
von Sir Eduard Coke, dem Orakel unsrer Jurisprudenz, bis

*) Wenn gleich die Magna Charta in Rücksicht auf ihre innre
Vollkommenheit von einer Urkunde, worauf man in einem gebildeten und aufgeklärten Zeitalter die Verfassung eines großen
Staats gegründet zu sehen wünschen würde, sehr entfernt ist,
und die Spuren des barbarischen Jahrhunderts, in welchem sie
entstand, kenntlich genug an sich trägt: so ist sie doch das
wohlthätigste Grundgesetz, dessen sich irgend eine der neuern
europäischen Nationen zu erfreuen gehabt hat, besonders aus
zwey Ursachen gewesen, 1) weil zu der Zeit, wo sie entworfen wurde (Ao. 1215.) ein so weises aufgeklärtes und menschliches Grundgesetz, noch nirgends vorhanden war, mithin
das erste Fundament zu einer guten Staatsverfassung in England früher als irgendwo sonst gelegt worden ist; 2) weil es
kein Gesetz oder Statut bey irgend einer Nation gegeben hat,
das vom Anfang seiner Existenz an, und durch alle folgende
Perioden und Revolutionen hindurch, in solcher Heiligkeit gehalten, und so unabläßig als die erste und letzte Quelle aller Freyheit und öffentlichen Wohlfarth angesehen worden
wäre, als die Magna Charta in England.   Verschiedene
große politische Schriftsteller haben gezeigt, daß diese alte
Concession in allen Hauptepochen der englischen Geschichte
der Leitstern, für die, welche die Nation aus mißlichen und
gefahrvollen Lagen retten wollten, und die große Standarte
gewesen ist, um welche sich alles versammelte, wenn öffentliche
Calamitäten die Ruhe des Staats getrübt, und den National-
wohlstand zerrüttet, tyrannische Regenten die heiligsten Rechte
des Bürgers angegriffen, oder innerliche Kriege allgemeine Verwirrung angerichtet hatten   S. Mably Observations sur l'hi-
stoire de France.   Tom. VI. L. V. c. 4.   Auch |De Lolme Con-
stitution of England c. 2. —   Ueberhaupt ist die Einförmigkeit, welche die Engländer bey allen ihren in so sehr
verschiednen Zeiten, und unter so sehr verschiednen Umständen
vorgenommnen Staatsreformen in allen wesentlichen Punkten
beobachtet haben, eine charakteristische Eigenthümlichkeit ihrer
Geschichte, und ein sehr merkwürdiger Zug in dem Gemählde der Originalität dieser Nation.   Wenn man sich in
der französischen Geschichte nach Einförmigkeit umsieht, so findet man nichts als Einförmigkeit des Leichtsinns und der Thorheiten.   Anmerk. des Uebers.

auf Blackstone hin, sich die äußerste Mühe gegeben haben, den Stammbaum unsrer Freyheiten zu zeichnen. Sie suchen zu beweisen, daß jener alte Freyheitsbrief aus der Regierung des Königs Johann mit einem andern positiven Freyheitsbrief von Heinrich I. zusammenhing, und daß beyde nichts anders als Bestätigungen noch älter Reichsgesetze sind. Großentheils scheinen diese Schriftsteller, was die Fakta betrift, Recht zu haben: sollten sie in einigen Punkten irren, so beweiset dies meinen Satz nur noch strenger; denn es zeigt von der mächtigen Vorliebe für das Alterthum, von welcher die Gemüther aller unsrer Gesetzgeber und Rechtslehrer, so wie der Nation, die sie leiteten, jederzeit eingenommen waren, und von der unwandelbaren Maxime dieses Reichs, die heiligsten Rechte und Freyheiten, als etwas ererbtes zu betrachten.

In dem berühmten Gesetz aus der Regierung Carls des ersten, genannt die Bitte um Recht, sagt das Parlament dem Könige: „Ihre Unterthanen haben diese Freyheit geerbt." Die Bürger bauten ihre Ansprüche nicht auf abstrackte Grundsätze von „Rechten des Menschen" sondern sie forderten die Rechte die ihnen als Engländer zukamen, wie ein von ihren Vätern erblichüberkommnes Eigenthum. Selden und die andern Männer von tiefer Gelehrsamkeit, welche die Bitte um Recht entwarfen, waren, wo nicht mehr, doch gewiß eben so bekannt mit allen allgemeinen Theorien über „Rechte des Menschen" als irgend einer von den neuen Kanzel- oder Tribünenrednern, vollkommen so bekannt, als der Dr. Price oder der Abt Sieyes. Aber aus Ursachen, jener praktischen Weisheit würdig, der ihr spekulatives Wissen weichen mußte, zogen sie einen positiven, niedergeschriebnen ererbten Anspruch auf alles, was dem Menschen und dem Bürger theuer seyn kann, einem schwankenden, spekulativen Recht vor, welches ihr sichres Erbtheil der Gefahr aussetzte, bey jedem Aufbrausen einer wilden Streitsucht ins Gemenge zu gerathen, und in Stücken zerrissen zu werden.

Die nemlichen Principien verbreiteten sich durch alle Gesetze, die seit der Zeit zu Erhaltung unsrer Rechte gegeben sind. In dem berühmten Statut aus dem 1sten Regierungsjahre Wilhelms und

E 5

der Maria, steht nicht eine Sylbe von einem Recht, unsre Regierungsform nach Wohlgefallen einzurichten. Die Religion, Gesetze und Freyheiten, die das Volk längst besessen hatte, und die neuerlich in Gefahr gerathen waren, wollte das Parlament sichern. „Bey ernsthafter Ueberlegung der besten Mittel zur Festsetzung einer solchen Verfassung, worin ihre Religion, Gesetze „und Freyheiten nicht Gefahr liefen wieder umgestürzt zu werden"; eröfnen sie alle ihre Verhandlungen damit, daß sie vorn an unter jene besten Mittel rechnen, „zu thun, wie ihre Vorfahren in „gleichen Fällen zu thun pflegten, um ihre alten Rechte und Freyheiten aufrecht zu halten; und dann bitten sie den König und die Königin „zu erklären und festzusetzen, daß alle und jede hier „behaupteten und erklärten Rechte und Freyheiten, die wahren „alten und unbezweifelten Rechte und Freyheiten der Bürger „dieses Königreichs sind."

Es ist merkwürdig, daß es von der Magna Charta bis auf die Deklartion der Rechte die beständige Maxime in unsrer Constitution gewesen ist, unsre Freyheiten als ein großes Fideicommiß anzusehen, welches von unsern Vorfahren auf uns gekommen ist, und welches wir wieder auf unsre Nachkommen fortpflanzen sollen, als ein ganz besonderes Eigenthum der Bürger dieses Landes ohne irgend eine weitere Beziehung auf ein allgemeines oder früheres Recht. Durch dieses Mittel bleibt auch Einheit in unsrer Constitution bey aller Verschiedenheit ihrer Theile. Wir haben eine erbliche Krone, einen erblichen Reichsadel; und das Unterhaus und Volk hat erbliche Privilegien, Rechte und Freyheiten, die von einer langen Reihe von Vorfahren herstammen.

Dieses System ist das Resultat eines tiefen Nachdenkens, oder besser, es ist der glückliche Lohn derer, die im Wege der Natur wandeln, auf welchem Weisheit ohne tiefes Nachdenken, und höher als alles Nachdenken liegt. Der Geist der Neuerungen ist gewöhnlich das Attribut kleiner Charaktere und eingeschränkter Köpfe. Leute, die nie hinter sich auf ihre Vorfahren blickten, werden auch nie vor sich auf ihre Nachkommen sehen. Die englische Nation weis sehr gut, daß die Idee der Erblichkeit die Erhaltung so wie die Fortpflanzung sichert, ohne im geringsten die

Verbefferung auszuschließen. Zu erwerben bleibt immer frey: aber was erworben ist, soll gesichert werden. Alle Vortheile die ein Staat, der nach solchen Maximen verfährt, einmal erlangt hat sind gleichsam in ein großes Familien-Etablissement fest einsgeschlossen, und ein eisernes Besißstück auf ewige Zeiten geworsden. Eine Staatsweisheit, die nach dem Vorbilde der Natur operirte, hat uns so constituirt, daß wir unsre Regierungsform und unsre Privilegien nicht anders erhalten, genießen und verersben, als unser Leben und unser Eigenthum. Auf einem und demsselben Wege, in einer und derselben Ordnung werden die Vorrechste unsrer Staatsverfassung, die Güter des Glücks, die Gaben der Vorsehung auf uns und von uns fortgepflanzt. Unser politisches System steht im richtigen Verhältniß und vollkommnen Ebenmaß mit der Ordnung der Welt und mit den Gesetzen die der Existenz einer bleibenden Masse, gebildet aus vorübergehenden Theilen vorsgeschrieben sind, worin durch die Anordnungen einer überschwengslichen Weisheit, die das große geheimnißvolle All der Menschensgattung in einander webte, das Ganze in jedem Augenblick weder jung, noch reif, noch alt ist, sondern unter den ewig wechselnden Gestalten von Verfall und Untergang, Erneuerung und Wachsthum, in einem Zustande unwandelbarer Gleichförmigkeit fortlebt, und dahin treibt. Indem wir dieser göttlichen Methodik der Nastur nachahmen, sind wir in dem, was wir an unsrer Staatsversfassung bessern, nie gänzlich neu, in dem, was wir beybehalten, nie gänzlich veraltet. Auf diese Weise und nach diesen Grundsätzen unsern Vorfahren anzuhängen gebietet uns nicht die abergläubische Verehrung des Antiquars, sondern der Geist des Philosophen, der aus gleichen Ursachen gleiche Wirkungen erwartet. Unsre ganze Staatsorganisation hat das Ansehn einer Blutsverbindung erhalten, dadurch, daß wir die Constitution unsers Landes mit unsern theuersten häuslichen Banden verflochten, dadurch, daß wir unsre Fundamentalgesetze in den Schoos unsrer Familien aufnahmen, dadurch, daß wir in Einer reinen Flamme einer unszertrennbaren und wechselseitig erhöhten Liebe, unsern Staat und unsern Heerd, unsre Grabmähler, und unsre Altäre umfassen.

Eben diese glückliche Uebereinstimmung unsrer künstlichen
Schöpfung mit dem einfachen Gange der Natur, dieses heilsame
Bündniß mit ihren ewig-wahren und allmächtigen Instinkten, die
der trüglichen und schwachen Erfindung der Vernunft, Kraft und
Leben einhauchen, hat uns in der Idee, unsre Freyheit als ein
Erbrecht zu betrachten, noch verschiedene andre nicht geringe Vortheile finden lassen. Das stete Andenken an die Vorfahren, die
uns wie Heilige umschweben, hält den Geist der Unabhängigkeit,
der an und für sich nur zu gern in Wildheit und Ausschweifungen
leitet, in den Schranken einer ernsten Würde zurück. Die Idee
von einer freyen Abkunft flößt uns das Gefühl eines angebohrnen
Vorzuges ein, und wehrt jener übermüthigen Aufgeblasenheit, die
dem ersten Besitzer jeder Distinktion unvermeidlich anhängt, und
ihn unvermeidlich entstellt. Durch dieses Mittel wird die Unabhängigkeit bey uns eine edle Freyheit. Sie erscheint in einer majestätischen und gebietenden Gestalt. Sie hat ihren Stammbaum
und ihre ehrenvolle Ahnen. Sie hat ihre Wappen, ihre Fami-
liengallerien, ihre Denkmähler und Inschriften, ihre Urkunden
und Diplome. Das Ansehen, welches wir unsern bürgerlichen
Einrichtungen zu verschaffen suchen, ruht auf eben der Grundflä-
che auf welcher die Natur einzelnen Menschen Ansehen bereitet,
auf Achtung für ihr Alter und für die, von welchen sie abstammen.
Alle französische Sophisten werden nichts ausklügeln, das einer
vernünftigen und männlichen Freyheit angemeßner seyn könnte,
als der Gang den wir genommen haben, indem wir unsre Rechte
und Freyheiten lieber unsrer Natur als unsern Speculationen an-
vertrauen wollten, und sie in unsern Herzen sichrer als in spitzfin-
digen Grübeleyen bewahrt glaubten.

Frankreich konnte, wenn es gewollt hätte, unser Beyspiel
benutzen, und seine wieder eroberte Freyheit mit einer ähnlichen
Würde bekleiden. Frankreichs Privilegien waren unterbrochen,
aber nicht für immer verlohren. Das Gebäude seiner Constitution war freylich, während der langen Zeit, da man der Nation
das ihrige vorenthalten hatte, in eine Ruine verwandelt worden:
aber Frankreich besaß die Elemente einer Constitution, die der
Vortrefflichkeit hätte nahe kommen können. Es enthielt in

seinen alten Ständen grade die verschiednen Bestandtheile einer
Regierung, die den verschiedenen Claſſen im Staat entſprachen,
gerade die Uebereinſtimmung auf einer, und das ſtreitende Intereſſe auf der andern Seite, gerade die Wirkung und Gegen-
wirkung, welche in der phyſiſchen und in der politiſchen Welt
aus dem wechſelſeitigen Beſtreben kämpfender Kräfte, die Harmonie des großen Ganzen zieht. Was die franzöſiſchen Geſetz-
geber als einen weſentlichen Fehler ihrer alten und unſrer jetzigen Conſtitution anſahen, dieſes natürliche und unſchädliche
Ringen der verſchiednen Theilnehmer an der Regierung unter
einander, iſt der heilſamſte Damm gegen alle übereilten Ent-
ſchlüſſe: er überläßt es nicht mehr der Willkühr, ob man berathſchlagen will, er zwingt zu berathſchlagen: durch ihn wird
jede Veränderung der Gegenſtand einer Negociation, welches
unvermeidlich Mäßigung hervorbringt, und Mittelwege herbey
führt, auf denen man den ſchmerzhaften Operationen raſcher,
unverdauter, unzeitiger Reformen entgeht, und alle ſchranken-
loſe Ausbrüche der willkührlichen Gewalt, in den Wenigen und
in der Menge auf immer unmöglich macht. Vermöge dieſer
Verſchiedenheit der Glieder und ihrer Zwecke hätte die gemein-
ſchaftliche Freyheit in jedem beſondern Stande einen beſondern
Bürgen gehabt, und eine wahre Monarchenmacht, deren Gewicht auf das Ganze gedrückt hätte, würde dann jeden einzelnen
Theil verhindert haben, ſich von der ihm angewieſenen Stelle ab-
zulöſen oder loszureiſſen.

Die Franzoſen konnten alle dieſe Vortheile in ihren alten
Ständen finden: aber es gefiel ihnen beſſer, zu verfahren, als
ob ſie noch nie in bürgerlicher Verbindung gelebt hätten, als
finge alles bey ihnen von neuem an. Sie begannen ſchlecht,
weil ſie damit begannen, daß ſie alles verachteten, was ſie bereits beſaßen. Sie fingen ihren Handel ohne ein Kapital an.
Wenn ihnen die letzten Generationen ihres Vaterlandes keine
glänzende Beyſpiele aufſtellten, ſo konnten ſie darüber hinaus-
gehen und unter ihren frühern Vorfahren ihre Muſter auffu-
chen. Von frommer Verehrung gegen dieſe Vorfahren beſeelt,
würden ſie in ihnen die Urbilder der Weisheit und Tugend, die

den Menschen über den eingeschränkten Kreis der Stunde hinauf
heben, realisirt gesehen haben: sie würden selbst gestiegen seyn,
so wie das Modell, dem sie nachstrebten, in ihnen gestiegen wäre.
Dadurch, daß sie ihre Väter geachtet hätten, würden sie sich selbst
achten gelernt haben. Es würde ihnen nicht eingefallen seyn, eine
große, gebildete Nation wie ein Volk von gestern her, wie einen
Haufen niedriger, verworfner Leibeignen zu betrachten, die das
Erlösungsjahr von 1789 erst in Menschen verwandelt hätte. Sie
würden sich nicht, um nur ihren enthusiastischen Schutzrednern
eine Entschuldigung für die Gräuelthaten, die sie begiengen, an
die Hand zu geben, als eine Rotte angeketteter Sklaven haben
darstellen lassen, die plötzlich ihrem Kerker entrannen, und denen
man, weil sie an Freyheit nicht gewöhnt und zur Freyheit nicht
vorbereitet waren, den Misbrauch der Freyheit zu Gute halten
müßte. Wäre es nicht unendlich weiser gewesen, wenn sie sich,
nach wie vor, als eine brave edelmüthige Nation angesehen
hätten, die, durch hohe und schwärmerische Ideen von Ehre
Treue und Pflicht gegen ihre Könige lange zu ihrem eignen Schaden irre geführt ward, die blos durch ungünstige Umstände, nicht
durch niedrige und knechtische Vergehungen ihre Freyheit verlohr,
die, in ihrer tiefsten Unterwerfung immer noch durch ein Gefühl
von Patriotismus getrieben, ihr Vaterland in der Person ihres
Königs anbetete? Hätten sie der Welt zu erkennen gegeben, daß
sie durch Irrthümer von so liebenswürdiger Gestalt verleitet, weiter als ihre weisern Vorfahren gegangen, nun aber entschlossen
wären, ihre alten Privilegien wieder aufzusuchen, ohne dem Gefühl der Ehre und Liebe zu ihren Königen, ihren eben so alten
Vorzügen zu entsagen: oder hätten sie mistrauisch gegen sich
selbst, weil die Grundzüge ihrer ehemaligen Constitution unleser-
lich worden waren, einen Blick auf ihre Nachbarn in England
geworfen, bey welchen die Grundsätze und Formen der alten gemeinschaftlichen Verfassung der europäischen Staaten, verbessert
und dem gegenwärtigen Zustande von Europa angepaßt, zu finden
waren — so konnten sie, indem sie weisen Beyspielen folgten,
selbst neue Beyspiele von Weisheit für Welt und Nachwelt aufstellen. Sie hätten die Sache der Freyheit in den Augen jedes

Edeln in jedem Volk ehrwürdig gemacht. Sie hätten den Despotismus von der Erde weggescheucht, wenn sie die Freyheit nicht allein vereinbar, sondern da, wo sie wohl geordnet ist, im engsten Bündniß mit dem Gesetz gezeigt hatten. Sie hätten ein für keinen drückendes, und doch reichliches Einkommen gehabt. Sie hätten zur beständigen Nahrung desselben einen blühenden Handel behalten. Sie hätten eine freye Constitution gehabt, einen mächtigen Thron, eine disciplinirte Armee, eine verbesserte und achtungswürdige Geistlichkeit, einen beschränkten aber großgesinnten Adel, der der Anführer, nicht der Unterdrücker des Verdienstes gewesen wäre, einen erleuchteten Bürgerstand, um diesem Adel nachzueifern, und ihn zu ergänzen; ein beschütztes, zufriednes, thätiges, gehorsames Volk, das die Glückseligkeit gekannt und gesucht hätte, die als der Lohn der Tugend in jedem Stande zu finden ist — diese wahre moralische Gleichheit der Menschen, weit entfernt von jener phantastischen Grille, welche dem, der den dunkeln Weg eines arbeitsamen Lebens wandeln soll, falsche Ideen und eitle Erwartungen vorspiegelt, und ihm die reelle, unvermeidliche Ungleichheit erschwert und verbittert, die die Ordnung der bürgerlichen Gesellschaft mit gleich wohlthätiger Hand für den zur Niedrigkeit bestimmten, und für den zu einem höhern aber darum nicht glücklichern Stande berufnen, vorschrieb. Die Nation hatte eine leichte und ebne Bahn zur Glückseligkeit und zum Ruhme vor sich: die Weltgeschichte hat kein Beyspiel von einer Lage, wie diese war: aber Frankreich sollte uns belehren, daß Schwierigkeiten des Menschen Heil befördern.

Laßt uns berechnen, was sie gewonnen haben! laßt sehen, was diese stolzen und ausschweifenden Spekulationen erzeugt haben, welche die Anführer der Revolution verleiteten, alle ihre Vorgänger, und alle ihre Zeitgenossen, und sogar sich selbst bis auf den Augenblick da sie wahrhaft verächtlich wurden, zu verachten. Indem Frankreich diesen trüglichen Irrlichtern gefolgt ist, hat es offenbares Elend um einen höhern Preis gekauft, als noch je eine Nation für das wesentlichste Gut bezahlte! Frankreich hat Armuth durch Verbrechen erkauft! Frankreich hat nicht seine Tugend seinem Vortheil geopfert, sondern es hat seinen Vortheil aufgegeben, um nur seine Tugend zu entehren. Alle andre Nationen haben die Errichtung eines neuen Staatssystems oder die Reformation eines alten damit angefangen, daß sie irgend eine Religionsvorschrift einführten oder genauer bestimmten. Alle andre Völker haben die Grundlage zu bürgerlicher Freyheit in reinern Sitten, und in einem strengern und männlichern Moralsystem gesucht. Frankreich hat, indem es das Königliche Ansehen aufhob, die Licenz einer wilden Sittenlosigkeit und einer irreligiösen Frechheit in Meynungen und Handlungen verdoppelt, und jene heillose unseelige Verderbniß, die bisher nur die Krankheit des Reichen und Mächtigen war, gleich als wäre es um die Verleihung eines seltnen Vorrechts, um die Mittheilung eines lange vorenthaltenen Genusses zu thun, durch alle Stände und Klassen der Gesellschaft verbreitet. Dies ist eins von den neuen Gleichheitsprincipien in Frankreich! —

Frankreich hat durch die Treulosigkeit seiner Anführer die Stimme sanfter und lindernder Rathschläge in den Kabinettern der Fürsten auf immer verdächtig gemacht, und ihr ihr kraftvollsten Ueberzeugungsgründe geraubt. Es hat die finstern, argwöhnischen Maximen eines tyrannischen Mistrauens geheiliget, und Könige zittern gelehrt, vor dem, was man forthin die verfänglichen Sophistereyen philosophischer Politiker nennen wird. Fürsten werden die, welche ihnen zumuthen, ein unbegränztes Vertrauen in ihr Volk zu setzen, als Umstürzer ihrer Thronen ansehen, als feindselige Verräther, die ihre gutmüthige Leichtigkeit durch hinterlistige Schmeicheleyen zu verleiten suchen, Verbindungen kühner und gewissenloser Neuerer an ihrer Macht Theil nehmen zu lassen. Dieß allein (wenn auch sonst nichts zu beklagen wäre) ist ein unwiderbringlicher Schaden für Frankreich, und für das menschliche Geschlecht. Wer erinnert sich nicht wie das Parlament von Paris dem Könige vorsagte, daß er bey der Berufung der Stände nichts zu befürchten hätte, als das Uebermaaß ihres Eifers für die Aufrechthaltung seines Throns! Es ist nicht mehr als billig, daß die welche so redeten, ihre Häupter verbergen müssen. Es ist nicht mehr als billig, daß sie ihr Theil von dem Ruin trift, den ihr Rath über ihren König und über

ihr

ihr Vaterland gebracht hat. Solche hochtönende Versprechungen
dienen, den Machthabenden in den Schlummer zu wiegen, ihn
in gefahrvolle Wagstücke unversuchter Systeme zu ziehen, und
gegen die Vorkehrungen und Sicherheitsregeln gleichgültig zu machen, welche in allen menschlichen Angelegenheiten das Wohlwollen von der Schwäche unterscheiden, und ohne welche Niemand für die wohlthätigen Wirkungen irgend eines abstrakten Re-
gierungs- oder Freyheitsplans stehen kann. Weil diese wichtige
Vorbereitungen vernachläßigt worden waren, hat sich die Arzney
des französischen Staates in sein Gift verwandelt. Die Franzosen haben gegen einen milden, und rechtmäßigen Monarchen grausamer, ausgelaßner, wüthender rebellirt, als sich jemals ein Volk
wider den ungerechtesten Usurpator oder wider den blutigsten Tyrannen empörte. Ihr Widerstand war gegen Wohlthaten gerichtet: ihr Abfall geschah von ihrem Beschützer: ihre Streiche zielten nach einer Hand, die Vortheile aller Art, Gnade und Freyheit ausbielt.

Dies war unnatürlich. Das übrige ist in der Ordnung.
Sie haben ihre Strafe in ihren Successen gefunden. Gesetze
ausgerottet, Richterstühle umgestürzt, Stockung in allem Gewerbe, der Handel im Sterben; keine Abgaben entrichtet, und
doch ein verarmtes Volk; die Kirche geplündert, und der Staat
nicht gerettet; bürgerliche und militairische Anarchie zur Constitution des Reichs erhoben; alle göttlichen und menschlichen
Rechte dem Götzen des öffentlichen Kredits geopfert und National-
bankerutt der Erfolg; endlich, um alles zu krönen, die Papieranweisungen einer unreifen, schwankenden hinfälligen Macht,
die verrufnen Papieranweisungen verarmter Betrüger und bet-
telnder Räuber, einem Königreich zur Stütze in den Umlauf
geschleudert, an die Stelle der beyden großen anerkannten Geld-
arten gesetzt, die der allgemeine und bleibende Ausdruck des
Kredits bey allen Nationen sind, die aber hier verschwanden,
und sich in die Erde, aus der sie gekommen waren, verbargen,
als der Grundsatz des Eigenthums, dessen Abkömmlinge und
Repräsentanten sie sind, systematisch über den Haufen geworfen ward.

D

Waren alle diese schrecklichen Dinge nothwendig? waren
sie etwa die unvermeidlichen Resultate einer verzweifelten Ge-
genwehr entschloßner Patrioten, die man gezwungen hatte,
durch Blut und Aufruhr zu waden, um das stille Ufer einer
sichern und glücklichen Freyheit zu erreichen? Nein! Nichts
von dem allen! Die rauchenden Ruinen Frankreichs, die unsern Mitleid begegnen, wohin wir unsre Augen wenden, sind
nicht die Verwüstungen eines bürgerlichen Krieges, sie sind die
traurigen, aber lehrreichen Denkmähler wilder und unbesonne-
ner Rathschlüsse zur Zeit eines tiefen Friedens. Sie sind das
Siegesgepränge unaufgehaltner und unaufhaltsamer, und nur
darum übermüthiger und tollkühner Gewalt. Die welche die
reiche Vorrathskammer ihrer Bubenstücke so muthwillig aus-
plünderten, die welche mit öffentlichen Calamitäten — dem letzten Nothpfennig, wenn der Untergang des Staats auf dem
Spiele steht — diese unsinnige heillose Verschwendung getrieben
haben, fanden in ihren Fortschritten wenig oder gar keinen
Widerstand. Ihr ganzer Gang war einem Triumpfsaufzuge
ähnlicher als einem Kriegesmarsch. Ihre Minirer giengen
voran, und untergruben, und trugen ab, und ebneten alles vor
ihren Füßen. Nicht ein einziger Tropfen i h r e s Bluts ist in
der Sache des Landes geflossen, welches sie zu Grunde gerichtet haben. Während daß sie ihren König einkerkerten, ihre
Mitbürger ermordeten, und tausende der würdigsten Männer
und der redlichsten Familien in Thränen badeten und ins tiefste
Elend stürzten, haben sie selbst ihren Projekten kein größres
Opfer gebracht, als — i h r e S c h u h s c h n a l l e n. Ihre Grausamkeit war nicht einmal die niedrige Geburt der Furcht. Sie
beruhte schlechterdings auf nichts, als auf dem Bewußtseyn ihrer eignen vollkommnen Sicherheit, unterdessen daß sie Verrätherey, Meuchelmord, Straßenraub, Entehrung, Gemetzel und
Mordbrennen von einem Ende ihres gequälten Landes zum andern bevollmächtigten. Aber die Grundlage zu dem allen war
sichtbar vom Anbeginn an.

Dieses freywillige Streben nach Unheil, diese zärtliche
Vorliebe für verderbliche Maßregeln, muß ein unerklärbares

Räthsel bleiben, so lange wir nicht die Struktur der National-Versammlung in Erwägung gezogen haben: ich meyne hier nicht ihre Form und Verfassung, so viel sich auch gegen diese, so wie sie jetzt beschaffen ist, erinnern lassen mag, sondern die Materialien, aus welchen sie größtentheils besteht und deren Beschaffenheit von ungleich größrer Wichtigkeit ist, als alle Formen der Welt. Wenn uns von dieser Versammlung nichts als ihr Titel und Beruf bekannt wäre, so gäbe es kaum Worte, die uns etwas noch ehrwürdigeres schildern könnten. Von dieser Seite allein betrachtet, würde vielleicht das erhabne Bild in einem Brennpunkt vereinter Weisheit und Tugend eines ganzen Volks, das Gemüth eines Beobachters übermannen, und sein Verdammungsurtheil, selbst da wo es am dringendsten aufgerufen wird, zurückhalten. Was offenbar verwerflich ist, würde blos geheimnißvoll scheinen. — Aber kein Name, kein Amt, keine künstlich ersonnene Organisation kann die Menschen, die in irgend einer Regierungsform regieren sollen, in andre verwandeln, als Gott und Natur, Erziehung und vorhergehende Lebensart sie gemacht haben. Mit Fähigkeiten, die diese nicht gaben, kann das Volk nicht ausrüsten. Tugend und Weisheit können die Gegenstände seiner Wahl werden: aber durch diese Wahl kann es es weder Tugend noch Weisheit da, wo sie mangeln, verleihen. Kein Gesetz der Natur legt einem Volk diese Allgewalt bey: keine Offenbarung kann sie ihm verheißen.

Sobald ich nur die Liste der für den dritten Stand gewählten Personen gelesen hatte, konnte mich nichts von dem, was nachher geschah, weiter in Erstaunen setzen. Ich fand unter ihnen einige Männer von ansehnlichem Range, einige von glänzenden Talenten, aber von praktischer Bildung für die Verwaltung eines Staats — auch nicht einen. Die besten waren blos se Theoretiker. Wie aber auch die wenigen Ausgezeichneten in einer solchen Versammlung am Ende beschaffen seyn mögen, es ist die große Zahl ihrer Mitglieder, es ist die eigentliche Masse derselben, was ihren Charakter ausmacht, und zuletzt ihren Gang unfehlbar bestimmt. Allenthalben, wo Menschen gemeinschaftlich wirken, müssen die, welche leiten wollen, sich auch bequemen, zu folgen. Sie müssen ihre Anträge nach dem Geschmack, nach den Neigungen, nach den Einsichten derer, welche sie zu beherrschen wünschen, einrichten: wenn daher der größte Theil einer Versammlung fehlerhaft oder untauglich ist, so kann nichts als der höchste Grad von Tugend, der sehr selten in der Welt zu finden ist, und deshalb nie mit in die Berechnung kommen darf, die Männer von Talenten, die unter den Haufen zerstreut sind, zurückhalten, die geschickten Werkzeuge unvernünftiger Plane abzugeben. Werden diese Männer, wie es immer viel wahrscheinlicher ist, statt von jener ungewöhnlichen Tugend beseelt zu seyn, von verderblichem Ehrgeiz und dem buhlerischen Kitzel eines wohlfeilen Ruhms getrieben, so muß der schwächere Theil der Versammlung, nach welchem sie sich im Anfange gerichtet hatten, in der Folge das Instrument und das Opfer ihrer Absichten werden. In diesem politischen Commerz sind die Führer genöthiget, sich zur Unwissenheit ihrer Anhänger herabzulassen, und die Anhänger, die verderblichsten Zwecke ihrer Führer befördern zu helfen.

Sollen die herrschenden Männer in einer öffentlichen Versammlung einen gewissen Grad von Mäßigung bey ihren Vorschlägen und Entwürfen beobachten, so müssen sie durchaus diejenigen, welche sie leiten wollen, achten, und, wo möglich, sogar fürchten können. Sollen diejenigen, welche blos folgen, nicht blindlings folgen, so müssen sie, wenn nicht zu handeln, doch wenigstens zu urtheilen im Stande seyn, und ihr Urtheil muß an und für sich, Einfluß und Gewicht haben. Es giebt nichts, was einer solchen Versammlung einen festen und ruhigen Gang sichern kann, als das Ansehen ihrer Mitglieder, in so fern es auf ihren Stand, auf große Besitzungen, auf Erziehung, und auf die Vorzüge einer Lebensart, die den Verstand erweitert und entfesselt, gegründet ist.

Das erste, was mir bey der Zusammenberufung der Stände in Frankreich auffiel, war eine wesentliche Abweichung von den alten Regeln. Die Repräsentanten des dritten Standes waren 600 Personen stark. Sie waren den vereinten Repräsentanten

der beyden übrigen Stände in der Zahl gleich. *) Hätten die
Stände abgesondert berathschlagen sollen, so wäre auf die Anzahl
der Deputirten, den unbedeutenden Umstand der größern Kosten

*) Der Entschluß des Hofes, dem Bürgerstande eine der Summe
der Deputirten aus den andern beyden Ständen gleiche Anzahl
von Repräsentanten zu bewilligen, war der erste Keim aller
großen Begebenheiten der letzten Jahre, und das erste wahre
Signal zu einer Total-Revolution in Frankreich. Es mag
zweifelhaft bleiben, ob diesen Entschluß eigentlich und zunächst
Furcht vor den bereits sehr kenntlichen Symptomen eines regen
und unruhigen Freyheits- und Neuerungsgeistes, oder wirk-
licher Patriotismus ins Leben brachte. So viel ist wohl entschieden, daß der, welcher die Idee dazu im Conseil des
Königs (am 27. Dezemb. 1788) vortrug, von edlen und reinen Absichten beseelt ward. Vielleicht war es keiner menschlichen Weisheit gegeben, voraus zu sehen, welcher Schwarm von
Uebeln und Gräuelthaten aus dieser dem Anschein nach sehr
wohlthätigen Maaßregel, wie aus einer lachenden Flur, unter
der ein unbekannter Vulkan schlummert, hervorbrechen würden.
Zurechnung alles des Bösen was die Revolution hervorbrachte,
und alles des gränzenlosen Wahnsinns, und aller der bodenlo-
sen Verruchtheit, die Frankreich seit 4 Jahren zerfleischt haben,
würde also wohl den Urheber der doppelten Repräsentation des dritten Standes vor keinem gerechten
Richterstuhl treffen können. Aber für den bloßen Beobachter des Ganges und der Verkettung der menschlichen Begebenheiten ist es wohl über allen Zweifel gewiß, daß Necker
durch jenen Entschluß der wahre Stifter der Revolution
gewesen ist. Anmerk. des Uebers.

Es konnte dem Verfasser dieser Anmerkung nicht anders als
schmeichelhaft seyn, einige Zeit nach Erscheinung der ersten
Ausgabe dieses Werks, in einem der größten Brittischen Schriftsteller folgende mit der seinigen fast wörtlich zusammentreffende
Aeußerung zu finden: „Wenn es irgend einen Umstand giebt,
„welchem man alle in Frankreich vorgefallne Gräuel vorzugs-
„weise zuschreiben kan, so ist es die doppelte Repräs-
„sentation, die Herr Necker dem dritten Stan-
„de bewilligte." S. Arthur Young The Example of
France a Warning to Britain p. 47. — Fürchterlicher, und
vielleicht zu hart, ist eben diese Bemerkung in folgenden Worten ausgedrückt: „Nicht Robertspierre, nicht Egalité
„haben Ludwig gemordet: Necker hat es mit seiner
„Verdoppelung des dritten Standes gethan." ibid. pag. 83.

abgerechnet, wenig angekommen. Da es sich aber offenbarte, daß
die drey Stände in Eine Masse geschmolzen werden sollten, so
wurde der Endzweck, und die natürliche Folge dieser zahlreichen
Repräsentation einleuchtend. Es bedurfte nur weniger Ueberläufer aus den beyden andern Ständen, um die ganze gemeinschaftliche Macht in die Hände des dritten zu liefern. Der Erfolg be-
wies daß sogar die ganze Macht des Staats sich schnell genug
in dieser Congregation concentrirte. Was diese also für Bestandtheile hatte, das ward nun ein Gegenstand von unermeßlicher
Wichtigkeit.

Ich kann mein Erstaunen nicht beschreiben, als ich entdeckte,
daß ein sehr beträchtlicher Theil der Versamlung (mich dünkt die
Majorität aller wirklich gegenwärtigen Mitglieder) aus praktischen Juristen bestand. Nicht etwa aus angesehenen Staatsbeamten, die ihrem Vaterlande Proben ihrer Einsichten, ihrer
Geschicklichkeit und ihrer Rechtschaffenheit gegeben hatten, nicht
etwa aus Sachwaltern vom ersten Range, welche die Zierde der
Gerichtshöfe gewesen waren, nicht aus berühmten Universitäts-
lehrern, sondern fast durchgängig, wie es denn auch bey einer solchen Menge nicht leicht anders seyn kann, aus den niedrigen, unwissenden, mechanischen, zu Handlangern bestimmten Zunftgenos-
sen. Es gab ehrenvolle Ausnahmen: aber die Hauptmasse for-
mirten — unbekannte Provinzialadvocaten, Verweser unbedeutender Privatjurisdiktionen, Landprokuratoren, Notarien, und
das ganze Heer der Proceßstifter, und der Rädelsführer in den
winzigen Plackereyen der Dorfkriege. Von dem Augenblick an,
da ich die Liste gelesen hatte, sah ich mit vollkommner Deutlichkeit
und fast ganz so, wie es sich zugetragen hat, alles, was zu erwarten stand.

Der Grad der Achtung, in welcher irgend ein Gewerbe bey
einer Nation steht, ist der Maßstab, nach welchem die, die es
betreiben, sich selbst zu schätzen gewohnt sind. Wie groß aber auch
die Verdienste einzelner Rechtsgelehrten in Frankreich seyn mochten — und es gab deren unstreitig von sehr großem Verdienst —
so war doch in diesem militairischen Königreich der Stand im Ganzen wenig geachtet, die höchsten Personen desselben ausgenommen,

die oft mit ihren Funktionen großen Familienglanz vereinten, oder
mit großer Macht und hervorragendem Ansehen bekleidet waren.
Diese wurden freylich sehr geehrt, sogar gefürchtet: die nächst-
folgende Klasse wurde wenig geschätzt: die geringre gar nicht.

Die oberste Gewalt einer aus solchen Elementen zusammengesetzten Versammlung anzuvertrauen, hieß also: sie Leuten überliefern, die nicht gewohnt sind, sich selbst für etwas zu halten,
die keinen vorher erworbnen Ruf aufs Spiel zu setzen haben, von
denen nicht zu erwarten war, daß sie eine Macht über deren nie
geträumten Besitz sie selbst noch mehr als alle andre in Erstaunen
gerathen mußten, mit Mäßigung gebrauchen, und mit Klugheit
verwalten würden. Wer sah nicht voraus, daß diese Menschen,
die so plötzlich, und wie durch einen Zauberschlag von der unter-
sten subordinirten Stufe empor geschleudert wurden, sich in ihrer
unverhosten Größe berauschen würden? Wer konnte sich überreden, daß Leute, die von jeher zudringlich, unternehmend, listig,
geschäftig, von streitsüchtigem Geiste und unruhigem Charakter
gewesen waren, sich so leicht entschließen würden, an ihre vorige
Beschäftigung mit unbedeutenden Processen, und mühsamen,
niedrigen, uneinträglichen Schikanen zurück zu gehen? Wer konnte
einen Augenblick daran zweifeln, daß sie ohne alle Rücksicht auf
den Staat, von dessen Vortheil sie nichts verstanden, ihren Privatvortheil, den sie nur zu gut verstanden, zu ihrem Augenmerk
machen würden? Hier hing der Erfolg an keinem Zufall, an
keiner ungewissen Bedingung. Er war unvermeidlich: er war
nothwendig: er wuchs aus der Natur der Dinge. Leute, wie
diese, mußten jedem Projekt, hatten sie gleich nicht die Fähigkeit
es auszusinnen oder zu dirigiren, mit Freuden beytreten, wenn
es ihnen eine processirende Constitution versprach, wenn
es ihnen die Aussicht auf tausend einträgliche Geldoperationen eröfnete, die sich im Gefolge aller grossen Convulsionen eines Staats,
und besonders aller grossen und gewaltsamen Veränderungen im
Besitzstande einer Nation befinden. Konnte man wohl zärtliche
Sorgfalt für die Festigkeit des Eigenthums von denjenigen erwarten, die ihre zeitherige Existenz einzig und allein ihrer Geschicklichkeit, das Eigenthum streitig, schwankend und unsicher zu machen,

verdankten? War es nicht voraus zu sehen, daß sich mit ihrer
Erhebung blos die Gegenstände ihrer Industrie vergrößern würden, daß aber ihre Neigungen und Gewohnheiten, und die Manier in der sie ihre Absichten zu erreichen suchten, unverändert
bleiben mußten?

„Zugegeben! heißt es, aber diese gefährlichen Subjekte
sollten durch Gefährten andrer Art, durch Männer von zuverläs-
sigerm Charakter, und ausgebreiterern Einsichten aufgehalten und
zurückgeschreckt werden." — Wie? sollte sie etwa das unwi-
derstehliche Ansehen, und die Ehrfurcht gebietende Würde einer
Handvoll Bauern in der Versammlung, von denen einige wie
man sagt, nicht lesen und schreiben können, in Schranken halten?
Oder eine eben so geringe Anzahl von Kaufleuten, die mit etwas
mehr Bildung und auf einer etwas höhern Stufe als jene, doch
die Welt nie anders als aus ihrer Schreibstube gesehen hatten?
Nein! diese beyde Classen waren weit eher dazu gemacht, durch
die Kunstgriffe und Ränke der Juristen fortgerissen und regiert zu
werden, als ihnen zum Gegengewicht zu dienen. Bey diesem gefährlichen Misverhältniß mußte nothwendig das Ganze unter der
Leitung der Juristenfakultät stehen. Eine ziemlich beträchtliche
Anzahl aus der medizinischen war ihr in der Versammlung beyge-
ordnet. Auch diese Fakultät stand in Frankreich nicht in der ihr
gebührenden Achtung. Ihren Mitgliedern mußte daher das Gefühl einer gewissen Würde ebenfalls fremd seyn. Aber gesetzt, sie
hätten den Rang, der ihnen zukömmt, und der ihnen bey uns
eingeräumt wird, behauptet, nie wird doch die Nachbarschaft
von Krankenbetten eine Schule für Staatsmänner und Gesetzgeber seyn. Neben ihnen standen die Interessenten in den Staatsfonds, denen natürlich nichts näher am Herzen lag, als ihren eingebildeten Papierreichthum um jeden Preis in den wesentlichern
Besitz liegender Gründe zu verwandeln. Zu allen diesen kam nun
noch ein Gemisch von Menschen aus den andern Classen, von denen eben so wenig Kenntniß der Angelegenheiten eines großen
Staats, als Aufmerksamkeit auf den wahren Vortheil desselben,
oder die geringste Liebe zu einer festen Verfassung zu hoffen war.
So ist im Ganzen der dritte Stand dieser National-Versamm-

lung zusammengesetzt, ohne daß darin die geringste Spur einer
Repräsentation dessen, was wir das Interesse des Landeigenthums nennen, zu finden wäre.

Wir wissen alle, daß das Unterhaus des englischen Parlaments, welches seine Thüren vor keinem Verdienst aus welcher
Classe es auch sey, verschließt, in seinen Mauern vermöge der
untrüglichen Wirkungen eines wohlgeordneten Staatsmechanis-
mus alles enthält, was es nur durch Rang, Abkunft, ererbten
oder erworbnen Reichthum, gebildete Talente, bürgerliche und
militairische Ehrenstellen ausgezeichnetes im Reiche giebt. Aber
vorausgesetzt, was sich freylich kaum als einen möglichen Fall
dichten läßt, das Unterhaus wäre jemals so bestellt. wie der dritte
Stand in der National-Versammlung, würde England dieses
Regiment der Schikane mit Geduld ertragen, oder nur ohne Grausen daran denken können? Ich bin himmelweit entfernt, nach-
theilige Ideen von einem Stande erregen zu wollen, den ich als
einen andern geistlichen verehre, da er den Gottesdienst der hoch-
heiligen Gerechtigkeit verwaltet. Aber darum, weil ich die Glieder dieses Standes in dem Geschäftskreise der ihnen angewiesen
ist, verehre, weil ich sogar alles, was ein Mensch vermag, anwenden würde, um ihre gänzliche Ausschließung aus irgend einem Kreise zu hintertreiben, kann ich doch nicht, ihnen zu gefallen, die Natur der Dinge Lügen strafen. Sie sind gut und nützlich in der Verbindung mit andern, sie müssen schädlich werden,
sobald sie das Uebergewicht dergestalt an sich reissen, daß sie eigentlich alles sind. Selbst die höchste Geschicklichkeit in ihren eigenthümlichen Geschäften ist nicht das, was sie zu andern Geschäften
empfehlen kann. Es ist eine unläugbare Bemerkung, daß Menschen, die zu sehr auf die Geschäfte eines gewissen Standes, oder
einer gewissen Lebensart eingeschränkt, und an das kleine Rad einer immer wiederkehrenden Berufsarbeit geschmiedet sind, durch
ihre Lage zu den Stellen, wo es auf ausgebreitete Menschenkennt-
niß, auf Erfahrung in verwickelten Angelegenheiten, auf eine
weltumfassende und doch allenthalben gleich gegenwärtige Ueber-
sicht der mannichfaltigen, künstlich-verflochtnen, äußerlichen und
innerlichen Verhältniße ankömmt, ohne die das vielseitige Ding —

der Staat nicht bestehen kann, eher unfähig gemacht, als
gebildet und erzogen werden.

Wenn nun aber auch das Englische Unterhaus jemals aus
den einseitigen Elementen Einer Fakultät, Einer Klasse bestehen
könnte, was ist die Macht dieses Hauses, welches auf jedem
Schritt in Gesetzen, Gebräuchen, positiven Vorschriften aller
Art Schranken findet, dem das Oberhaus ein beständiges Gegengewicht hält, und das jeden Augenblick seiner Existenz von der
Krone abhängt, die es nach Gefallen verlängern, suspendiren oder
aufheben kann? Die Macht des Unterhauses ist freylich mittelbar
und unmittelbar groß genug, und lange möge es sich in seiner Größe, und bey dem Geist, der der wahren Größe eigen ist, erhalten! und es wird sich erhalten, wenn es nur nimmer zugiebt,
daß diejenigen die Gesetze in England machen, welche sie in In-
dien mit Füßen traten. *) — Aber die Macht dieses Hauses,
selbst in seinem ungeschwächtesten Glanze, ist doch nur ein Was-
sertropfen im Ozean, wenn man sie mit der Allgewalt vergleicht,
die in einer entschiednen Majorität der französischen National-
Versammlung wohnt. Seit der Aufhebung der Stände giebt es
kein Grundgesetz, keinen strengen Vertrag, keine hergebrachte
Sitte mehr, die dieser Versammlung Einhalt thun könnten. Statt
einer Verbindlichkeit, sich nach einer eingeführten Constitution zu
richten, haben sie vielmehr die Macht eine Constitution zu erschaffen, die sich nach ihren Absichten richten muß. Nichts im
Himmel oder auf Erden kann einen Damm gegen sie abgeben.
Welch einen Umfang des Geistes, welch eine Stärke des Charak-
ters, welch eine Hoheit der Gesinnungen ist man von dem
zu fordern berechtigt, der es wagen soll, nicht etwa Gesetze in
einer schon vorhandnen Staatsverfassung zu geben, sondern eine
von Grund aus neue auf einen Schlag hinzuzaubern, und danach
ein großes Königreich von einem Ende zum andern, in allen sei-

---

*) Ein Seitenblick auf den Einfluß derer, die sich in Ostindien
bereicherten, in die englische Staasverwaltung. Burke
führte, indem er dieses Buch schrieb, im Namen des Unterhauses den Proceß gegen Warren Hastings. Anmerk.
des Uebers.

nen Verhältnissen, vom Monarchen auf dem Thron bis zum
Küster einer Dorfgemeinde umzuformen und auszubilden! Was
für ein Geschäft ist dieses! — Aber,

„Narren braufen herein, wo Engel nur zitternd
herannahn." *)

Bey einer so gränzenlosen Gewalt zu unbestimmten und unbe-
stimmbaren Zwecken verliehen, ist die Gefahr, die aus moralischer
vielleicht gar physischer Unfähigkeit des Mandatars zu seinem Posten entspringt, schlechterdings die größte, die sich in der Führung menschlicher Angelegenheiten nur denken läßt.

Nachdem ich die Organisation des dritten Standes in seiner
ursprünglichen Form betrachtet hatte, richtete ich meine Blicke auf
die Repräsentanten der Geistlichkeit. Auch hier fand ich in den
Prinzipien, welche die Wahlen geleitet hatten, eben so wenig
Sorge für die Sicherheit der Eigenthümer oder für die Brauch-
barkeit der Deputirten zu ihrem wichtigen Geschäfte, als dort.
Der größte Theil der Männer, die man zu dem großen und
schweren Werk, die man auf die steile Höhe einer Staatsum-
schaffung berief, waren ganz gemeine Landpfarrer, Leute, die
einen Staat auch nicht einmal in einem Modell gesehen hatten,
die nur den Theil der Welt kannten, der im Bezirk eines unbekannten Dorfes lag, die in hoffnungslose Armuth begraben, alles
Eigenthum, es mochte nun der Kirche oder den Layen gehören,
nicht anders als mit Augen des Neides ansehen konnten, unter
welchen nothwendig viele waren, die die Aussicht auf den dürf-
tigsten Antheil am Raube für jedes Projekt das dem Reichthum drohte, einnehmen mußte, weil nur in dem Wirrwarr einer allgemeinen Plünderung einige Brocken davon für sie zu erhaschen seyn konnten. Anstatt also dem Einfluß der Schikanen-
helden in der andern Versammlung das Gegengewicht zu halten,
wurden diese Landpriester thätige Mithelfer oder, im besten Falle,
geduldige Werkzeuge derer, von welchen sie sich vormals in ihren
geringfügigen Dorfangelegenheiten hatten regieren lassen. Ueberdies konnten die, welche in eitelm Vertrauen auf ihre kindische

*) Pope.

Fähigkeiten die natürliche Verbindung mit ihrer Gemeinde, und ihren natürlichen Wirkungskreis verließen, um sich nach den gefahrvollen Posten von Staatenverbesserern zu drängen, schwerlich die gewissenhaftesten ihres Standes seyn. — Dieses ansehnliche Gewicht aus der Geistlichkeit auf die Seite der Schikane im dritten Stande gelegt, vollendete das entscheidende Moment von Unwissenheit, Unbesonnenheit, Tollkühnheit und Raubsucht, dem nichts mehr zu widerstehen im Stande war.

Aufmerksamen Beobachtern konnte es gleich anfänglich nicht entgehen, daß die Majorität des dritten Standes vereinigt mit der so eben beschriebnen Auswahl des geistlichen, indem sie an der Zerstöhrung des Adels arbeitete, die verworfensten Privatabsichten einzelner Mitglieder dieser Classe unvermeidlich befördern würde. Diese Einzelnen fanden in der Beraubung und Herabsetzung ihres Standes einen sichern Fonds, um ihre neuen Anhänger zu besolden. Das was die Glückseligkeit ihrer Standesgefährten ausmachte, zu verschleudern, war für sie freylich kein schweres Opfer. Vornehme Leute von unruhiger und eifersüchtiger Gemüthsart sind immer geneigt, in eben dem Maaß, in dem persönlicher Stolz und Uebermuth sie aufbläht, die Vorzüge ihres Standes zu verachten. Eins der ersten Symptome wodurch sie einen selbstsüchtigen und verderbenschwangen Ehrgeiz ankündigen, ist eine schamlose Gleichgültigkeit, gegen jede Würde die sie mit andern theilen. Der Classe der Gesellschaft, zu welcher wir gehören, treu zu seyn, den kleinen Haufen zu lieben, der uns zunächst umgiebt — ist das erste Princip, und gleichsam der Keim aller bürgerlichen Tugenden. Es ist das erste Glied in einer Kette, die uns weiterhin mit unserm Vaterlande und endlich mit dem menschlichen Geschlecht zusammen knüpft. Das Interesse einer gewissen Unterabtheilung in dem großen gesellschaftlichen System, ist ein gemeinsames Gut, das allen, die zu dieser Unterabtheilung gehören, heilig seyn muß: und so wie nur Bösewichter dieses gemeinsame Gut im Ruin des Ganzen suchen können: so können es auch nur Bösewichter für persönlichen Vortheil verkaufen.

Es gab zur Zeit der bürgerlichen Unruhen in England Leute, — ob deren jetzt in Frankreich zu finden sind, wissen Sie besser als ich — die, wie der damalige Graf von Holland, mehr als andre beygetragen hatten, den Thron verhaßt zu machen, indem sie oder ihre Familien Gegenstände seiner verschwenderischen Freygebigkeit gewesen waren, und die doch nachher an den Rebellionen, welche gerade das Misvergnügen über ihr unverdientes Glück hervorgebracht hatte, offnen Antheil nahmen, und den Thron umstürzen halfen, dem sie entweder ihre Existenz, oder die ganze Macht mit der sie jetzt ihren Wohlthäter zu Grunde zu richten suchten, schuldig waren. Wenn Menschen von diesem Charakter bemerken, daß man ihrer Unersättlichkeit Schranken setzen will, oder daß sie mit andern theilen sollen, was sie ausschließend zu besitzen hofften, so müssen gleich Rachgier und Neid die Leere ausfüllen, die ihre ungestüme Habsucht nicht dulden kann. Ihre Vernunft erliegt in dem Wirbel fieberhafter Leidenschaften, ihre Plane werden verwickelt und riesenhaft, andern ein Räthsel, ihnen selbst ein Labyrinth. So lange eine feste Ordnung der Dinge bestehr, finden sich allenthalben Gränzen für ihre wildumherschweifende Vergrößerungssucht: aber in dem Dampf und Nebel allgemeiner Verwirrung wird jeder Gegenstand unendlich, und alle Gränzen verliehren sich.

Wenn Leute von gewissem Rang, alles Gefühl ihrer Würde einem blinden und regellosen Ehrgeiz aufopfern, und mit niedrigen Instrumenten niedrige Absichten befördern, so muß das, was sie hervorbringen, nothwendig unedel und verächtlich werden. Sollte das nicht jetzt gewissermaßen der Fall in Frankreich seyn? Ist nicht allenthalben das Niedrige und Unrühmliche sichtbar, daß sich immer im Gefolge solcher dunkeln und verworfnen Intriguen findet? Zeigt sich nicht im ganzen herrschenden System eine gewisse Kleinheit? ein unverkennbares Bestreben, nicht nur die Einzelnen im Staat, sondern auch den Glanz und das Ansehen des Staats selbst herab zu würdigen? — In andern Revolutionen traten Menschen auf die ihren Ehrgeiz dadurch adelten, daß sie die Macht, und den Einfluß des Volks, dessen Frieden sie gestört hatten, zu erheben suchten. Sie hatten groß

Aussichten und vielumfassende Plane. Sie strebten nach Regierung, nicht nach der Zerstöhrung ihres Vaterlandes. Sie waren Männer von großen politischen und großen militairischen Talenten; das Schrecken, aber zugleich die Zierde ihres Zeitalters. Sie wetteiferten nicht mit einander, wie schmutzige Geldmäkler, wer das Elend und den Verfall, worein sie ihr Vaterland durch verderbliche Rathschläge gestürzt hatten, mit falscher Münze und nichtswürdigen Papieren am besten würde heilen können. Die Lobrede, die einem der großen Bösewichter vom alten Gepräge (Cromwell) von einem seiner Verwandten, einem Lieblingsdichter seiner Zeit*), gehalten ward, zeigt, was dieses Mannes Entwürfe waren, und was er auch in der That, nachdem er seine persönlichen Zwecke erreicht hatte, in hohem Grade ausführte:

„So wie Du steigst, hebt sich der Staat mit Dir;
„Zerrüttung fühlt er nicht, weil Du ihn wandelst,
„Geräuschlos — wie die Scene der Natur
„Verwandelt wird, wenn vor dem Glanz der Sonne,
„Der matte Schein erblaßter Sterne weicht.‟

Diese Friedensstöhrer hatten weniger das Ansehen von Usurpatoren, als von Menschen, die den Platz, der ihnen eigentlich in der Gesellschaft gebührte, einzunehmen trachteten. Ihr Emporsteigen diente zur Erleuchtung und Verschönerung der Welt. Sie siegten über ihre Nebenbuhler, indem sie sie verdunkelten. Die Hand, welche die Völker wie ein Engel der Verwüstung schlug, ließ sie wenigstens des Geistes und der Kraft theilhaftig werden, unter deren Ausbrüchen sie gelitten hatten. Ich sage nicht — Gott verhüte, daß ich es sagen sollte — daß man die Vergehungen dieser Männer gegen ihre Tugenden rein aufrechnen könnte, aber ihre große Eigenschaften milderten doch ihre Vergehungen. So war bey uns, wie ich schon erwähnt habe, Cromwell. So war der ganze Stamm der Guisen, der Condé's und der Coligny's in Frankreich. So die Richelieu's, die in ruhigern Zeiten im Geist eines bürgerlichen Krieges handelten. So waren, mit bessern Absichten freylich, und einer gerechtern Sa-

*) Edmund Waller — die folgenden Verse sind aus seinem berühmten Lobgedicht auf Cromwells Protektorat. A. d. U.

che, aber doch auch in bürgerlichen Unruhen auferzogen, und nicht
ganz frey von dem Anstrich ihres Zeitalters — Heinrich IV. und
Sülly. Es ist in der That bewunderungswürdig, wie schnell
sich Frankreich, als es nur einen Augenblick zu Athem gekommen
war, von einem der längsten und schrecklichsten Bürgerkriege, die
in der Geschichte vorkommen, erholt hat. Woher das? Daher,
daß man in allen diesen Blutbädern die Seele der Nation nicht
getödtet hatte. Ein Gefühl eigner Würde, ein edler Stolz, ein
unverkennbarer Sinn für Ruhm und Größe war nirgends ausgerottet. Im Gegentheil, sie waren angefeuert und belebt. Auf
der andern Seite waren alle Bestandtheile des Staats, wenn
gleich zerstreut, doch unverlohren. Alle Preise der Ehre und der
Tugend, alle Belohnungen des Verdienstes, alle auszeichnende
Vorzüge waren geblieben. Aber Frankreichs gegenwärtige Zerrüttung hat, wie eine geheime Seuche, den Sitz und die Quelle
des Lebens selbst angegriffen. Jedes Individuum in diesem Lande, welches nach seiner bisherigen Lage in der Welt durch ein Princip der Ehre bestimmt werden sollte, ist herabgewürdigt, und mit
Füßen getreten, und kan das Bewußtseyn seiner Existenz nur in
dem drückenden demüthigenden Gefühl fruchtloser Erbitterung
wieder finden. Freylich wird diese Generation bald vorüber gehen. Die folgende wird besser in das neu eingeführte System pas-
sen. Die Nachkommenschaft des Adels wird den Handwerkern
und Bauern, und Wucherern, und Geldmäklern, und Geldju-
den ähnlich genug werden, welche forthin immer ihres Gleichen
und zuweilen ihre Herren seyn sollen. Glauben Sie mir, mein
Freund, die welche alles eben zu machen suchen, werden nie
alles gleich machen. In jeder Gesellschaft, die aus verschiednen Classen besteht, müssen einige Classen nothwendig oben auf
seyn. Die Gleichheitsapostel verändern und verkehren daher bloß
die natürliche Ordnung der Dinge. Sie überlassen das Gebäude
der gesellschaftlichen Verbindung, indem sie das, was der gründ-
liche Baumeister im Fundament liegen läßt, hoch in die Luft auf-
thürmen. Die Schneider- und Maurer- und Fischhändler- Corporationen, aus denen die Republik von Paris zusammengesetzt
ist, können und werden der Stelle nie gewachsen seyn, auf welche

sie durch die verwegenste aller Usurpationen, durch einen Eingriff in die Prärogative der Natur geworfen sind.

Der Großkanzler von Frankreich bediente sich, als er die Versammlung der Stände eröfnete, der rednerischen Aeußerung: „daß alle Beschäftigungen ehrenvoll wären." Wenn er damit meynte, daß keine ehrliche Beschäftigung entehrend seyn könnte, so blieb er der Wahrheit treu. Aber sobald man behauptet, daß etwas ehrenvoll sey, legt man ihm einen gewissen Vorzug bey. Das Geschäft eines Perückenmachers oder eines Seifensieders kann seinen Mann nicht ehren — noch weniger können es so manche andre Arbeiten, die niedriger und sklavischer sind. Leute aus solchem Stande müssen nie vom Staat unterdrückt werden, aber der Staat wird von ihnen unterdrückt, sobald sie sich einzeln oder vereinigt einen Antheil an der Regierung anmaßen. Hier glauben die neuen Staatsgelehrten die Vortheile zu bekämpfen, und sie sind im offnen Kriege mit der Natur. *)

Da ich in Ihnen, mein theurer Freund, weder einen sophistischen Schikanengeist, noch eine muthwillige Ungebrigkeit zu erwarten habe, so darf ich nicht fürchten, daß Sie bey jeder allgemeinen Bemerkung und Aeußerung ein ausführliches Register aller Einschränkungen und Ausnahmen fordern sollen, welche Vernunft und Billigkeit ohnehin voraussetzen, wenn allgemeine Sätze von einem vernünftigen Manne vorgetragen werden. Sie werden sich nicht einbilden, daß ich den Gedanken hätte, Macht, Ansehen und Vorzüge auf Geburt, Namen und Titel ausschliessend zu tragen. Nein! wahrlich nicht! Es giebt nur Einen allgemeinen Beruf um die Menschen zu regieren, und das ist — Weis-

---

*) „Wie kann der der Lehre warten, welcher pflügen muß, und „die Ochsen mit der Geissel treibt — Er muß denken wie er „ackern soll. — Also auch die Tischer, Zimmerleute u. s. f. — „Man kann ihrer in der Stadt nicht entbehren, aber sie „können der Aemter nicht warten, noch in der Gemeine regie- „ren." — Sirach Kap. 38. 39. — Dies Buch mag canonisch, oder wie die Gallicanische Kirche bisher angenommen hat, apocryphisch seyn — es enthält gewiß tiefe Weisheit. A. d. V.

heit und Tugend. Allenthalben, wo diese erscheinen, in welchem Range und Verhältniße, in welchem Standort und Gewerbe es sey, haben sie ein Empfehlungsschreiben des Himmels
zu allen Aemtern und Ehrenstellen unter den Menschen. Weh
dem Lande, welches in rasender und strafbarer Verblendung irgend eine Kraft, irgend ein Talent, das ihm zur Stütze oder zum
Schmuck verliehen ward, verwerfen, und das, was geschaffen war,
Glanz und Glorie über einen Staat zu verbreiten, zu schnöder
Dunkelheit verdammen wollte. Weh aber auch dem Lande, das
in den entgegengesetzten Fehler versinkt, das eine niedrige Erziehung, gemeine Sitten, eingeschränkte Maximen, und ein schmu-
ßiges Lohngewerbe als vorzügliche Ansprüche auf Aemter und
Würden betrachtet. Jede Stelle im Staat muß zugänglich seyn,
aber nicht zugänglich ohne allen Unterschied der Person. Kein Bal-
lotiren, keine Ernennung durchs Loos, keine Art der Wahl, die
Geist eines Würfelspiels, oder einer Lotterie operirt, ist in
Staa', der ausgebreite und mannigfaltige Zwecke umfaßt,
glich. Alle diese Wahlmethoden können weder mittelbar, noch
mittelbar dazu dienen, den Mann mit Rücksicht auf das Amt
auszusuchen, Uebereinstimmung in den Geschäftsführer und das
Geschäft zu bringen. Ich behaupte ohne Bedenken, daß der
Uebergang aus einem niedrigen Stande zu Einfluß und Ansehen
nicht zu leicht gemacht, und nicht zu alltäglich werden muß.
Wenn seltnes Verdienst das seltenste aller seltnen Dinge ist, so
muß es schlechterdings eine Art von Feuerprobe bestehen. Der
Tempel der Ehre muß nothwendig auf einer Anhöhe liegen.
Wenn er der Tugend offen seyn soll, so vergesse man doch nie,
daß Tugend nur in Schwierigkeiten und Kämpfen geprüft wird.

Allerdings kann es keine vollständige und zweckmäßige Repräsentation eines Volks geben, wenn Geschicklichkeit und persönliche Vorzüge nicht eben so gut ihre Repräsentanten haben, als
Eigenthum. Da aber Gefühl persönlicher Vorzüge seiner Natur
nach unruhig, veränderungssüchtig, und unternehmend ist, Eigenthum dagegen schläfrig, unthätig und furchtsam macht, so wird
der Besitzer des letztern vor den Eingriffen des Geschickten nie

E

sicher seyn, wenn er nicht das entschiedenste Uebergewicht in der
Repräsentation hat. Und auch das ist noch nicht hinlänglich.
Wenn das Eigenthum wirklich gedeckt seyn soll, so muß es in
großen angehäuften Massen vorgestellt werden. Es ist seine
charakteristische Eigenschaft, auf den Principien der Erwerbung,
so wie der Erhaltung gegründet, u n g l e i c h zu seyn. Die großen
Massen welche den Neid erwecken, und die Habsucht reizen,
müssen daher zuerst aller Möglichkeit einer Gefahr entrückt
werden. Alsdann dienen sie zu einem natürlichen Wall um
die geringern in allen Gradationen. Dieselbe Quantität von
Eigenthum hat nicht dieselbe Kraft und Wirkung, wenn sie
sich unter viele vertheilt, als wenn sie auf einen Punkt con-
centrirt ist. Die Fähigkeit, Widerstand zu leisten, wird geschwächt,
so bald es zerstreut wird. Nach dieser Zerstreuung ist der Antheil jedes Einzelnen geringer, als der, welchen er in der Lebhaftigkeit der Begierde zu erlangen wähnt, wenn er das, was andre
angehäuft haben, angreifen hülfe. Freylich wird das Ausplün-
dern der Wenigen, wenn die Beute unter die Menge vertheilt
werden soll, immer nur unendlich geringe Portionen abwerfen:
aber die Menge ist unfähig, diese Berechnung anzustellen, und
die, welche sie zum Raub anführen, haben niemals im Ernst den
Willen, mit ihr zu theilen.

Die Sicherheit, unser Eigenthum in unsern Familien zu ver-
ewigen, ist einer der schätzbarsten und anziehendsten Umstände
beym Besitz desselben, ein Umstand, der mehr als alles andre zur
Verewigung der Gesellschaft selbst beyträgt. Dadurch werden unsre Schwachheiten den Endzwecken der Tugend dienstbar, dadurch
wird Wohlwollen sogar auf den Geldgeiz gepfropft. Die natürlichsten Bürgen für die ununterbrochne Fortpflanzung des Eigenthums aber, sind die, welche am stärksten dabey interressirt sind,
das heißt, die Besitzer großer Familienreichthümer und solcher
Vorzüge die mit erblichen Gütern verknüpft sind. Nach diesem
Grundsatz ist das Oberhaus bey uns gebildet. Es ist ganz aus
Erbeigenthümern und Erbadel zusammengesetzt: deshalb macht es
den dritten Theil der ganzen Gesetzgebenden Gewalt aus, und

ist der oberste Richter über alles Eigenthum. Auf gleiche Weise ist der größte Theil des Unterhauses, obgleich keine Nothwendigkeit es erheischt, gebildet. Mögen doch diese großen Besitzer übrigens beschaffen seyn, wie sie wollen — und die Möglichkeit ist da, daß sie auch ausgezeichnete Verdienste besitzen — sie werden im allerschlimmsten Fall der unentbehrliche Ballast in dem Fahrzeuge des Staats seyn. Denn, obgleich geerbter Reichthum, und der Rang welchen er verleiht, von kriechenden Sykophanten und blinden, nichtswürdigen Anbetern der Macht, zu sehr vergöttert werden: so ist doch nicht zu läugnen, daß man sie in den seichten Deklamationen vorwitziger, anmaßender, kurzsichtiger Marktschreyer der Philosophie zu leichtsinnig herabwürdiget. Hoher Abkunft einen anständigen und sichern Vorrang, und gewisse Vorzüge (die darum keine ausschließende Privilegien seyn dürfen) beyzulegen, kann weder unnatürlich, noch ungerecht, noch unpolitisch genannt werden.

Es wird jetzt unabläßig wiederholt: daß der Wille von 24 Millionen mehr gelten müsse als der Wille von einigen Tausenden. Ohne allen Zweifel, — wenn die Constitution eines Königreichs ein Problem der Rechenkunst seyn soll. Dieses Raisonnement thut seine leibliche Wirkung, wenn der Laternenpfahl in der Nähe ist, es zu unterstützen: jedem dem es nur erlaubt ist zu überlegen, muß die Abgeschmacktheit darin einleuchten. Der Wille der großen Anzahl und ihr Interesse sind oft wesentlich verschieden: und groß wird diese Verschiedenheit seyn, wenn sie in der Wahl der Ausleger ihres Willens unglücklich ist. Eine Regierung von 500 Advokaten und Dorfpfarrern kann nie für eine Nation von 24 Millionen Menschen taugen, sollten auch 48 Millionen sie auserwählt haben, und eine solche Regierung wird nicht viel gebessert werden, wenn auch eine Handvoll Menschen aus höhern Ständen, die ihres Gleichen verriethen, um über die andern zu herrschen, an ihrer Spitze steht. In Frankreich scheint es jetzt darauf angelegt zu seyn, die große Heerstraße der Natur in jeder Rücksicht zu verlassen. In Frankreich ist die Regierung nicht in den Händen der Eigenthümer. Mithin ist die Vernichtung des Eigenthums unvermeidlich, und

vernünftige Freyheit verschwunden. *) Alles, was die Nation
für jetzt erworben hat, ist Papiergeld, und eine Aglotirconsti-
tution. Was wird sie in Zukunft gewinnen? Ist es im Ernst
denkbar, daß ein Gebiet vom Umfang des französischen, das man

*) Der politische Grundsatz, nur die Besitzer eines beträchtlichen
Eigenthums zu den Stellen in einer gesetzgebenden Versammlung gelangen zu lassen, ist in der Natur der gesellschaftlichen
Verhältnisse gegründet. Der, welcher etwas besitzt, hat alle
die Zwecke dessen der nichts besitzt, gemeinschaftlich mit ihm,
und nun noch einen eigenthümlichen Zweck, eine besondre
Rücksicht, in der Sorge für die Erhaltung seines Eigenthums.
Das Interesse der Eigenthümer ist in seinen Händen gesichert, weil es sein eignes ist, und er wird auch nicht
leicht in einen Beschluß einstimmen, der die Classe der Nicht-
besitzer wesentlich anareift, weil ein jeder solcher Beschluß,
nur allzu leicht seine Classe empfindlich mit trift. Dagegen
wird der, welcher nichts besitzt, so bald er Gesetze geben
darf, unausbleiblich den Eigenthümer verletzen, zumahl da
dies, (wenigstens für den Augenblick) immer der größte
und glänzendste Dienst ist, den er allen seines Gleichen leisten kann. Das einleuchtende in diesem Grundsatz, der das erste
Princip der Festigkeit in einer Staatsverfassung ist,
hat selbst die schwärmerischen Gleichheitsverfechter, in der constituirenden National-Versammlung bewogen, im offenbarsten
Widerspruch mit ihrer ganzen chimärischen Theorie, einen Unterschied zwischen aktiven und nicht-aktiven Bürgern
einzuführen. Durch diese Einrichtung ist aber noch wenig gewonnen. Denn 1) sind die Bedingungen, auf welchen es
beruht, ein wahlfähiger Aktivbürger zu seyn, viel zu unbedeutend, als daß der wahre Endzweck dieser Distinktion dabey
erreicht werden könnte. 2) ist keine besondre nothwendige
Qualifikation für die Stellen in der obersten gesetzgebenden
Versammlung vorgeschrieben: jeder Aktivbürger kann ohne
Unterschied Mitglied dieser Versammlung werden. Wenn also
auch die französische Constitution die Eigenthümer nicht geradezu von der Regierung ausschließt, so ist sie doch darum
schon äußerst fehlerhaft, weil sie dieselben nicht vorzugs-
weise begünstiget. Dieser Fehler mußte einer Constitution, welche ohnedies in Ansehung der Wahlformen ganz de-
mokratisch organisirt ist, die entschiedenste Tendenz geben, alle
öffentliche Macht in niedrige Hände zu liefern. Das erste
große Produkt dieser gefährlichen Tendenz, ist die zweite französische National-Versammlung gewesen. Das was Burke

in 83 unabhängige Departements, (ohne die zahllosen Unterab-
theilungen in Rechnung zu bringen) das heißt, in 83 Republiken
zerstückelt hat. jemals wie ein Ganzes regiert, jemals durch die
Einwirkung Eines Kopfs in Bewegung gesetzt werden sollte?
Wenn die National-Versammlung ihr Werk vollendet haben wird,
so wird auch sofort der Ruin dieses Werks vollendet seyn. Die
neuen Republiken werden sich die Oberherrschaft der Republick
von Paris nicht lange gefallen lassen. Sie werden es nicht ertragen, daß diese Stadt mit der Gefangenhaltung des Königs, und
mit der Tyrannenherrschaft über die gesetzgebende Versammlung,
die sich doch eine Versammlung der Nation nennt, ein förmliches
Monopol treibe. Jede dieser Republiken wird ihren Antheil am
Kirchenraube für sich behalten, und sich wohl hüten, von dieser
Beute, so wie von den rechtmäßiger erworbenen Früchten ihres
Fleisses, oder den natürlichen Produkten ihres Bodens das geringste abzugeben, um die Aufgeblasenheit der Pariser Handwerker
zu unterstützen, und ihre Schwelgerey zu mästen. Indem sie so
verfahren, werden sie den Grundsätzen jener gerühmten Gleichheit treu zu bleiben glauben, die der einzige Vorwand gewesen ist,
unter dem man sie zum Abfall von ihrem Souverain und von
der alten Constitution ihres Vaterlandes verleitet hat. Es kann
in einer Staatsverfassung, wie die neue französische, durchaus
keine Hauptstadt geben. Die, welche Frankreich in die demokratischen Formen pressen wollten, bemerkten nicht daß sie es auseinander rissen. Der Beamte, den sie noch immer König zu nennen
fortfahren, hat nicht den hundertsten Theil der Macht, die er ha-

hier von der ersten behauptet: „die Regierung des Landes sey
„nicht in den Händen der Eigenthümer" — das gilt weit uneingeschränkter von diesem beyspiellosen Gesetzgebertrupp, der
zu einer Zeit entstand, wo die Fehler der neuen Constitution
in dem allgemeinen Mistrauen gegen alles, was hervorragte,
gerade die Stimmung der Gemüther vorfanden, die sie in ihr
hellstes und furchtbarstes Licht setzen konnten. Es ist ein bekannter Umstand, daß, nach einer dieserhalb angestellten Berechnung, die sämmtlichen Mitglieder der (zweyten) gesetzgebenden Versammlung, nicht ein jährliches Einkommen von
100,000 Livres aufzuweisen hatten. A. d. U.

ben müßte, um biefen Haufen von Freyſtaaten zuſammen zu halten. Die Republik von Paris wird zwar ihr Aeußerſtes verſuchen
um die Beſtechung und Verführung der Armee zu vollenden, um
die geſetzgebende Verſammlung unabhängig von ihren Conſtitu-
enten zu machen, und eben dadurch ihren eignen Deſpotismus zu
befeſtigen. Sie wird alles anwenden, um der Mittelpunkt und
gleichſam das Herz eines ungeheuren Papierumlaufs zu werden,
und durch dieſes Mittel alle Säfte des Staats in ſich zu concen-
triren: aber umſonſt! dieſes ganze Syſtem, ſo gewaltſam es auch
jetzt operiren mag, wird ſich zeitig genug in ſeiner natürlichen
Blöße und Ohnmacht zeigen.

Wenn dies die gegenwärtige Lage der Dinge iſt, wenn ich
dieſe Lage mit der vergleiche, zu welcher Frankreich berufen, von
Gott und Menſchen berufen war, ſo kann ich wahrlich keinen
Grund finden, der Nation über die Wahl, die ſie getroffen, oder
über den Erfolg, der ihre Unternehmungen begleitet hat, Glück
zu wünſchen. Eben ſo wenig kann ich mich entſchließen, andre
Nationen zur Nachahmung eines Verfahrens aufzumuntern, das
auf ſolche Principien gebauet iſt, und ſolche Wirkungen hervorbringt. Das muß ich denjenigen überlaſſen, die genauer mit den
franzöſiſchen Angelegenheiten bekannt ſind, als ich, und die am
beſten wiſſen mögen, in wie fern das, was dort geſchieht, ihren
Abſichten günſtig iſt. Die Herren von der Revolutionsgeſellſchaft
die ſich mit ihren Glückwünſchen ſo übereilt haben, ſcheinen feſt
überzeugt zu ſeyn, daß es einen auf unſern Staat angelegten politiſchen Plan gebe, zu deſſen Beförderung die Begebenheiten in
Frankreich viel beytragen können. Denn Dr. Price, welchen
das Spekuliren über dieſen Gegenſtand in nicht geringem Grade
erhitzt zu haben ſcheint, redet ſeine Zuhörer in folgenden merkwürdigen Ausdrücken an: „Ich kann nicht ſchließen ohne Eurer
„Aufmerkſamkeit ganz vorzüglich eine Betrachtung zu empfehlen,
„auf die ich bey mehrern Stellen meiner Rede hindeutete, und in
„der mir wahrſcheinlich Euer aller Gedanken längſt zuvorgekom-
„men ſind: eine Betrachtung die einen tiefern Eindruck als ich
„auszuſprechen vermag, in meiner Seele gemacht hat, ich meyne,

„die Betrachtung, wie günstig die gegenwärtigen Zeitumstände „jedem Versuch für die Sache der Freyheit sind."

Es ist klar, daß der Kopf dieses politischen Predigers, als er dieses aussprach, mit einem ausserordentlichen Entwurf schwanger ging, und es ist höchst wahrscheinlich, daß seine Zuhörer, welche ihn freylich besser verstanden, als ich, in den Sinn seiner Bemerkung eingedrungen waren, und die ganze Reihe ihrer Folgen durchlaufen hatten, ohne nur seine nähere Erklärung abzuwarten.

Ehe mir diese Predigt zu Gesicht gekommen war, glaubte ich würklich, ich hätte bis dahin in einem freyen Lande gelebt, und ich befand mich wohl bey diesem Irrthum, weil er mir das Land, worin ich mich aufhielt, werther machte. Ich übersah wahrlich nicht, daß wir den Schatz unsrer Freyheit mit einer eifersüchtigen, rastlosen Wachsamkeit nicht allein vor äußern Angriffen, sondern auch vor innrer Verderbniß, und innerm Verfall bewahren müssen, und daß diese Wachsamkeit unsre höchste Weisheit und unsre erste Pflicht ist. Aber ich betrachtete diesen Schatz, als ein bereits erworbnes, nicht als ein noch zu erkämpfendes Gut. Ich sehe schlechterdings nicht ab, wie die jetzigen Zeitumstände allen Versuchen für die Sache der Freyheit, so günstig seyn sollten. Was die jetzige Zeit auszeichnet, sind die Begebenheiten in Frankreich. Nur dann, wenn das Beyspiel Frankreichs, einen Einfluß auf unser Land haben soll, nur dann kan ich begreifen, warum so manche Vorfälle in Frankreich, die eine sehr ungefällige Aussenseite haben, und mit Menschlichkeit, mit Gerechtigkeit. mit Treu und Glauben nicht gar zu wohl zu vereinigen sind, so wunderbar zärtlich und milde — gegen die Handelnden, und so heroisch-strenge — gegen die Leidenden beurtheilt werden. Freylich wäre es unklug, das zu misbilligen, was man nachzuahmen geneigt ist. Soll dies der Fall seyn, so entsteht die natürliche Frage: was ist denn diese Sache der Freyheit, und was sind die ihr günstigen Unternehmungen, zu welchen das Beyspiel Frankreichs so feyerlich ermuntert? Soll unsre monarchische Verfassung mit allen Gesetzen und Tribunälen, und allen alten Corporationen des Reichs vernichtet werden? Soll jeder Gränzstein im Königreich zu

E 4

Gunsten eines geometrischen und arithmetischen Staatsexperi-
ments von seiner Stelle weichen? Soll man das Oberhaus für
unnütz erklären? die bischöfliche Würde abschaffen? Sollen die
Ländereyen der Kirche an Wucherer und Schwindler verkauft, oder
an neuerfundne Municipalrepubliken, um sie zur Theilnehmung
am Raube zu überreden, ausgeboten werden?| Soll man alle
Abgaben als Bedrückungen abschaffen, uud die Einkünfte des
Staats durch patriotische Beyträge oder patriotische Geschenke auf-
bringen lassen? Sollen silberne Schuhschnallen an die Stelle der
Landtaxe und der Malztaxe treten, um die Seemacht dieses Königreichs zu unterhalten? Sollen alle Classen und Stände unter
einander gemengt, alle bürgerliche Unterscheidungen aufgehoben
werden, um in einer allgemeinen Anarchie, und in einem allgemeinen Bankerutt die Werkstätte zu errichten, worauf drey oder
viertausend demokratische Freystaaten in 83 zusammen geschmiedet,
und am Ende gar mit Hülfe einer unbekanten Anziehungskraft
in Einen geschmolzen werden? Sollen wir, um diese große Absicht zu erreichen, die Armee von Subordination und Treue erst
durch Bestechungen aller Art, und dann durch erhöhten Sold, die
gefahrvollste aller politischen Maßregeln, abwendig machen? Soll
die trügliche Hoffnung eines Antheils an der Plünderung ihres
eignen Standes, die Pfarrer gegen ihre Bischöfe aufwiegeln?
Sollen die Bürger von London aller öffentlichen Pflichten ent-
bunden, und auf Kosten ihrer Mitunterthanen in den Provinzen
ernährt werden? Soll man den Einwohnern dieses Reichs statt
der gesetzlichen Münze Papiergeld aufdringen? Sollen die Ueber-
reste des geplünderten Staatsvermögens auf das unsinnige Projekt verwandt werden zwey Armeen zu unterhalten, die bestimmt
sind, einander zu bewachen, und gelegentlich gegen einander zu
Felde ziehen? — Wenn das die Zwecke, und das die Mittel der
Revolutionsgesellschaft sind, so kann ich nicht läugnen, daß sie
sehr schicklich für einander gewählt waren, und daß Frankreich sie
für beyde mit Lehre und Beyspiel reichlich versorgen kann.

Ich sehe, daß man die Absicht hat, uns durch das, was in
Frankreich geschieht, zu beschämen. Man schreyt uns als ein trä-
ges und schläfriges Volk aus, in welchem die Leiblichkeit seiner

Lage alle Begierde nach einer bessern ausgelöscht, welches die
unthätige Zufriedenheit mit der Dämmerung der Freyheit von dem
Genuß des vollen Tages derselben auf ewig ausgeschlossen hätte.
Anfänglich suchten die Häupter der Revolution einen Ruhm darin,
die brittische Staatsverfassung zu bewundern, und beynahe anzu-
beten ; aber bey ihren weitern Fortschritten fanden sie für gut, mit
tiefer Verachtung darauf herab zu blicken. Die Freunde der französischen Revolution in unserm Lande hegen eine eben so geringe
Meynung von dem, was man bisher als den Ruhm und den
Stolz ihres Vaterlandes angesehen hat. Die Politiker von der
Revolutionsgesellschaft haben endlich die Entdeckung gemacht, daß
die englische Nation — gar nicht frey ist. Sie sind fest überzeugt, „daß eine Constitution, die einen so groben und handgreifli-
„chen Fehler, als die Ungleichheit in unsrer Repräsen-
„tionsmethode ist, enthält, blos in der Form und Theorie
„vortreflich seyn könne: daß repräsentative Gesetzgebung nicht allein die Grundlage aller Freyheit im Staat, sondern auch die
Grundlage „jeder rechtmäßigen Verfassung sey, daß die Repräsen-
„tation da wo sie nicht vollständig ist, auch nur einen Theil der
„Freyheit, da wo sie im hohen Grade unvollständig ist, nur einen
„Schatten derselben verleihen könne, da aber wo sie nicht allein
„höchst unvollständig, sondern auch großen Misbräuchen ausge-
„setzt ist, eine wahre Bedrückung werde." — Dr. Price betrachtet die Mangelhaftigkeit unsrer Repräsentation, als unsre
Hauptbeschwerde; und ob er gleich hofft, daß die Verderbniß in dieser eingebildeten Repräsentation noch nicht den höchsten Gipfel erreicht hat, so besorgt er doch, „daß wir jenes höchste
„aller Güter nicht anders werden erlangen können, als, wenn ir-
„gend ein großer Misbrauch der Macht, von neuem unsre Em-
„pfindlichkeit reizen, oder irgend eine große Calamität von neuem
„auf unsre Furcht wirken, oder vielleicht, wenn der Anblick andrer
„Nationen die eine reine und gleiche Repräsentation errungen ha-
„ben, uns mit Scham über das Kinderspiel, wodurch man uns
„täuscht, erfüllen, und uns zur Nacheiferung anfeuern wird."
Bey diesen Worten erlaubt er sich den Zusatz: unsre Repräsen-
„tanten würden eigentlich von dem Finanzminister und von wo-

„nigen Tausenden aus den Hefen des Volks gewählt, denen
„man ihre Stimmen bezahlte."

Man kann sich im Vorbeygehen des Lächelns nicht erwehren,
wenn man die Inconsequenz dieser Volksfreunde bemerkt, die,
sobald sie nicht auf ihrer Hut sind, die untern Classen der Gesellschaft mit der größten Verachtung (als Auswurf und Hefen) behandeln, anstatt daß sie sonst von ihnen als von den Depositärs
aller öffentlichen Macht sprechen. — Es würde übrigens eine lange
Abhandlung erfordern, alle die Irrthümer aufzudecken, die in dem
unbestimmten und zweydeutigen Ausdruck „unvollständige Repräsentation" verborgen liegen. Ich will hier zur Rechtfertigung jener
altmodischen Constitution, bey der wir uns lange wohlbefunden
haben, nichts weiter sagen, als daß unsre Repräsentation bisher allen Zwecken, für welche eine Volksrepräsentation begehrt,
oder ersonnen werden kann, vollkommen angemessen gewesen
ist. *) Ich fodre die Feinde unsrer Staatsverfassung auf, das

---

*) Nachdem Montesquieu, Mably, Blackstone, Hu-
me, Delolme, und mehrere große Männer vom alten
Styl, alle ihre Kräfte aufgeboten hatten, die brittische
Constitution, als das größte politische Kunstwerk aller Zeiten,
zu schildern und anzupreisen, ist es nun seit einigen Jahren,
unter den zahlreichen Helden und Rittern der neuen Lehre
in und auff'r England Mode geworden, diese Constitution als
einen gebrechlichen Versuch aus den Kinderjahren der Staats-
wissenschaft, als ein lügenhaftes Schattenbild einer freyen
Verfassung zu verschreyen, und von dringender Nothwendigkeit
einer Reform dieses Monuments der gothischen Jahrhunderte zu sprechen. Keiner von den Mängeln, welche
die Besitzer des vollen Lichts dieser letzten glückseligen
Zeiten in der englischen Constitution entdeckt haben, ist so
häufig der Gegenstand ihrer strengen Rüge gewesen als die
Ungleichheit der Repräsentation, oder die un-
proportionirte Vertheilung des Wahlrechts unter die verschiednen Provinzen und Communen des Reichs, vermöge
welcher große Districte oft weniger Repräsentanten als kleine,
unbedeutende Flecken eben so viele als die größten Städte, die
größten Städte hin und wieder gar keine zu ernennen haben.
Es ist ausser allem Zweifel, daß dieses Misverhältniß ein
Fehler der brittischen Staatsverfassung ist, den man, wenn
diese Staatsverfassung nicht nach und nach, sondern auf einen
Schlag entstanden wäre, vermieden, und ohne große Schwie-

das Gegentheil zu beweisen. Im einzelnen zu zeigen, wie alle
diese Zwecke durch unsre Verfassung erreicht werden, wäre ich

rigkeit und sonderliche Geistesanstrengung vermieden haben
würde. Da aber jetzt eine Abänderung des Systems in
diesem Punct nicht ohne eine merkliche Alteration im Gange
der öffentlichen Angelegenheiten, nicht ohne große Bewegungen im Lande, und: vielleicht nicht ohne Gefahr einer
Revolution vorgenommen werden könnte, so fragt sich blos:
ob es der Mühe werth ist, das ganze Schicksal einer sonst vortreflichen Constitution aufs Spiel zu setzen, um die Reform
einer einzigen mangelhaften Seite zu bewirken? — Diese
Frage hat das Parlament bey allen Versuchen, welche zeither
gemacht worden sind, das Repräsentationssystem zu modifi-
ziren, verneinend beantwortet. Und in der That, wenn
man bedenkt, daß in einem Staat, wo die Repräsentanten
einzelner Districte von ihren Constituenten keine bestimmten Vorschriften (mandats imperatifs, mit welchen eine
wahre repräsentative Verfassung gar nicht bestehen kann)
sondern allgemeine und unbestimmte Mandate erhalten, jeder Repräsentant im Grunde Repräsentant
der ganzen Nation ist, und sogar seyn soll; wenn
man erwägt, daß nur wenige Theile von England ganz ohne
Repräsentanten sind, und daß selbst diese nicht-repräsen-
tirte Theile nicht isolirt stehen, sondern durch die Aehnlichkeit ihrer Lage und ihres Interesses mit der Lage und dem
Interesse andrer, vielleicht benachbarten Theile, denen es an
Repräsentanten nicht fehlt, und durch ihren Zusammenhang
mit dem Ganzen, vor solchen Gesetzen und Einrichtungen,
die zu ihrem alleinigen Schaden ausschlagen könnten, vollkommen gesichert werden; wenn man auf das Geschehene zu-
rückgeht, und auf der einen Seite keinem einzigen Fall begeg-
net, wo irgend ein District, irgend eine Stadt, irgend ein
Flecken des Königreichs, darum, weil er keine oder verhältnißmäßig zu wenig Repräsentanten hatte, verletzt worden wäre,
auf der andern Seite aber keinen fehlerhaften Beschluß des
Parlaments, kein Gesetz von entschiedener Verderblichkeit oder
von zweydeutiger Güte findet, dessen Entstehung auch nur
mit leidlicher Wahrscheinlichkeit aus dieser verschrienen Ungleichheit der Repräsentation hergeleitet werden könnte; wenn
man zuletzt noch das große Argument der Reformatoren
daß der Einfluß des Königs und der Minister in die Wahlen,
mithin auch in die Berathschlagungen des Parlaments geringer seyn würde, wenn die Repräsentation besser vertheilt, (besonders in Ansehung der ganz geringen Plätze boroughs
eingeschränkt) wäre, näher beleuchtet, und mit der Einführung

nicht im. Stande, ohne ein Buch über den praktischen Theil
dieser Verfassung zu schreiben. Ich führe die Lehre der Revolutionsgesellschaft hier bloß auf, damit man deutlich erkenne,
wie diese Herren von der Constitution ihres Vaterlandes denken, und warum sich ihr Gefühl mit der Idee von einem
Mißbrauch der öffentlichen Gewalt oder von einer großen Landesnoth, die vielleicht eine in Einstimmung mit ihren Wünschen
verbesserte Constitution herbey führen würden, so leicht und
gern verträgt. Nunmehr ist es klar, weshalb sie nach dem
neuen französischen Repräsentationssystem so ängstlich seufzen:
wenn nur dies erst erreicht wäre, meynen sie, würden auch die
Folgen, die es in Frankreich nach sich zog, nicht ausbleiben.
Es ist klar, daß sie das englische Parlement, wie „eine bloße
„Form," wie „eine leere Theorie," „einen Schatten," „ein
„Gaukelspiel," und wohl gar wie „eine Last" betrachten.

Diese Herren setzen etwas darein, systematisch zu verfahren, und nicht ohne Grund. Sie müssen daher in diesem
groben und handgreiflichen Mangel in unsrer Repräsentation,
in dieser Hauptbeschwerde, wie sie es nennen, nicht allein
etwas an sich fehlerhaftes, sondern auch einen Umstand sehen,
der unsre ganze Regierung als u n r e c h t m ä ß i g darstellt, und

einer gleichförmigern Wahlmethode, diesen in der brittischen,
und in jeder vermischten Staatsverfassung der Welt, gewiß
unvermeidlichen Einfluß der Krone, zwar in etwas ab-
nehmen, aber keinesweges verschwinden sieht: — so
kann man denen, die sich einer solchen Hauptveränderung,
zumahl in Zeiten allgemeiner Gährungen und einer zügellosen
Neuerungssucht widersetzen, seinen Beyfall schwerlich versagen, und sich nach unpartheyischer Abschätzung und Wür-
digung der Erheblichkeit der Veranlassungen gegen
die Bedenklichkeit der Folgen, des möglichen
Guten gegen das mögliche Uebel, des sehr begränz-
ten Vortheils gegen die unbegränzte Gefahr,
nicht abgeneigt fühlen, in das Gutachten einzustimmen,
welches ei n Mitglied des Parlements über die Motion des
Hrn. Flood, der diese Repräsentationsverbesserung im
vergangnen Jahre in Vorschlag brachte, abgab: „Man sollte
„diese Motion, so oft sie zum Vorschein käme, auf hundert
„Jahre abjourniren. A. d. U.

geradezu für offne Usurpation erklärt. Eine neue Revolution
also, die uns von dieser unrechtmäßigen, und gesetzwidrigen
Regierung befreyte, wäre vollkommen zu entschuldigen, wo
nicht gar unumgänglich nothwendig. Wenn man den Grundsätzen dieser Gesellschaft mit Aufmerksamkeit nachgeht, so wird
man bald inne, daß sie bey einer bloßen Veränderung in den
Formen der Wahl des Unterhauses nicht stehen bleiben kann.
Denn, wenn Volksrepräsentation oder Volkswahl zur Rechtmäßigkeit jeder öffentlichen Macht unentbehrlich ist, so wird
das Oberhaus, auf einen einzigen Streich für unächt und ungültig von Anbeginn her erklärt. Dies Haus ist alsdann gar
kein Repräsentant der Nation, auch nicht einmahl „zum
„Schein, oder der Form nach." Die Krone befindet sich in
demselben schlimmen Fall. Umsonst mag sie bey der durch die
Revolution festgesetzten Staatsform Schutz gegen diese Herren suchen: die Revolution, zu der sie ihre Zuflucht nimmt,
bedarf selbst einer Stütze. Diese Revolution hat nach der
neuen Theorie keinen festern Grund, als unsre jetzige leere Con-
stitutionsformalitäten, weil sie ihre Entstehung einem Oberhause,
das keinen andern als sich selbst repräsentirte, und einem Unterhause von eben der Art, wie das gegenwärtige, das heißt,
„einem Schatten, und einem Gaukelspiel" zu verdanken hat.

Etwas müssen sie durchaus zerstören, wenn sie nicht glauben
sollen, daß sie umsonst existiren. Ein Theil unter ihnen will die
bürgerliche Gewalt durch die geistliche aufheben, ein andrer will
die geistliche durch die bürgerliche untergraben. Sie sehen sehr
wohl, daß diese doppelte Zerstörung der Kirche und des Staats
die schrecklichsten Folgen haben würde, aber sie sind so erhitzt
von ihren Theorien, daß diese Begebenheit mit allem, von ihnen
selbst nicht bezweifelten, Unglück, das sie vorbereiten und das sie
begleiten würde, ihnen, wie sie nur allzu offenherzig eingestehen,
nicht unangenehm seyn, und an das Ziel ihrer Wünsche ziemlich
nahe gränzen würde. Ein Mann von großem Ansehen unter
ihnen, und gewiß von großen Talenten *), sagt, indem er
von einem vermeynten Bündniß zwischen der Kirche und dem

*) Dr. Priestley.

Staat spricht: „Vielleicht werden wir abwarten müssen, bis die „bürgerliche Gewalt fallen wird, ehe dieses unnatürliche Bündniß „zerrissen werden kann. Freylich wird dies ein unglücksvoller. „Zeitpunkt seyn. Aber welche Convulsionen in der politischen „Welt ertrüge man nicht gern, wenn sie einen so wünschenswür- „digen Ausgang haben könnten!" Dies zeigt, mit welcher Standhaftigkeit diese Herren den größten Unfällen, die ihr Vaterland treffen können, ins Angesicht zu sehen bereit sind.

Es ist nicht zu verwundern, daß sie bey solchen Ideen von ihrer vaterländischen Constitution, bey dieser Geneigtheit, ihre ganze Staats- und Kirchenverfassung als unrechtmäßig und usur- pirt, oder im günstigsten Falle als ein leeres Schattenspiel zu be- trachten, mit regem und leidenschaftlichen Enthusiasmus nach jeder auswärtigen Neuerung haschen. So lange diese Begriffe bey ihnen herrschend sind, ist es auch umsonst, von den Maximen ihrer Vorfahren, von den Fundamentalgesetzen ihres Vaterlan- des, von den Vorzügen einer Constitution, die die einzig gültige Probe einer langen Erfahrung bestanden, und sich durch zuneh- mende Staatsmacht und immer steigende Nationalwohlfahrt be- währt hat, mit ihnen zu sprechen. Erfahrung verachten sie als die Weisheit ungelehrter Menschen: alle übrigen Einwendungen bedeuten nichts. Sie haben unter ihrem Boden eine Mine ge- graben, die in Einem furchtbaren Ausbruch alle Beyspiele des Alterthums, alle Observanz, alle Statute, alle Parlamentsakten, in die Luft sprengen soll. Sie haben „die Rechte des Men- schen." Gegen diese findet keine Verjährung Statt, gegen diese kann kein Vertrag binden; bey diesen gelten keine Ein- schränkungen, keine Vergleichsvorschläge; die geringste Abwei- chung von der Strenge ihrer Forderungen, ist Betrug und Ty- rannen. Umsonst schmeichelt sich eine Regierung in der Ehrwür- digkeit ihrer langen Dauer, oder in der Gerechtigkeit und Ge- lindigkeit ihrer Proceduren gegen diese neuen Rechte des Men- schen Schutz zu finden. Der Tadel dieser speculativen Köpfe, der immer bereit ist, wenn die Staaten nicht nach ihren Theorien gebaut sind, trift eine alte wohlthätige Regierung eben so gut, als die schreyendste Tyranney, oder die frischeste Usurpation.

Sie liegen im beständigen Kriege mit allen Regierungen, nicht um Mißbräuche anzugreifen, sondern blos, um die Frage nach Befugniß und Vollmacht zur Herrschaft abzuhandeln. Ich sage nichts gegen die schwerfällige Feinheit ihrer politischen Metaphysik. Mögen sie sich doch damit in ihren Schulen belustigen:

> . . . . „In dieser oben Behausung
> „Mag er sich brüsten, und toben mit seinen Getreuen, der
> stolze
> „Windebeherrscher, und über des fest verriegelten Kerkers
> „Furchtbarem Eingange thronen. . . . .“ *)

Aber sie sollen nicht aus ihre Höhle hervorbrechen, wie ein Sturm aus Osten, alles vor sich wegfegen auf der Erde, und die Brunnen der großen Tiefe eröfnen, um uns zu ersäufen.

Ich bin weit entfernt, die wahren Rechte des Menschen in der Theorie abzuläugnen, eben so weit entfernt, sie in der Ausübung zu verwerfen (wenn es in meiner Macht stünde, sie anerkennen oder verwerfen zu lassen). Ich widersetze mich eben darum den falschen Ideen von diesen Rechten, weil sie gerade auf die Zerstörung der wahren abzielen. Wenn bürgerliche Gesellschaft zum Besten des Menschen gestiftet ist, so erwirbt der Mensch ein Recht auf alle die Vortheile, welche die Gesellschaft zum Zweck hat. Bürgerliche Gesellschaft ist ein Institut, dessen Essenz Wohlthätigkeit ist, und das Gesetz selbst nichts anders, als Wohlthätigkeit nach einer Regel. Es ist des Menschen Recht, unter dieser Regel zu leben, es ist sein Recht, immer nach Gesetzen behandelt zu werden, weil er sich beständig unter seines Gleichen findet, diese mögen nun in öffentlichen Functionen oder in Privatbeschäftigungen begriffen seyn. Der Mensch hat ein Recht auf die Früchte seiner Industrie, und auf die Mittel, seine Industrie fruchtbringend zu machen. Er hat ein Recht auf das, was seine Vorfahren erworben haben, auf die Ernährung und Erziehung seiner Kinder, auf Unterricht im Leben und Trost im Tode. Zu allem, was er für sich selbst und abgesondert thun kann, ohne andre zu beeinträchtigen, dazu hat er ein Recht, und

---

*) . . . . . . Illa se jactet in aula
  Aeolus, et clauso ventorum carcere regnet! *Virgil*

ausserdem hat er seine gerechten Ansprüche auf einen billigen
Antheil an allem, was die Gesellschaft mit allen ihren Mitteln,
Kräfte und Geschicklichkeit zu vereinigen, zu seiner Beglückung
beytragen kann. In dieser Gemeinschaft haben alle Menschen
gleiche Rechte: aber nicht alle auf gleiche Gegenstände. Der,
welcher nur fünf Schillinge in die Societät einlegte, hat
auf diese fünf Schillinge (und auf das, was damit gewonnen
wird) ein eben so vollständiges Recht, als der, welchem fünf
hundert Pfund gehören, auf seinen größern Antheil. Aber
nie hat er ein Recht auf eine gleiche Dividende an dem Gewinn,
den das gemeinsame Kapital schaft; und, wenn es nun vollends
auf Macht, Ansehen und Einfluß in die Führung des Staats
ankömmt, so läugne ich schlechterdings, daß dabey von unmittelbaren Rechten des Menschen im bürgerlichen Verhältniß
(denn nur von diesem Menschen spreche ich) die Rede seyn kann.
Hier muß alles durch Vertrag bestimmt werden. *)

Wenn bürgerliche Gesellschaft durch Verträge entstanden ist,
so müssen diese Verträge ihre Grundgesetze seyn. Diese Verträge müssen die Form und die Gränzen jeder Staatsverfassung,
die unter ihrer Sanktion errichtet wird, bestimmen. Jede Art
von

*) Es hat wohl seine völlige Richtigkeit, daß der Anspruch auf
einen Antheil an öffentlicher Macht, nicht unter die
ursprünglichen Rechte des Menschen gehört. Wenn der Mensch
in die bürgerliche Gesellschaft tritt, bringt er aus seinem isolirten Zustande nichts von öffentlicher Macht mit, und kann
also auch in seiner individuellen Qualität nicht ein
Recht auf etwas haben, was nur in der Verbindung
mehrerer, und nur durch diese Verbindung existirt. Der
ganze Inbegriff der öffentlichen Macht entspringt aus dem gesellschaftlichen Verein, und eine jede Delegation derselben ist
schon eine Wirkung des gesellschaftlichen Vertrages.
Da nun die Bedingungen dieses Vertrages an und für sich willkührlich sind, mithin eine unbegränzte Mannichfaltigkeit
gesellschaftlicher Formen zulassen, so geht auch die Austheilung
der öffentlichen Macht gar nicht nach einem Princip des
Rechts, sondern nach einer Regel der Klugheit vor sich:
und kein Einzelner hat den allergeringsten rechtlichen
Anspruch auf den allergeringsten Theil dieser Macht, wenn
der allgemeine Wille, nicht für gut findet, ihm solchen
zu verleihen. A. d. U.

von gesetzgebender, richterlicher oder ausübender Macht, ist ihr
Werk. Nur in einer Ordnung der Dinge, die diese Verträge
....rachten, ist eine solche Macht denkbar. Wie kann es
....Menschen einfallen, sich auf den gesellschaftlichen Vertrag
....sen, wenn er Rechte ausüben will, die nicht einmal die
....des gesellschaftlichen Vertrages voraussetzen? Rechte,
....t diesem Vertrage schnurstracks zuwider laufen? Einer der
....Bewegungsgründe, eine bürgerliche Gesellschaft zu errichten,
....e der ersten Fundamentalregeln einer solchen Gesellschaft
....daß Niemand Richter in seiner eigenen Sache seyn soll."
....ge dieses Grundgesetzes entsagt jeder Einzelne, einmal für
....dem ersten Fundamentalrecht des unverbündeten Men-
...., für sich selbst zu entscheiden, und seine Sache nach eigner
....führ durchzufechten. Er entsagt allen Ansprüchen auf die
....liche, unbeschränkte Souveränität über seine Handlungen.
....bt sogar, wenn auch nicht gänzlich, doch im großen Maaße,
....Recht der Selbstvertheidigung, die älteste Foderung seiner
....ur, auf. Der Mensch kann nicht die Rechte
....es ungeselligen und eines geselligen Zustan-
....zu gleicher Zeit genießen. Damit nur Recht über-
....pt gelte, thut er Verzicht auf seine Befugniß zu bestimmen,
....gerade in den Punkten die für ihn die allerwesentlichsten sind,
....t ist. Damit er nur über einen Theil seiner Freyheit wahrhaft
....uiren könne, legt er die ganze Masse derselben in den ge-
....schaftlichen Schatz der Gesellschaft nieder.

Staaten sind nicht gemacht, um natürliche Rechte einzu-
....hren, die in völliger Unabhängigkeit von allen Staaten existiren
....nnen, und wirklich existiren, und in viel größrer Klarheit, und
....in einem weit höhern Grade abstrakter Vollkommenheit existiren.
Aber eben in ihrer abstrakten Vollkommenheit liegt ihre praktische
Unzulänglichkeit. So lange der Mensch ein Recht auf alles hat,
mangelt es ihm an allem. Staaten sind Kunststücke menschlicher
Weisheit, am menschlichen Bedürfnissen abzuhelfen.
Der Mensch (in Gesellschaft) hat ein Recht zu verlangen, daß
seinen Bedürfnissen durch menschliche Weisheit abgeholfen werde.
Unter diesen Bedürfnissen ist eins der dringendsten, daß es für

menschliche Leidenschaften, die im außergesellschaftlichen Zustande
schrankenlos wüthen, einen Zügel gebe. Wenn die Gesellschaft bestehen soll, ist es nicht hinlänglich, daß die Leidenschaften des Einzelnen gehorchen: auch wenn der vereinigte Haufen, auch wenn
eine große Masse wirkt, ist es schlechterdings nothwendig, daß
ihren Neigungen oftmals Widerstand geleistet, ihrem Willen
Einhalt gethan, ihrer Begierde eine Gränze gesetzt werde. Dies
kann nur durch eine Gewalt von außen, nicht durch eine
solche geschehen, die in ihrer Ausübung demselben Willen und
denselben Leidenschaften, die sie im Zaum halten und unterdrücken
soll, unterworfen ist. Von dieser Seite betrachtet, gehören
die Einschränkungen des Menschen so gut als seine Freyheiten
unter seine Rechte *). Da aber die Grade der Freyheit und
Einschränkung nach Zeit und Umständen wechseln müssen, so
können sie unmöglich vermittelst einer abstrakten Regel festgesetzt werden: und nichts ist abgeschmackter, als darüber in der
Voraussetzung einer solchen Regel zu räsonniren.

Von dem Augenblick an, da die geringste künstliche (oder
nur willkührliche) Einschränkung das volle natürliche Recht des
einzelnen Menschen, sich selbst zu regieren, angreift, tritt eine
neue Ordnung der Dinge ein. Von diesem Augenblick an, wird
die ganze Organisation des gesellschaftlichen Systems der Gegenstand einer Berechnung nach Regeln der Zweckmäßigkeit.
Eben deswegen muß die Anordnung eines Staats und die Aus-

*) Dieser Satz ist zu unbestimmt ausgedrückt, und daher höchst
dunkel. Wenn von den Rechten der Menschen insgesammt in so fern sie Mitglieder einer bürgerlichen Gesellschaft
sind, die Rede ist, so ist es freylich wahr, daß die Einschränkungen aller und eines jeden, zu den Rechten aller und eines
jeden gehören. Soll aber diese Formel einen richtigen Sinn
geben, so können sich Einschränkungen und Rechte nicht u Einer
Person befinden. Es gehört zu den Rechten eines jeden, daß
es Einschränkungen der Rechte eines jeden andern
gebe. Dagegen verleitet der Burkische Ausdruck zu der un-
richtigen Auslegung, daß die Einschränkung unter die Rechte
desjenigen gehöre, welchen sie trift. Dies würde aber
ein falscher Sinn, oder vielmehr gar kein Sinn seyn. Anmerk. des Uebers.

theilung der Macht in demselben, das Werk der geübtesten Hand, und des vielseitigsten Talents seyn. Sie erfordert eine tiefe Einsicht in die menschliche Natur und menschlichen Bedürfnisse, und eine sehr genaue Kenntniß von allen den Umständen, welche die Zwecke, denen die große Maschine der bürgerlichen Gesellschaft gewidmet ist, befördern oder stöhren können. Der Staat braucht, wie die Individuen, Nahrung für seine Kräfte und Heilmittel für seine Krankheiten. Was hilft alles Disputiren über das abstrakte Recht eines Menschen auf Lebensmittel und Arzneyen? Die große Frage ist, auf welche Art man sie anschaffen und beybringen kan: und wo über diese Frage berathschlagt wird, da werde ich den Oekonomen und den Arzt allemal lieber sehen, als den Professor der Methaphysik.

Die Wissenschaft, einen Staat zu bauen, oder wiederherzustellen, oder zu verbessern, kann wie jede andre Erfahrungswissenschaft a priori nicht gelehrt werden; und die Erfahrung die uns in dieser bloß praktischen Wissenschaft unterrichten soll, darf keine kurze Erfahrung seyn. Moralische Ursachen äussern ihre wahre Wirkungen nicht immer auf der Stelle: oft wird das, was im ersten Augenblick nachtheilig operirte, in seinen entfernten Folgen heilsam und vortreflich; und diese Vortreflichkeit kann sogar aus den schlimmen Wirkungen, die sich im Anfange zeigen, entspringen. Eben so häufig findet sich das Gegentheil: und die einladendsten Plane, unter den günstigsten Aussichten eingeführt, nehmen oft ein schmähliges und jammervolles Ende. Es giebt in einem Staat versteckte, fast unsichtbare Einwirkungen, Umstände, die beym ersten Anblick ganz geringfügig scheinen, und von denen doch ein großer Theil seiner Wohlfahrt oder seines Verfalls wesentlich abhängt. Da also die wahre Staatskunst eine an sich so praktische, so ganz auf praktische Zwecke gerichtete Wissenschaft ist, da sie Erfahrung und so viel Erfahrung erfordert, als der schärfste und unermüdlichste Beobachter im Lauf eines ganzen Lebens nicht erwerben kann: so sollte wohl niemand ohne unendliche Behutsamkeit ein Staatsgebäude niederzureißen wagen, das Jahrhunderte lang den Zwe-

ken der gesellschaftlichen Verbindung auch nur leiblich entsprochen
hat, oder es neu zu bauen, ohne Grundrisse und Muster von
entschiedner Vollkommenheit vor Augen zu haben.

Wenn jene metaphysischen Rechte des Menschen in das bür,
gerliche Leben übergehen, so werden sie wie Lichtstrahlen, die in
ein dichteres Medium dringen, nach unwandelbaren Naturgese,
zen, von ihrem geraden Wege abwärts gebrochen. Wahrlich,
in der dicken, labyrinthischen Masse menschlicher Angelegenhei,
ten und menschlicher Leidenschaften müssen jene ursprünglichen
Befugnisse so mannichfaltige Abänderungen erleiden, daß es
thörigt wird, sie zu behandeln, als wenn sie in ihrer einfachen
Gestalt beharren könnten. Die Natur des Menschen ist ver,
wickelt. Die Gegenstände des gesellschaftlichen Lebens sind un,
endlich zusammengesetzt: eine einfache Anordnung, eine einseitige
Richtung der Kraft stimmt daher weder mit des Menschen
Natur, noch mit seinen Zwecken. Wenn ich höre, daß man in
neu zu errichtenden Verfassungen nach Einfachheit strebt,
und mit Einfachheit prahlt, so zweifle ich keinen Augenblick,
daß die Werkmeister schamlos,unwissend in ihrer Kunst, oder
strafbar, nachläßig in ihrer Pflicht sind. Einfache Regierungs,
formen sind allemal mangelhaft, und müssen mangelhaft seyn,
eben darum, weil sie einfach sind. Wenn man die Gesellschaft
aus einem isolirten Gesichtspunkte ansieht, so haben alle diese
einfachen Formen etwas unendlichanziehendes. Allerdings wür,
den sie einen einzelnen abgesonderten Zweck weit vollkommner
erreichen, als die zusammengesetzten Formen ihre complicirte
Bestimmung. Aber es ist besser, daß man den Entzweck des
großen Ganzen, wenn auch nur unvollständig, wenn auch nur
auf Umwegen erstrebe, als daß neben der ängstlichsten Sorgfalt
für einzelne Theile eine entschiedne Vernachläßigung andrer Platz
greife, oder wohl gar über die Verzärtelung eines Lieblingsglie,
des alle übrigen Glieder wesentlich verletzt, und vielleicht zerstöhrt
werden.

Die eingebildeten Rechte dieser Theoretiker sind lauter Extre,
me: und jemehr sie im metaphysischen Sinne wahr sind,
desto mehr sind sie im moralischen und politischen

falsch *). Die Rechte des Menschen liegen in einer gewissen Mitte, die sich zwar unterscheiden aber schwer angeben läßt.

F 3

*) Die Präcision der Begriffe, und daher auch der philosophischen Sprache, worin wir Deutschen es unläugbar allen andern Nationen zuvor thun, würde nie zugelassen haben, daß wir den sehr wahren Gedanken, der in dieser Periode verhüllt liegt, in diesen schwankenden, dunkeln, beynahe räthselhaften Ausdruck gekleidet hätten. Da wir gewohnt sind, unter dem Worte Recht nur das strenge Recht (das, welches der sogenannten vollkommen Pflicht correspondirt) zu verstehen, so würde es bey uns keinen Sinn haben, von einem Rechte zu sprechen, das in einer Rücksicht wahr, und in einer andern falsch wäre. Wir würden daher, um Burke's Idee mit möglichster Richtigkeit darzustellen, sagen müssen: „die Rechte, welche diese Theoretiker chimärischer Weise für alles halten, sind nichts als Extreme. Da es in der moralischen Welt noch ganz andre Befugnisse, in der politischen noch ganz andre Regeln geben muß, so sind diese Rechte für den, der eine Staatsverfassung zu errichten hat, unzureichend, und werden, wenn er sie als seine einzige Richtschnur annimmt, falsche Resultate geben."

Es giebt in dem ausgebreiteten Felde des praktischen Begriffs der Erlaubtheit drey sehr kenntliche Gradationen, die in dem ganzen Burkischen Raisonnement zwar vielfältig angedeutet, aber nirgends mit gehöriger Schärfe abgesondert sind. Principien des Rechts, moralische Befugnisse und Vorschriften der Klugheit. Die logische Sphäre eines jeden dieser drey Begriffe wird in derselben Ordnung in der sie hier aufgeführt sind, kleiner, oder in umgekehrter Ordnung größer. Alles nehmlich, was mit den Regeln der Klugheit übereinstimmt, muß (insofern wir immer in dem allgemeinen Bezirk des Erlaubten bleiben) mit den Gesetzen der moralischen Ordnung und mit den Principien des strengen Rechts vereinbar seyn: und diesen letztern muß nichts widerstreiten, was nach moralischen Gesetzen erlaubt ist. — Aber es gilt nicht umgekehrt, daß alles, was nach Principien des Rechts geschehen kann, auch mit den Forderungen der Moralität, noch weniger, daß es mit den Regeln der Klugheit bestände: oder daß auch nur alles, was kein moralisches Gesetz verwirft, den letzteren angemessen wäre.

Wenn ich mich, um meine Idee anschaulicher zu machen, einer Methode, die schon in der Logik gebraucht worden ist, bedienen dürfte, so würde ich diese Gradation durch folgendes Schema darzustellen suchen, welches das ganze Gebiet

Die Rechte des Menschen in der bürgerlichen Gesellschaft können nichts anders seyn, als seine wahren Vortheile; und diese ergeben

des Begriffs der Erlaubtheit umfassen und bezeichnen soll.

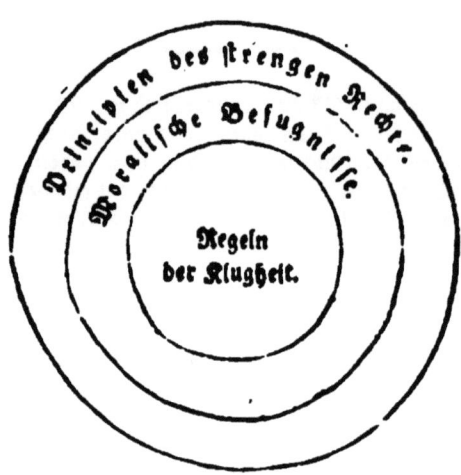

Dieses Schema zeigt, wie die Sphäre der (erlaubten) Klugheit ganz in den beyden andern Sphären, die Sphäre der moralischen Befugniß ganz in der Sphäre des strengen Rechts eingeschlossen ist; wie aber nur ein Theil der Sphäre des strengen Rechts in den beyden andern Sphären, und ein Theil der Sphäre der moralischen Befugniß in der Sphäre der Klugheit liegt. Es zeigt zugleich, daß die Principien des Rechts in so weit sie nicht in eine der andern Sphären eingreifen, die Extreme der erlaubten Handlungen sind, dagegen die Sphäre der (erlaubten) Klugheit der wahre Vereinigungspunkt aller praktischen Weisheitsprincipien in jedem Sinne dieses Worts ist.

Die Unbestimmtheit, Verworrenheit und Dunkelheit, die in mancher Stelle des Burkischen Raisonnements liegt, rührt größtentheils daher, daß er dem Ausdruck: Recht, nicht seine reine Bedeutung ließ, sondern ihn bald in dieser, bald in der viel weitern und schwankendern von moralischer Befugniß, bald in der ganz unzulässigen von

sich gewöhnlich nur aus einer sehr mühsamen Schätzung und Vergleichung zwischen Gewinnst auf einer, und Gewinnst auf der andern Seite, oft zwischen Gewinnst und Verlust, zuweilen zwischen Verlust und Verlust. — Politische Vernunft ist das Princip einer moralischen Rechenkunst, einer Wissenschaft, moralische Größen, nicht metaphysisch, oder mathematisch, sondern moralisch zusammenzusetzen, und abzuziehen, zu vervielfachen und zu theilen.

In den sophistischen Theorien dieser Neuerer wird das Recht des Volks fast immer mit seiner Macht verwechselt. Freylich kann dem großen Haufen in einem Staat, wenn er sich in

F 4

Uebereinstimmung mit den Regeln der Klugheit, gebrauchte. Dies ist auch die Ursach, weshalb er — trotz seiner ausdrücklichen Erklärung, daß es ihm nie einfallen würde, die wahren Rechte des Menschen anzugreifen — oft den Verdacht gegen sich erregt hat, und sehr häufig beschuldigt worden ist, daß er diese Rechte verspotten wolle.

Das Lächerliche in dem Verfahren derer, die die neue Constitution von Frankreich auf das, was sie die Rechte des Menschen nannten, zu erbauen Willens waren, lag nicht in ihrem Forschen nach diesen Rechten und in ihrer Ehrfurcht vor ihnen. Wenn dieses Forschen auch ohne Erfolg, wenn diese Ehrfurcht auch schwärmerisch gewesen wäre, so hätten sie allemahl, wo nur nicht Heuchelei im Spiele war, Beyfall und Achtung verdient. Aber daß sie mit diesen Rechten auszureichen gedachten, daß sie mit diesen bloßen Rechten ausgerüstet einen Staat, der noch ganz andre Materialien erfordert, zu errichten träumten, das war das Kindische in ihrem Unternehmen. Der, welcher eine Fahrt durch den unermeßlichen Ozean wagen will, und damit anfängt, daß er sich den Polarstern bekannt macht, wird von keinem Sachverständigen getadelt werden! aber wenn er hier seine Vorbereitung endigt, wenn er im thörichten Vertrauen auf diese leere Prälimi narkenntniß, ohne Steuerruder, und Kompaß, und Seeuhr, und Charten, in einer leichten Barke die Reise um die Welt beginnt, so wird er als ein Idiot verlacht, und zeitig genug als ein Tollkühner gestraft werden. Anmerk. des Uebers.

Bewegung ſetzt, nichts wirkſam widerſtehen. Aber deßhalb hat
doch, ſo lange noch Recht und Macht nicht Eins ſind, die ganze
Volksmaſſe kein Recht das mit Moralität und Tugend, kein
wahres Recht, das mit der oberſten aller politiſchen Tugenden —
der Klugheit unvereinbar wäre. Die Philoſophie des wahrhaft
erleuchteten Kopfs kan dem Menſchen kein Recht auf das, was
ſeine Vernunft verwirft, auf das, was ſeine Glückſeligkeit zerſtöhrt
einräumen. Denn, wenn gleich ein ſcherzhafter Schriftſteller
ſagt:

> „Laßt dem Poeten doch Freyheit, ſobald es ihm Ernſt iſt,
>   zu ſterben.“ *)

als er von einem ſprach, der bey kaltem Blute in den flammen-
den Aetna ſprang, ſo iſt dies eine poetiſche Licenz und noch oben-
ein eine ſolche, die die Privilegien des Dichters kaum rechtfertigen
können: mag es aber ein Dichter, oder ein Geiſtlicher oder ein
Staatsmann ſeyn, der ſich ein ſolches Verfahren erlaubt, mich
würden andre Grundſätze, die ich für weiſer halte, weil ſie menſch-
licher und wohlthätiger ſind, antreiben, den Mann lieber zu
retten, als mit der Gelaſſenheit eines neumodiſchen Beobachters ſeine eiſernen Schuhe zum Denkmal ſeiner Tollheit aufzube-
wahren.

Wenn die jährlichen Freyheitspredigten, auf welche ſich ein
großer Theil meiner Betrachtung bezieht, auch nicht die Folge haben,
daß ſie die Menſchen durch die immer-wiederkehrende lebhafte
Erinnerung an das Vergangne aus ihrer gegenwärtigen Ruhe
aufſtöhren, ſo werden ſie doch ſicherlich manchen, um die Grundſätze, auf welche die Revolution gebaut iſt, und um das
eigentlich wohlthätige in dieſer Begebenheit bringen. Ich geſtehe
es frey: ich habe dies beſtändige Geſchwätz von Widerſtand und
Revolution immer gehaßt: ich kann es nicht ertragen, daß man
die letzte Arzney eines Staats in ſein tägliches Brodt zu verwandeln ſucht. Dies führt ein gefährliches Kränkeln in die
ganze Lebensweiſe des geſellſchaftlichen Körpers ein. Merku-
rialmittel werden, ſtatt für verzweifelte Krankheiten aufbe-

*) Liceat perire poetis.

wahrt zu bleiben, nach und nach in gewöhnliche Speise verkehrt, und Cantharidentränke zu Anfachung unserer Freyheits- liebe, wie gemeines Waffer verschluckt.

Wenn diese Arzeneysucht überhand nimmt, so ist es kein Wunder, daß die eigentlichen Springfedern solcher Kräfte, die bey großen Gelegenheiten hervorgehen sollen, weil sie unaufhör- lich angespannt und für nichtswürdige Chimären abgenutzt werden, erschlaffen und nachlaffen. Bey den Römern war die Zeit der geduldigsten Knechtschaft gerade die, wo Deklamationen über Ty- rannenmord die gewöhnlichen Redeübungen der Schuljugend wa- ren *). Im gewöhnlichen Lauf der Dinge und in einem Staat wie der unsrige hat diese Schwärmerey allemal verderbliche Wirkungen, verderblich für die Sache der Freyheit selbst, die sie durch zügellose Ausschweifungen zu Grunde richtet. Fast alle hochfliegende Republikaner meiner Zeit sind über kurz oder lang die entschiedensten Anhänger des Hofes geworden, und haben das Geschäft eines langsamen, mäßigen, aber prakti- schen Widerstandes denen unter uns überlaffen, die sie, berauscht von ihren stolzen Theorien, für nichts beffers als Hoffchranzen an- gesehen hatten. Ich sage nichts von der Heucheley die sich immer zu den übertriebensten Spekulationen hält, weil es dem der fest entschloffen ist bey Worten stehen zu bleiben, wenig koftet, sich der erhabensten Worte zu bedienen. Wenn auch nichts als Leicht- finn, und kein Betrug, solchen ausgelaßnen Syftemen zum Grun- de liegt, der Ausgang ist immer derselbe. Sobald diese Schul- gelehrten bemerken, daß ihre hochgespannten Grundsätze da, wo es auf gemilderten, und, so zu sagen, bürgerlichen und gesetz- mäßigen Widerstand ankömmt, nicht anwendbar sind, so geben sie lieber gleich alle Art von Widerstand auf. Sie wollen Krieg und Revolution haben, oder sie wollen nichts. Da sie sehen, daß ihre politischen Entwürfe in die Umstände unter denen sie leben nicht paffen, so werden sie gegen alle Grundsätze der öffentlichen Wohlfahrt ganz gleichgültig, und sind immer bereit, einem sehr geringen Vortheil das, was in ihren Augen nur einen sehr gerin-

F 5

*) Cum perimit faevos claffis numerofa tyrannos.

gen Werth hat, aufzuopfern. Einige sind freylich standhafter und ausdaurender: aber das sind rüstige Winkelpolitiker, die von allen öffentlichen Geschäften entfernt leben, und folglich nicht in die Verführung kommen, ihren Lieblingsideen untreu zu werden. Sie haben beständig eine Veränderung in Kirche oder Staat, oder in beyden zugleich vor Augen. Wenn dies der Fall ist, so sind sie allemal unzuverläßige Gefährten und schlechte Bürger. Denn da sie auf ihre spekulativen Projekte einen unendlichen Werth, auf die gegenwärtige Verfassung des Staats gar keinen legen, so ist das beste, was man von ihnen zu erwarten hat, daß sie sich gar nicht darum bekümmern. Sie finden in einer guten Verwaltung der öffentlichen Angelegenheiten kein Verdienst, und achten es nicht der Mühe werth, eine schlechte zu tadeln: sie freuen sich sogar über die letzte, weil sie einer Revolution günstiger ist. Der Werth oder Unwerth jedes Menschen und jeder Handlung, und jedes politischen Princips wird nur aus dem einzigen Gesichtspunkt der Tauglichkeit oder Untauglichkeit zu ihren Veränderungsprojekten beurtheilt. Daher halten sie es heute mit der gewaltsamsten Ausdehnung der Königlichen Prärogative, morgen mit den wildesten Freyheitsbegriffen ausgelaßner Demokraten, und gehen von einer Seite auf die andre ohne irgend eine Rücksicht auf Sache, Personen oder Partheyen über.

Frankreich ist jetzt in der Crise einer Revolution und auf dem Uebergange von einer Regierungsform zu einer andern: die Gattung von Leuten, die ich hier schildre, kan sich also dort nicht in der Gestalt zeigen, in der sie bey uns erscheint: bey uns ist sie streitend, dort ist sie triumphirend, und Jedermann weiß jetzt was sie vermag, wenn ihre Macht ihrem Willen angemessen ist. Ich bin weit entfernt, das, was ich gesagt habe, auf eine einzelne Classe von Menschen, oder auf alle Menschen einer gewissen Classe einzuschränken. Das sey fern von mir! Dieser Ungerechtigkeit bin ich so wenig fähig, als jener Ausschweifungen. Ich für meinen Theil kann freylich nie mit Leuten, welche Extreme zu ihren Principien machen, und unter dem Namen der Religion wilde und gefahrvolle politische Maximen vortragen, gemeinschaftliche Sache machen. Das schlimm-

ste bey dieser Revolutionspolitik ist immer: daß sie die Gemü,
ther abhärtet, um sie zu den verzweifelten Entschlüssen vorzu,
bereiten, zu denen man in der äußersten Noth bisweilen seine
Zuflucht nehmen muß. Da diese äußerste Noth aber vielleicht
nie vorhanden seyn wird, so empfängt die Seele den verderb,
lichen Eindruck umsonst: und das moralische Gefühl wird zer,
stöhrt, ohne daß ein politischer Zweck durch das Einimpfen der
Bösartigkeit befördert würde. Diese Leute sind so voll von ih,
ren Theorien über die Rechte des Menschen, daß sie seine
Natur gänzlich vergessen haben. Ohne dem Verstande eine
einzige neue Bahn zu eröfnen, haben sie alle die Zugänge ver,
stopft, welche zum Herzen führten. Sie haben in sich selbst
und in denen welche ihren Lehren folgen, alle wohlgeordneten
sympatetischen Neigungen des Gemüths umgekehrt und aus,
gerottet.

Dieser Geist und nichts als dieser Geist athmet in dem
ganzen politischen Theil jener berühmten Old, Jewry, Predigt.
Verschwörungen, Blutbäder, Meuchelmord, sind für gewisse
Leute ein nichtsbedeutender Preis, wenn eine Revolution zu er,
kaufen ist. Eine wohlfeile, unblutige Reform, eine schuldlose
Freyheit dünkt ihrem verwöhnten Gaumen schaal und unschmack,
haft. Es müssen schlechterdings große Verwandlungen vor,
kommen, es muß Lärm und Prunk und Theaterstreiche abgeben,
es muß ein furchtbares Schauspiel aufgeführt werden, um die
Einbildungskraft aus ihrem Schlummer zu wecken, sie aus
der langen Erstarrung zu reißen, zu welcher der schläfrige Genuß
einer vieljährigen Sicherheit, und die lebenlose Stille einförmi,
ger Wohlfahrt sie verdammt hatte. In der französischen Revo,
lution fand der politische Prediger alles, was er suchte. Diese
Begebenheit breitet eine jugendliche Wärme über sein ganzes
Wesen aus. Sein Enthusiasmus entzündet sich immer mehr, je
weiter er fortschreitet. Beym Schluß seiner Rede steht er in
hellen Flammen. Dann erblickt er von der heiligen Höhe sei,
ner prophetischen Kanzel, wie in einem Lustprospekt eines ge,
lobten Landes, den freyen, gesitteten, glücklichen, blühenden
Zustand von Frankreich, und bricht in folgende Entzückung
aus:

„Welch eine Thatenreiche Periode ist die gegenwärtige!
„Mein Herz ist voll Dankes daß ich sie erlebt habe. Fast möch-
„te ich sagen: Herr, nun lässest du deinen Diener in
„Frieden fahren, denn meine Augen haben deine
„Erlösung gesehen. — Ich habe erlebt, daß allgemeine
„Verbreitung des Lichts den Aberglauben und den Irrthum un-
„tergraben hat. — Ich habe es erlebt, daß dreyßig Millionen
„Menschen herzhaft das Joch abschüttelten, und mit unwidersteh-
„licher Stimme nach Freyheit riefen: daß sie ihren König
„in ihrem Triumphsaufzug einführten, und daß ein
„uneingeschränkter Monarch sich an seine Unterthanen ergeben
„mußte.‟

Ehe ich weiter gehe, kann ich nicht unbemerkt lassen, daß Dr.
Price die gewaltige Erleuchtung, die er in seinem Zeitalter erworben und weiter verbreitet hat, sehr über ihren Werth erhebt.
Das vorige Jahrhundert scheint mir um nichts weniger aufgeklärt gewesen zu seyn. Es brachte, obgleich an einem andern Ort
einen eben so merkwürdigen Triumph hervor, als der, welchen die
Revolutionsgesellschaft feyerte, und einige der vornehmsten Prediger damaliger Zeit nahmen einen eben so lebhaften Antheil daran, als Dr. Price an dem Triumph in Frankreich. Bey dem
Verhör des bekannten Hugh Peters *), wurde unter andern
ausgesagt, daß dieser Apostel der Freyheit an dem Tage, da König Carl I. nach London gebracht worden war, um verurtheilt zu
werden, den Triumphszug angeführt hatte. Ich sah, sagt einer der Zeugen, den König in einer Kutsche mit 6 Pferden und
Peters im Triumph vor dem Könige herreiten. Dr. Price
spricht, als hätte er eine neue Entdeckung gemacht, und er folgte
blos einem ältern Beyspiel: denn nach der Eröfnung des Proces-
ses gegen den König hielt der Vorläufer unsers Propheten, der
nehmliche Dr. Peters in der Königlichen Kapelle zu Whitehall,
(er hatte sich seinen Schauplatz triumphirend genug aus-

---

*) Hugh Peters war der Kaplan des Cromwell, ein wüthen-
der Schwärmer und erklärter Feind, nicht blos des Königs,
sondern aller Königlichen Herrschaft. Nach der Restauration
Carls des Zweyten, im Jahr 1660, wurde ihm der Proceß gemacht, und der Kopf abgeschlagen. A. d. U.

gesucht) ein langes Gebet, welches er mit folgenden Worten schloß: „Ich habe zwanzig Jahre lang gebetet und gepredigt. Aber jetzt „kan ich mit dem alten Simeon sagen: Herr, nun lässest du deinen „Diener in Frieden fahren, denn meine Augen haben deine Er= „lösung gesehen." Peters genoß nun freylich die Früchte seines Gebets nicht: denn er schied weder so früh als er wünschte, noch in Frieden: er ward (was der Himmel von jedem seiner Nach= folger in Gnaden abwenden wolle) selbst das Opfer des Triumphs den er als Priester angeführt hatte. Man ging zur Zeit der Re= stauration zu hart mit diesem armen Manne um: aber wir sind seinem Andenken und seinen Leiden die Gerechtigkeit schuldig, daß er eben so viel Aufklärung und Eifer besaß, und den A b e r g l a u = b e n und I r r t h u m, der der Erreichung seines Zwecks im Wege stand, eben so kräftig untergraben hatte, als irgend einer seiner Schüler und Nachfolger in diesem Jahrhundert, das sich so gern den Ruhm, die Rechte des Menschen zu kennen, und die glänzende Früchte dieser Erkenntniß ausschließend zueignen möchte.

Nachdem der merkwürdige Ausfall des Old=Jewry=Predi= gers, von jener begeisterten Rede im Jahr 1648 nur in Zeit und Ort verschieden, vorüber war, erhoben sich die Mitglieder der Revolutionsgesellschaft, die Baumeister neuer Staatsverfassungen, die heldenmüthigen Monarchenstürzer, und Regentenwähler, und Triumphirer über Könige, im Selbstbewußtseyn eines gerechten Stolzes auf die hohen Einsichten die sie in so reichem Maße er= halten hatten, von ihren Sitzen, und eilten, das neu=aufge= gangne Licht über die Welt zu verbreiten. Aus der Kirche der Old=Jewry begaben sie sich in die London=Tavern, wo derselbe Dr. Price, in welchem der Dunst des propheißschen Dreyfußes noch nicht verflogen war, die berühmte Glückwünschungsadresse vorschlug, welche durch Lord Stanhope an die National=Ver= sammlung befördert wurde.

Mich dünkt, ein Prediger der Religion des Friedens, ent= weiht jenen rührenden prophetischen Ausruf, mit welchem der Stifter dieser Religion bey seiner ersten Erscheinung im Tempel begrüßt ward, wenn er ihn in unnatürlicher Begeisterung auf das

schreckenvollste, grausamste, und niederschlagendste Schauspiel anwendet, das jemals Mitleid und Entsetzen in einer menschlichen
Brust geweckt hat *) Dieses „Einführen im Triumph" welches
den Redner zu einer so unheiligen Entzückung hinriß, muste ein
Signal der Empörung für das sittliche Gefühl jedes wohlgearte-
ten Gemüths seyn. Verschiedne Engländer waren, in Erstaunen
und Abscheu verlohren, Zeugen dieses unerhörten Triumphs Es
war ein Schauspiel, ähnlich einem Aufzuge amerikanischer Wilden, wenn sie von einem wohlgelungnen Gemetzel, das sie einen
Sieg nennen, nach Onondago zurückkehren, und ihre unglücklichen Gefangnen gebeugt und erdrückt unter den Beschimpfungen
und Faustschlägen von Weibern, wilder als sie selbst, in Hütten
führen, wo rings umher die Hirnschädel der Erschlagenen ihr na-
hes Schicksal ihnen zuwinken: — weit ähnlicher einem solchen,
als dem Triumphspomp einer gesitteten, kriegerischen Nation, wenn
anders eine gesittete Nation, oder irgend ein Mensch der noch
einen schwachen Ueberrest von Großmuth in sich fühle, jemals fähig wäre, den Gefallnen und den Gekränkten zum Gegenstande
eines persönlichen Triumphs zu machen.

*) Die Verführer des französischen Volks haben dadurch, daß sie
seit drey Jahren Gräuel auf Gräuel häuften, und jede ihrer
Schandthaten zu einem Gerüst machten, worauf sie andre und
gröstre Schandthaten thürmten, hinlänglich dafür gesorgt, daß
der Hauptgegenstand der folgenden Schilderungen, die Begebenheiten vom 5ten und 6ten October 1789, den tiefen und
schauervollen Eindruck jetzt nicht mehr machen, den sie zu einer
Zeit, wo man noch mit voller Wahrheit sagen konnte:
   Non viget quidquam simile aut secundum.
nirgends verfehlen konnten. Indessen ist selbst das, daß diese
Scenen die ersten ihrer Art in der civilisirten Welt
waren, ein Umstand, der sie zu einem der merkwürdigsten
Punkte in der Geschichte dieser beyspiellosen Revolution macht.
Für das Gefühl der leidenden Personen waren sie vielleicht
schrecklicher, als irgend eine der folgenden, weil der Stachel des Schmerzens und der Schmach der unter so mannichfaltigen Schlägen und in einer solchen Einförmigkeit der Qualen und Gefahren aller Art gewaltig abgestumpft werden muste,
hier noch so frisch und tief verwunden konnte. In mehr als
einer Rücksicht verdienten diese Thaten daher, von einer Mei-
sterhand gezeichnet zu werden. A. d. U.

Dies, mein Freund, war nimmermehr der Triumph Frank,
reichs. Ich kan nicht aufhören zu glauben, daß diese Begeben,
heiten die Nation im Ganzen mit Schrecken und Scham erfüllt
haben. Ich kan nicht aufhören zu glauben, [*]), daß die Natio,
nal-Versammlung in ihrer Unfähigkeit die Urheber dieses Triumphs
oder die Theilnehmer an demselben zu bestrafen, ihre größte Er,
niedrigung finden, und daß sie in einer Lage seyn muß, wo jede
freye und unpartheyische Untersuchung dieser Gräuel schlechter,
dings unmöglich ist. Die Umstände, unter denen die National,
Versammlung existirt, sind ihre Rechtfertigung für ihr Betragen
bey dieser That: aber es gehört ein verderbtes Gemüth dazu, um
freywillig das gut zu heissen, was die Mitglieder jener Versamm,
lung ertragen mußten.

Laßt uns einen Blick auf diese tyrannisirten Tyrannen wer,
fen. Zum Gauckelspiel leerer Berathschlagungen verdammt, fas,
sen sie alle ihre Beschlüsse unter dem eisernen Scepter einer uner,
bittlichen Nothwendigkeit. Sie sitzen in der Mitte ihres Reichs
als säßen sie im Mittelpunkt einer fremden Republik; sie haben ih,
re Residenz in einer Stadt, deren jetzige Verfassung weder von ih,
rem Könige, noch von ihrer gesetzgebenden Gewalt ausgeflossen
ist. Sie sind umringt von einer Armee die weder der Wille der
Krone, noch der ihrige zusammen berufen hat, und von der sie,
wenn es ihnen einfallen sollte, sie abzudanken, auf der Stelle selbst
abgedankt werden würden. Da sitzen sie nun, nachdem alles un,
ter ihnen, was noch Mäßigung kannte und Mäßigung in die Ge,
walt gebracht hätte, vor einer Mörderbande geflohen ist, — der
Auswurf und die Hefen der wildgährenden Masse, zum Schein
geleitet, und geführt von solchen, die sie auch nicht einmal eines
verstellten Zutrauens würdigen. Da sitzen sie, aller Gesetzgebung
zum Spott, und wiederholen in ihren Dekreten die Worte derer,
die sie verabscheuen und verachten. Selbst Gefangene zwingen sie
einen gefangnen König den schmutzigen Unsinn ihrer zügellosesten

---

[*]) Er kannte den Bericht des Herrn Chabroud, und die dar,
auf folgenden Debattten im Oktob. 1790 noch nicht. Anmerk,
des Uebers.

Kaffeehäuser als Königliche Verordnung unter der dritten Hand auszugeben. Es ist weltkundig, daß alles, was sie beschließen sollen, schon entschieden ist, ehe sie es verhandeln. Es ist außer allem Zweifel, daß die Furcht vor Bajonetten und Laternenpfählen, und die Pechfackel die ihren Häusern droht, sie zwingt, alle die unverdaueten und verzweifelten Maßregeln anzunehmen, die ihnen ihre Clubbs, ein scheußliches Gemisch von Menschen aus allen Ständen, Zungen und Völkern vorschreiben. In diesen Clubbs herrschen Menschen, gegen welche ein Catilina gewissenhaft, ein Cethegus nüchtern und gemäßigt erscheinen würde Und nicht in diesen Clubbs allein werden die Staatsoperationen in Mißgeburten geformt. Erst müssen sie in Akademien, welche die Pflanzschulen dieser Clubbs sind, umher geworfen, und verzerrt werden. In allen diesen Gesellschaften hält man jeden Anschlag, wenn er nur tollkühn, und gewaltsam und treulos ist, für das Kennzeichen eines überlegnen Geistes. Menschlichkeit und Mitleid werden als Kinder des Aberglaubens und der Unwissenheit verlacht. Zärtlichkeit gegen Einzelne heißt Verrätherey gegen den Staat. Freyheit ist nicht anders vollkommen, als wenn es keine Sicherheit für das Eigenthum mehr giebt. Unter Vorbereitungen zu Mordthaten und Plünderungen, und sogar mitten im Laufe derselben, schmieden sie Plane zur Einführung guter Ordnung bey künftigen Generationen. Während daß sie die Leichname der niedrigsten Bösewichter mit Ehrenbezeugungen überhäufen, und in jedem Missethäter ihren Bruder umarmen, zwingen sie tausende von ehrliebenden Bürgern ihres Gleichen zu werden, weil sie ihnen nur die Wahl zwischen dem Bettelstabe und dem Verbrechen übrig lassen.

Die National-Versammlung, die nichts weiter als das letzte Sprachrohr dieser Gesellschaften ist, treibt das Possenspiel ihrer Debatten mit eben so wenig Anstand als Freyheit. Sie spielen wie Jahrmarktsgaukler vor einem ausgelaßnen Pöbel unter der tumultuarischen Mitwirkung einer vermischten Horde von tollen Patrioten und schamlosen Weibern, die nach den Eingebungen ihrer ungebändigten Launen Befehle geben, Stillschweigen gebieten, auszischen und Beyfall zurufen, zuweilen sich unter die

Schauspieler mischen, ihre Plätze mit ihnen theilen, und in
ihrer seltsamen Oberherrschaft den Muthwillen der Sklaven mit
dem Uebermuth der Tyrannen vereinigen. So wie sie die Ordnung in allen Stücken verkehrt haben, so ist auch bey ihnen die
Gallerie das, was das Haus seyn sollte. Diese Versammlung, die
Könige und Königreiche über den Haufen wirft, hat nicht einmal
die Form und das äussere Ansehen einer gesetzgebenden Versammlung *). Sie hat, wie ein böses Urprincip in der Natur blos
die Macht, umzustürzen und zu zerstöhren, aber keine Macht etwas zu bauen, es müsten denn Maschinen zum fernern Umsturz
und zur fernern Zerstöhrung seyn.

Wer kan auf den Titel eines Bewunderers, eines aufrichti-
gen Freundes repräsentativer Versammlungen, Ansprüche machen,
und sich nicht mit Grauen und Ekel von solch einer entweihenden
Carrikatur und empörenden Verfälschung jenes heiligen Instituts
wegwenden? Liebhaber der Monarchie, Liebhaber der Republiken, alle müssen es verabscheuen. Die Mitglieder dieser Versammlung müssen eine Tyranney beseufzen, von der die Schande
sie allein belastet, indeß sie am Gewinn nur geringen Antheil, am
Scepter gar keinen haben. Ich bin überzeugt, daß sehr viele von
diesen Mitgliedern, selbst von denen die zur Majorität gehören, trotz
dem Zujauchzen der Revolutionsgesellschaft so empfinden, wie ich.
— Unglücklicher König! Unglückliche Versammlung! welch
ein geheimes Grausen mußte alle, die noch Menschlichkeit und
Mäßigung kannten, anwandeln, als sie einige ihrer Gefährten
einen Tag, vor dem die Sonne am Himmel schen zurück zu treten
schien „einen schönen Tag" nennen hörten **)! Was mußten sie
fühlen, als andre ***) sich erkühnten zu versichern, „daß das Fahr-
„zeug des Staats jetzt rascher als je ans Ziel seiner Wiedergeburt
„gelangen würde", wenn sie bedachten, das der rauhe schneidende
Wind des Mordes und Hochverraths, der jenen Triumph an-

*) Nec color imperii, nec frons erat ulla senatus.

) Bailly.   *) Mirabeau.

kündigte, dieses Fahrzeug beflügeln sollte. — Was mußten sie
fühlen, als sie mit anscheinender Ruhe und innern Abscheu von
der Hinrichtung unschuldiger Edelleute, in ihren Schlössern sagen
hörten *): „ Daß das Blut, welches man vergessen hatte, wohl
„ nicht das reinste seyn möchte. “ — Was mußten sie fühlen,
als sie umlagert von Klagen über die Unordnungen, die ihr Vaterland in seinen Grundfesten erschütterten, den Unglücklichen keinen andern Trost zu geben hatten, als, daß sie unter dem Schutz
der Gesetze ständen, und daß die National-Versammlung sich an
den König (an den gefangnen König) wenden wollte, damit die
Gesetze in Ausübung gebracht würden, nachdem ihnen bereits die
gefesselten Minister dieses gefangnen Königs förmlich angekündigt
hatten, daß es weder Gesetze, noch Regierung, noch irgend eine
beschützende Gewalt mehr im Reiche gäbe? — Was mußten sie
fühlen, als sie sich genöthiget sahen, ihren gefangenen König in
einer Neujahrsaddresse zu bitten, daß er die stürmische Periode
des vergangenen Jahres in Rücksicht auf alles das Gute, welches
Er seinem Volke stiften würde, vergessen möchte? Als sie ihn in
dieser merkwürdigen Adresse versicherten, daß sie ihm, wenn nur
alles dieses Gute erst erreicht seyn würde, auch treu und ergeben
seyn, das heißt, daß sie ihm gehorchen wollten, wenn er gar nicht
mehr würde befehlen können? —

Es war ein gar sonderbarer Geist der Liebe und des Wohl-
wollens, der diese Adresse eingab. Aber unter den vielfachen
Revolutionen in Frankreich muß man eine sehr auffallende Revolution in den Ideen von Höflichkeit und Wohlstand nicht übersehen. Man sagt gewöhnlich, wir Engländer erhielten unsre
Sitten aus der zweiten Hand von unsern Nachbarn jenseits des
Meeres, und kleideten unser Betragen in Frankreichs abgetragne
Manieren. Wenn dem so ist, so sind wir auch für diesmal noch
in den alten Kleidern und haben die neue Parisermode noch nicht
genug studiert, um eine sonderliche Feinheit darin zu finden, wenn
man (gleichviel, in einem Glückwunsch oder in einer Beyleidsbe-

*) Barnave,

2

zeugung) dem gebeugtesten aller Gefallnen auf dieser weiten Erde
versichert, daß aus der Ermordung seiner Diener, aus den Versuchen ihn selbst und seine Gemahlin hinzurichten, aus den Krän-
kungen, der Erniedrigung und der Beschimpfung die er in seiner
eignen Person erlitten hat, dem Staat wesentliche Vortheile er-
wachsen sollten. Bey uns würde der gemeinste Criminalrichter zu
menschlich seyn, um sich eines solchen Trostgrundes gegen einen
Verbrecher am Fuß des Galgens zu bedienen. Ich sollte meynen,
selbst der Scharfrichter zu Paris, besonders seitdem ihn das
Dekret der Nationalversammlung zu Ehren erhoben, und ihm
Rang und Wappen in dem neuen Diplomenbuche der Rechte des
Menschen angewiesen hat, müßte zu großmüthig, zu wohlerzogen
seyn, um von diesem schneidenden Troste gegen einen der Unglücklichen Gebrauch zu machen, welche die beleidigte Nation unter die Werkzeuge seiner executiven Gewalt bringen
wird.

Wahrlich, wer auf solche Weise getröstet wird, muß tief gefallen seyn. Wenn der schmerzstillende Trank der Vergessenheit
mit solchen Ingredienzen vermischt wird, dann dient er gerade
dazu, eine quälende Schlaflosigkeit zu wirken, und die eiternde
Wunde einer nagenden Rückerinnerung zu nähren. So dem verzweifelten Kranken den Opiumtrank reichen, nachdem man ihn
mit allen Bitterkeiten des Spotts und der Verachtung gewürzt
hat, heißt, ihm statt des Balsams verwundeter Gemüther den
Becher des menschlichen Elends voll bis an den Rand an seine
Lippen halten, und ihn gewaltsam bis auf die Hefen austrinken
laßen.

Freilich wird sich der König von Frankreich aus Bewegungsgründen die eben so dringend sind, als die in der Neujahrsaddresse
mit so vieler Feinheit berührten, Mühe geben, jene Begebenheiten und diese Addresse zu vergessen. Aber die Geschichte, die
ihr daurendes Protokoll über gute und böse Thaten führt, und
ihr furchtbares Censuramt auf Regenten aller Art ausdehnt, die
Geschichte wird weder jene Begebenheiten noch die Epoche dieser
merkwürdigen Verfeinerung in allen menschlichen Verhältnissen

G 2

vergeſſen. Die Geſchichte wird es aufbewahren: daß am Morgen des 6ten Oktobers 1789 der König und die Königin von
Frankreich nach einem Tage voll Verwirrung, Schrecken, Gräuel
und Blutvergießen ſich niedergelegt hatten, um unter dem Panier
ausdrücklich verpfändeter öffentlicher Sicherheit die ermattete
Natur durch wenige Stunden der Erholung und einer fieberhaf-
ten, melancholiſchen Ruhe zu erquicken. — Aus dieſem Schlaf
ſchreckte die Königin die Stimme des Wächters an ihrer Thür
auf, der ihr zuſchrie, daß ſie ſich retten ſollte, daß dies der letzte
Dienſt wäre, den er ihr leiſten könnte, daß er ſeinen Tod vor
Augen ſähe, daß er jetzt unterläge. — Augenblicklich ward er
darnieder gehauen. Eine Rotte heilloſer Räuber und Mörder
brach, triefend von Blut in das Zimmer der Königin ein, und
durchſtach mit hundert Bajonetten und Dolchen das Bette, von
welchem dieſe verfolgte Frau nur ſo eben gefloßen war, um auf
Wegen, welche die Kannibalenhorde nicht kannte, ihre letzte Zuflucht zu den Füßen eines Königs und eines Gemahls zu nehmen,
der ſein eignes Leben nicht einen Augenblick in Sicherheit ſah.

Nachdem dieſes vollbracht war, zwangen ſie dieſen König
und dieſe Königin, und ihre zarten Kinder, (die ſonſt der Stolz
und die Hoffnung eines großen und edelmüthigen Volks geweſen
wären) das Heiligthum des glänzenden Pallaſtes der Welt,
ſchwimmend in Blut, beſudelt durch Mörderfußſtapfen, mit zer-
ſtückelten Gliedern und verſtümmelten Leichnamen beſät, zu ver-
laſſen. Von hier führte man ſie in die Hauptſtadt ihres Reichs.
Zwey junge Edelleute von den beſten Familien waren ausgeſon-
dert worden, als das Mordſchwerdt ohne Veranlaſſung, ohne
Widerſtand und ohne Anſehen unter den braven, treuen, ſchuld-
loſen Leibgarden des Königs gewüthet hatte. Dieſe beyden unglücklichen Jünglinge wurden mit allem Pomp einer gerichtlichen
Execution öffentlich zum Block geſchleppt, und im großen Schloß-
hofe barbariſch enthauptet. Ihre Köpfe auf Spieße geſteckt er-
öffneten den Zug, und die Königlichen Gefangnen, die ihnen
folgten, wurden langſam dahergezogen, mitten unter dem ſchmet-
ternden Gejauchze, und dem gellenden Zetergeſchrey, und den

scheußlichen Tänzen, und den niedrigsten Schmähworten und den wüthendsten Verwünschungen höllischer Furien, die die lügenhafte Gestalt der verworfensten Weiber angenommen hatten. — Nachdem sie so, auf der langsamen Folter einer Reise von drey Meilen, die in sechs grausame Stunden ausgereckt wurde, alle Quaalen des nahen Todes, und mehr als die Bitterkeit des Todes geschmeckt, Tropfen für Tropfen geschmeckt hatten, wurden sie unter einer Leibwache von denselben Soldaten, welche die Anführer dieses unglaublichen Triumphs gewesen waren, in eins der alten Schlösser von Paris eingesperrt, das nunmehr in eine Bastille für Könige verwandelt worden war.

Ist dies ein Triumph, den man am Altare feyert? den man mit Jubelliedern begrüßt, wofür man den Gott der Liebe heiße Gebete und enthusiastische Entzückungen darbringt? — Nein! diese thebanischen und thrazischen Bachanalien, in Frankreich aufgeführt und nur in der Old-Jewry gepriesen, entzünden gewiß in wenig Bewohnern dieses Reichs jene unbegreifliche Begeisterung. Immerhin mag sich ein Heiliger und ein Apostel, der seine besondern Offenbarungen haben muß, und der den niedrigen Aberglauben schwacher Seelen bis auf die letzte Spur überwunden hat, ihr überlassen, wenn er es vor seinem Stande und vor seiner Frömmigkeit zu verantworten glaubt, daß er es wagte, jene Schandscenen mit dem Eintritt des Friedefürsten in die Welt zu vergleichen, so wie ihn ein ehrwürdiger Weiser im heiligen Tempel, so wie ihn nicht lange vorher die Stimme der Engel der stillen Unschuld der Schäfer verkündiget hatte.

Anfänglich ward es mir schwer, die unvorsichtigen Ausbrüche dieser unbescheidnen Freude zu erklären. Ich mußte freylich, daß für gewisser Leute Gaumen die Leiden der Monarchen eine Lieblingsspeise sind. Doch schien es mir in mancher Rücksicht so leicht, wenigstens die Aeußerung der Sehnsucht nach solcher Speise in gewissen Schranken zu halten. Aber als ich auf Einen Umstand aufmerksam ward, begriff ich auf einmal, daß man der Revolutionsgesellschaft viel zu Gute halten muß, und

G 3

daß die Versuchung für Menschen von gewöhnlichen Fähigkeiten, offenbar zu stark war. Dieser Umstand ist — das neue Triumphslied, der Jo-Päan, das wilde Geschrey: „Alle Bischöfe an den Laternenpfahl," das jenen merkwürdigen Tag noch merkwürdiger machte. Die glückliche Aussicht, die dieser bedeutungsvolle Gesang eröffnete, konnte freylich zu brennenden Entzückungen begeistern. Man verzeiht in einem solchen Enthusiasmus eine kleine Abweichung von den Vorschriften der Klugheit. Man verzeiht es einem Propheten, wenn er in Hymnen und Danklieder über eine Begebenheit ausbricht, die in dem Untergang aller kirchlichen Verfassung die Ankunft des tausendjährigen Reichs, und der längst erwarteten fünften Monarchie zu verheißen schien *). — Indessen gab es doch hier wie in allen menschlichen Begebenheiten etwas, woran die Welt verbesserermitten in ihrer Wonne ihre Geduld üben, und die Standhaftigkeit ihres Glaubens prüfen konnten. Die wirkliche Ermordung des Königs und der Königin und ihrer Kinder fehlte noch, um die Hoffnungen dieses „schönen Tages" zu krönen: auch die wirkliche Hinrichtung der Bischöfe fehlte noch, so laut die frommen Wünsche gottseliger Patrioten sich auch offenbart hatten. Eine Gruppe von Königsmord und Priestermord war wirklich mit dreister Hand entworfen: aber es blieb bey dem Entwurf. Unglücklicherweise konnte diese Gruppe in dem großen Historiengemählde des Mordes der Unschuldigen, nicht ausgeführt werden. Welchem der großen Meister aus der Schule der Menschenrechte es vorbehalten seyn mag, dies Gemählde mit kühnern Pinsel zu vollenden, wird die Zeit lehren. Noch ist die Menschheit nicht

*) Das tausendjährige Reich, und die fünfte Monarchie, sind bekannte Chimären älterer Religionsschwärmer, mit denen der Verfasser den Dr. Price und sein Dissenters-Auditorium satyrisch verwechselt, und mit denen sie, wenn gleich nichts anders, doch die Sehnsucht nach dem Ende aller kirchlichen Verfassungen, und die Hoffnung, eine ewig unerreichbare Vollkommenheit menschlicher Einrichtungen realisirt zu sehen, gemein hatten. Anmerk. des Uebers.

zum vollständigen Genuß der Wohlthaten gediehen, die sie von
der Ausbreitung jenes Lichts, das Irrthum und Aberglauben
untergraben soll, erwartet: und der König von Frankreich wird
die wenigen Schläge, die ihn nun noch treffen mögen, wohl
gleich den vorigen vergessen über dem Anblick der Früchte seiner
Leiden und der patriotischen Schandthaten eines erleuchteten
Jahrhunderts.

Obgleich dieses Kunstwerk unsrer neuen Aufklärung und uns
ser neuen Einsichten nicht ganz so weit geführt worden ist, als
es nach aller Wahrscheinlichkeit geführt werden sollte, so dünkt
mich doch, daß eine solche Behandlung irgend eines menschlichen
Wesens jeden der nicht die Nerven eines Revolutionsstifters hat,
empören muß. Aber hier kann ich noch nicht stehen bleiben. Uns
fähig den angebohrnen Empfindungen meiner Natur zu widerste
hen, und nicht von dem kleinsten Strahle des neuen Lichtes er
leuchtet, bekenne ich frey, daß der hohe Rang der leidenden Per
sonen, und besonders das Geschlecht, die Schönheit und die lie
benswürdigen Eigenschaften der Tochter so vieler Könige und Kai
ser, so wie das zarte Alter der königlichen Kinder, die in glück
licher schuldloser Unwissenheit die Schmach nicht fühlten, die ihre
Aeltern zu Boden drückte, meine Betrübniß über diesen melancho
lischen Auftritt empfindlich vermehrt haben.

Ich höre, daß der Monarch, welcher der vornehmste Ge
genstand des Triumphs gewesen ist, ob er sich gleich aufrecht er
hielt, doch sehr viel unter diesen traurigen Begebenheiten gelitten
hat. Als einem Mann geziemte es ihm zu leiden, da er sein Weib
und seine Kinder in Gefahr und seine treuen Diener ringsum
her erschlagen sah: als einem Fürsten geziemte es ihm zu leiden,
da er diese wunderbar schreckhafte Metamorphose eines sonst so
gesitteten Volks erblickte: der Fall seiner Unterthanen mußte ihn
tiefer verwunden, als sein eigner. Was ein unbedeutender Vor
wurf für seine Standhaftigkeit seyn könnte, ist ein entschiedner
und ehrenvoller Lobspruch für seine Menschlichkeit. Es ist schmerz
haft, es ist äußerst schmerzhaft, einen Monarchen, wie dieser, in

einer Lage zu sehen, wo es anständig, wo es pflichtmäßig für
uns wird, die Tugenden der Großen zu preisen.

Ich höre, und ich bin zu froh zu hören, (denn, wer wünscht
nicht, die, welche bestimmt sind zu leiden, mit Würde leiden zu
sehen) daß die große Frau, welche der zweyte Gegenstand des
unmenschlichen Triumphs war, jenen Schreckenstag und alle folgenden Tage, und die Einschränkung ihres Gemahls, und ihre
eigne Gefangenschaft, und die Verbannung ihrer Freunde,
und den Schimpf der Addressen, und die ganze Last ihres gehäuften
Elends mit heitrer Geduld erträgt, so erträgt, wie es sich für
ihren Rang und für ihre Abkunft, wie es sich für die Tochter
einer Regentin schickt, die durch Muth und Standhaftigkeit
berühmt worden ist; daß sie den edeln Stolz dieser Mutter geerbt
hat; daß die Gesinnungen einer römischen Matrone in ihrer
Brust wohnen; daß sie in der letzten Noth wenigstens der
letzten Schmach entrinnen, und daß sie, wenn sie fallen soll,
durch keine unedle Hand fallen wird.

Es ist jetzt 16 oder 17 Jahr, als ich die Königin von Frankreich, damals noch als des Dauphins Gemahlin, zu Versailles
sah: und nie hat wohl diesen Erdkreis, den die leichte Götter-
gestalt kaum zu berühren schien, eine holdere Erscheinuug begrüßt. Ich sah sie, nur so eben über den Horizont aufgegan-
gen, den Schmuck und die Wonne der erhabnen Sphäre in
der sie jetzt zu wandeln begann — funkelnd wie der Morgen-
stern, voll von Leben und Schönheit und Hoffnnng. — O!
welch eine Verwandlung! Und welch ein Herz müßte ich haben, um in schnöder Unempfindlichkeit eine solche Erhebung
und einen solchen Fall anzusehen! Damals, als sich zu allen
ihren Ansprüchen auf schwärmerische, stumme, anbetende Liebe,
der Anspruch auf Verehrung eines Volks gesellte, damals
hätte ich mir wohl nicht träumen lassen, daß sie je genöthiget
seyn würde, das scharfe Gegengift der Schmach in diesem Bu-
sen zu verstecken: damals konnte ich wohl nicht ahnden, daß
ich es erleben sollte, in einer Nation, die sonst der Hauptsitz
der Ehre, der Galanterie und der Rittertugenden gewesen war,

solche Unglücksfälle über eine solche Frau ausbrechen zu sehen.
Ich hätte geglaubt, zehntausend Schwerdter müßten aus ihren
Scheiden fahren, um einen Blick zu bestrafen, der sie zu beschimpfen drohte. — Aber die Zeiten der Ritterfitte sind dahin. Das
Jahrhundert der Sophisten, der Oekonomisten und der Rechenmeister ist an ihre Stelle getreten, und der Glanz von Europa
ist ausgelöscht auf ewig. Niemals, niemals werden wir sie wieder sehen, diese edelmüthige Ergebenheit an Rang und Geschlecht,
diese stolze Unterwürfigkeit, diesen würdevollen Gehorsam, diese
Dienstbarkeit der Herzen, die selbst in Sklavenseelen den Geist
und die Gefühle einer erhabnern Freyheit hauchte. Der uner-
kaufte Reiz des Lebens, die wohlfeile Vertheidigung der Nationen, die Pflanzschule männlicher Gesinnungen und heroischer
Thaten ist dahin! Sie ist dahin, diese Feinheit des Ehrgefühls,
diese Keuschheit des Stolzes, die einen Schimpf wie eine Wunde
fühlte, die den Muth befeuerte, indem sie die Wildheit nieder-
schlug, die alles adelte, was sie berührte, und unter der das Laster
selbst seine halbe Schrecklichkeit einbüßte, indem es seine ganze
Rohheit verlohr.

Dies aus Meynungen und Gefühlen zusammen gebaute System *) hatte seinen Ursprung in den Ritterbegriffen des Mittel-

G 5

*) Diese Lobrede auf das Ritterfostem des mittlern Zeitalters ist
der Gegenstand der heftigsten Anfälle und der beissendsten Spöt-
tereyen geworden. Es ist kaum ein Vorwurf des Wahnsinns
oder der Verruchtheit übrig geblieben, dessen sich kurzsichtige
Critiker und erhitzte Gegner nicht bedient hätten, um das was
ihnen sonst unerklärbar darin war, zu erklären.

Diejenigen, welche sich einbildeten, daß Burke bey diesem Gemählde, wo nicht die Absicht gehabt, doch das geheime
Verlangen genährt hatte, die Begriffe und Sitten welche er
schildert, in die jetzigen Verhältnisse der Menschen und Staaten in Europa wieder eingeführt zu sehen, verfallen — so
bald sie nicht aus Bosheit irren, — in denselben abgeschmackten Fehler, dessen sich die zahlreichen Widersacher des Rousseau-
schen Systems, schuldig machten, wenn sie dem Genfer Philosophen, den förmlichen Plan, „die Menschen in vierfüßige
Thiere zu verwandeln,“ zur Last legten. So wenig als es

alters, und die Grundsätze desselben haben, (obgleich unter wechselnden Gestalten, weil sie dem Wechsel der menschlichen Ange-

Rousseau's Meynung war, daß der Mensch alle Vortheile
der Civilisation aufgeben, und zu Eicheln und Wurzeln zurückkehren sollte: so wenig hat Burke den Gedanken gehabt,
daß wir unsre Ansprüche auf die Wohlthaten die aus der bürgerlichen Verbindung fließen, gegen eine Lanze vertauschen,
und in entfernten Wüsten nach Riesen und bezauberten Prin-
zeßinnen suchen möchten. Beyde große Männer giengen,
obgleich auf sehr verschiednen Wegen, von zwey gemeinschaftlichen Gesichtspunkten aus:

1) Sie wollten, um einer einseitigen Schätzung unsrer gegenwärtigen Lage, und der ihr eignen Vorzüge, Tugenden
und Genüsse zu steuern, die eigenthümlichen Vorzüge, Tugenden und Genüsse, früherer, gewöhnlich verachteter Zeiten, in
das hellste Licht stellen. Darum entwarf Rousseau seine rei-
zende Schilderung vom Naturstande; darum Burke seine
mächtige Apologie des Mittelalters.

2) Sie wollten die Uebel die sie mit dem Zustande einer
erhöhten und ausgebreiteten Cultur ausschließend, und zum
Theil nothwendig verknüpft sahen, dadurch, daß sie lebhafte
Vorstellungen von ältern Zuständen (in welchen zwar auch
Uebel, aber doch nicht diese Uebel, herrschten,) daß sie eine
gewisse rückkehrende Zärtlichkeit gegen das Vergangne, und
eine vielleicht enthusiastische Bewunderung des Verlohrnen
weckten, wenn gleich nicht heben, doch einigermaßen temperiren. Sie wollten den Lauf ihrer Zeitgenossen nicht aufhalten, sie wollten nur am jähen Abgang einer eingebildeten Vollkommenheit, die Räder des geflügelten Wagens
hemmen.

Rousseau, der die Vorzüge des civilisirten Standes so
gut als ein andrer kannte, schilderte die Simplicität, die
Reinigkeit, die ungetrübte Glückseligkeit des Naturmenschen
nicht um einen Kreuzzug in die Wälder und Moräste des Oro-
noko oder des Mississippi zu predigen, sondern bloß, damit
die Sehnsucht nach jenen Gütern (denn Güter bleiben sie in
jeder Lage des Menschen) und die Scham über unsre, bey
aller Größe und Bildung, so offenbare Inferiorität in einigen wesentlichen Punkten menschlicher Vollkommenheit, uns
geneigt erhielte, die Vortheile des Naturstandes, sofiel
als möglich, ohne Verlust der Vortheile des cultivirten
Gesellschaftsstandes möglich ist, in unsre verfeinerte
Existenz überzutragen, und mit ihr zu verschmelzen. Dies

legenheiten folgten) eine lange Reihe von Generationen hindurch
bis auf das Zeitalter, worin wir leben, ihre Farbe und ihren
Einfluß behalten. Sollte dieses System jemals gänzlich ausge-

war das eigentliche Fundament und die wahre Tendenz aller
Rousseau'schen Ideen, die nur dann schwärmerisch werden,
wenn der Schriftsteller, hingerissen von seinem Gegenstande,
die hellen Farben auf die gepriesne, die schwarzen auf die an-
gegriffne Seite zu lebhaft und verschwenderisch aufträgt, oder,
wenn er die mit der Vereinigung der beyden Zustände in Ein
glückliches Ganzes verknüpften Schwierigkeiten zu vergessen
scheint.

Eben so hatte nun Burke, weit entfernt, der Zeit die
er schildert vor der worin wir uns befinden, die Präeminenz
einzuräumen, oder gar irgend einen philosophischen Weichling
des 18ten Jahrhunderts, in einen Paladin des 14ten verwandeln zu wollen, bey seiner Darstellung die alleinige Absicht, die
Aufmerksamkeit, welche der Glanz der Gegenwart so
leicht verblendet und verschlingt, auf die schöne Seite der
Vergangenheit zu lenken, und das, was in der veralteten Denkart, in dem veralteten Geistesschwunge, in den veralteten Sitten und Manieren, vortrefflich war — denn nur
Thoren und Neulinge glauben, daß alles vortreffliche mit
ihnen auf- und mit ihnen untergeht — so viel als es
möglich, ohne Nachtheil für unsre höhere Cultur möglich
ist, in den Charakter unsers Zeitalters hinein zu weben. Er
ließ einen Strahl seines Lichts in die Nacht vergessener Perioden fallen: damit nicht ein zügelloser Eigendünkel, und eine
abgeschmackte Selbstgenügsamkeit, das System des Augenblicks zum souverainen Maßstab aller Jahrhunderte erhebe,
die Tugenden der Vorfahren für barbarische Grillen, und ihre
Größe für Narrheit erkläre; damit nicht eine stolze, einseitige,
intolerante, despotische Philosophie, den Verstand einenge,
die Sitten verderbe, und alle Keime der Besserung unwieder-
bringlich ertödte, indem sie ihre Schüler in den kranken
Wahn einer geträumten Vollendung wiegt, indem sie die
herrschenden Meynungen, und herrschenden Grundsätze, und herrschenden Maximen, und herrschenden
Gebräuche, als das letzte Sublima aller menschlichen
Bestrebungen ankündigt, und die Vorwelt mit allen ihren
Produkten und Schätzen, auf einen großen Schlacken-
haufen wirft.

Dies scheint mir der Sinn, der tiefe Sinn dieser so ver-
kannten Apologie zu seyn. Anmerk. des Uebers.

rottet werden, der Verluſt würde warlich ſehr groß ſeyn. Ihm
hat das neuere Europa ſeinen eigenthümlichen Charakter zu danken, ihm das, wodurch es ſich in allen ſeinen mannichfaltigen
Regierungsformen durchgängig von den Staaten Aſiens, und
ſelbſt von den berühmteſten Staaten der alten Welt unterſchieden, und vielleicht zu ſeinem Vortheil unterſchieden hat. Es war
dieſes Syſtem was, ohne Verwirrung in die Geſellſchaft zu bringen, den Geiſt einer edeln Gleichheit erzeugte, und dieſe Gleichheit
durch alle Stufen des bürgerlichen Lebens hindurch führte. Es
war dieſes Syſtem, was Könige zu Geſellſchaftern herabſtimmte,
und Privatleute zu Gefährten für Könige erhob. Ohne Scepter
und Ruthe unterwarf es ſeiner Herrſchaft den Uebermuth der
Macht und Größe, nöthigte Regenten ſich in das ſanfte Joch
der geſellſchaftlichen Achtung zu ſchmiegen, zwang ſin're Allgewalt, ihr Knie vor den Grazien zu beugen, und machte den un-
umſchränkten Beherrſcher, der ſchon über den G e ſe ß e n thronte,
zu einem Unterthan im Reiche der geheiligten S i t t e.

Aber jetzt ſoll das alles zertrümmert werden. Alle die wohlthätigen Täuſchungen, unter deren Schirm das Herrſchen ſanft,
das Gehorchen edel wurde, die mannichfaltigen Schattirungen
der Geſellſchaft leiſe in einander ſchmolzen, und die Empfindungen, welche das Privatleben auszieren und verſüßen, mit den politiſchen Verhältniſſen verwebt und verſchwiſtert in die große
Staatsverbindung übergingen — ſollen verfliegen wie eitler
Dunſt vor der erobernden Fackel dieſes neuen Reichs der Wahrheit und Vernunft. Das züchtige Gewand, welches das Gemählde des bürgerlichen Lebens bekleidete, ſoll herunter geriſſen
werden. Alles, was die Vorrathskammer moraliſcher Gefühle
darbietet, der ganze Schmuck der köſtlichen Nebenideen, welche
das Herz umfaßt und ſelbſt der Verſtand billigt, weil er ihrer bedarf, um die Mängel unſrer nackten gebrechlichen Natur zu be-
decken, und den Menſchen in ſeiner eignen Schätzung zu heben —
ſoll als eine veraltete, widerſinnige, lächerliche Mode ausgemerzt
und verworfen werden.

In dieser neuen Ordnung der Dinge ist ein König nichts weiter als ein Mann: eine Königin nichts anders als ein Weib: ein Weib nichts anders als ein Thier, und nicht einmal ein Thier von der höchsten Classe. Alle Achtung die man einer Frau, bloß in Rücksicht auf ihr Geschlecht bezeigt, wird als Grille und Romanenthorheit verlacht. Königsmord, Vatermord und Priestermord, als außerordentliche Verbrechen anzusehen, ist eine Erdichtung des Aberglaubens, welche die Rechtswissenschaft verderbt, indem sie ihr die Simplicität raubt. Die Ermordung eines Königs oder einer Königin, oder eines Bischofs, oder eines Vaters ist nichts als gemeiner Todtschlag, und wenn das Volk auf irgend eine Weise, wäre es auch nur durch Zufall, Vortheil davon zieht, der allerverzeihlichste Todtschlag, der keiner strengen Untersuchung ausgesetzt werden muß.

Nach den Anlagen dieser barbarischen Philosophie, welche die Misgeburt kalter Herzen und umnebelter Köpfe, eben so leer an gründlicher Weisheit, als entfernt von allem Geschmack und entblößt von aller Eleganz ist, sollen sich Gesetze bloß durch ihre eignen Schrecknisse halten, und auf das Interesse stützen, was jeder Einzelne, wenn sie seinen Privatvortheil förderlich oder doch wenigstens nicht im Wege sind, bey ihrer Ausübung finden wird. In den Bogengängen i h r e r Akademie, am Ende eines jeden i h r e r Prospekte, ist nichts weiter zu sehen — als der Galgen. Nichts ist übrig geblieben, um die N e i g u n g e n für das allgemeine Beste zu gewinnen. Nach den Principien dieser mechanischen Staatsweisheit können bürgerliche Verfassungen nie verkörpert, nie lebendig, nie in Personen dargestellt werden, so, daß sie Liebe, Verehrung, Bewunderung, Zutrauen in uns zu erwecken fähig würden. Das schlimmste ist, daß diese tyrannische Vernunft, welche die Neigungen verbannt, durchaus nicht im Stande ist, sie zu ersetzen. Wenn diese Neigungen wohl geordnet sind, und mit den Sitten vereiniget wirken, so dienen sie oft, die Gesetze zu ergänzen, oft, sie zu verbessern, und immer sie zu unterstützen. Die Vorschrift die ein großer Critiker und ein weiser Mann für die Verfertigung der Gedichte entwarf, gilt auch

für die Staatsverfassungen: „Es ist nicht genug, daß der Ver-
„stand sie schön finde: sie müssen auch das Herz in Bewegung
„setzen" *). — In jeder Nation muß es ein System der Sitten geben, an welchem ein gutgeartetes Gemüth Wohlgefallen
finden kan. Wenn wir unser Vaterland lieben sollen, muß unser Vaterland liebenswürdig seyn.

Unglücklicherweise wird Macht in einer oder der andern
Gestalt immer vorhanden seyn, und alle die Erschütterungen
überleben, in welchen Sitten und Meynungen untergehen:
nimmt man ihr daher die Mittel, durch welche sie sich bisher
erhielt, so wird sie andre suchen und schlimmre finden. Die,
welche alle alte Grundsätze ausrotteten, um alle alte Verfassungen aufzuheben, werden ihre usurpirte Gewalt auf eben den
Wegen zu erhalten suchen, auf denen sie sie erworben haben.
Wenn der alte Geist der Treue, die Seele der Rittertugenden und des Lehnssystems, der, weil er die Fürsten von der
Furcht entband, Völker und Fürsten von der mistrauischen
Vorsicht der Tyranney befreyte, in den Gemüthern der Menschen ausgelöscht seyn wird: dann wird man Verschwörungen
und Mordprojekte durch provisorische Mordbefehle und provisorische Confiscationen abtreiben, und die lange Schreckenliste
finstrer und blutiger Maximen, der einzige Leitstern jeder
Macht, die sich nicht auf wechselseitiges Vertrauen im Gebietenden und im Gehorchenden gründet, wird das allgemeine
Handbuch aller Regierungen werden. Wenn Unterthanen Re-
bellen aus Grundsätzen seyn wollen, so werden Könige aus
Staatsklugheit Tyrannen seyn.

Das Unternehmen, alte Meynungen und Lebensregeln
auf einmal auszurotten, ist allemal ein gewagtes Spiel, wobey der Verlust gar nicht zu berechnen ist. Der Mensch wird
dadurch augenblicklich in ein unbekanntes Meer geworfen, wo
er ohne Compaß umher irrt, wo er nicht Klippe, nicht Hafen
mehr unterscheidet. — Es ist unleugbar, daß Europa im
Ganzen genommen, an dem Tag welcher die französische Re-

*) Non satis est pulcra esse poemata, dulcia sunto.

volution vollendete, in einem blühenden Zustande war. Wie
viel oder wie wenig von diesem blühenden Zustande auf die
Rechnung unsrer alten Sitten und Meynungen gesetzt werden
muß, läßt sich freylich nicht mit Genauigkeit bestimmen: da
aber Momente von solcher Stärke wie diese, in der Summe
aller Wirkungen unmöglich gleichgültig gewesen seyn können,
so erfordert Vernunft und Billigkeit ihren Einfluß für einen
im Ganzen wohlthätigen Einfluß anzuerkennen.

Wir sind gar zu geneigt, die Dinge so zu beurtheilen,
wie wir sie finden, ohne weiter nach den Ursachen zu forschen,
die diesen oder jenen Zustand hervorbrachten, und die ihn viel=
leicht noch jetzt, ohne daß wir es bemerken, aufrecht erhalten.
Nichts ist wohl ausgemachter als daß Sitten und Cultur, und
alle Vortheile die an Sitten und Cultur hängen, in dieser
unsrer europäischen Welt, seit mehrern Jahrhunderten mit zwey
Principien verknüpft und das Resultat ihrer vereinten Wirkung
gewesen sind: eins war der Geist des höhern Standes *), das
andre, der Geist der Religion. Der Adel der die Wissenschaften
beschützte, und die Geistlichkeit die sie lehrte, waren es allein,
die mitten unter Waffen und Tumulten, zu einer Zeit da Staats=
verfassungen erst im Entstehen waren, dem menschlichen Ge=
schlecht jenes kostbare Kleinod retteten. Was die Wissenschaften
von diesen beyden Ständen erhielten, zahlten sie zurück, und
zahlten es mit Zinsen zurück, indem sie den Verstand ihrer Wohl=
thäter aufklärten, ihre Ideen erweiterten, ihren Kopf bereicher=
ten und ausschmückten. Welch ein Glück für alle, wenn diese
schöne Eintracht hätte fortdauern können, wenn Jeder auf der
Stelle geblieben wäre, die ihm in diesem wohlgeordneten Bünd=

---

*) Richtiger weiß ich den allgemeinen Ausdruck: the spirit
of a gentleman im deutschen nicht darzustellen; wenig=
stens — wenn ich gleich die Richtigkeit der Critik, die ein
geschmackvoller Kenner beyder Sprachen (S. deutsche
Monatschrift März 1793) nach Erscheinung der ersten
Ausgabe über diese Stelle ergehen ließ, im Allgemei=
nen nicht bestreiten kan — in dieser Verbindung
nicht darzustellen. Anmerk. des Uebers.

niß zuerkannt war! Welch ein Glück, wenn die Wissenschaften dem Kitzel einer eiteln Ehre widerstanden, wenn sie, genügsam bey ihrem hohen Beruf, die Lehrer der Menschen zu seyn, sich nie vermessen hätten, ihre Herren heißen zu wollen. Jetzt werden sie, zugleich mit ihren natürlichen Beschützern auf den Schutthaufen der allgemeinen Zerstöhrung geworfen werden, und unter dem Getrampel einer unflähtigen Menge ihr schmähliches Ende finden!

So wie die Wissenschaften, die undankbaren Wissenschaften jenen alten Sitten, mehr als sie gern eingestehen möchten, schuldig sind, eben so verhält es sich mit andern Vorzügen unsers Zeitalters, die wir keinesweges unter ihrem Werth schätzen. Handlung und Industrie, diese Gottheiten der neuen Staatskunst sind vielleicht selbst nur Geschöpfe, vielleicht selbst nur Wirkungen, ob wir sie gleich als erste Ursachen anbeten. Sie wuchsen unter demselbigen Schatten auf, welcher die Wissenschaften deckte. Auch sie können dahin fallen, wenn ihre Schutzengel sinken. In Frankreich verschwinden sie bereits von einem Tage zum andern und drohen mit einer gänzlichen Entweichung. Wenn Industrie und Gewerbe in einer Nation fehlen, und der Geist großer Corporationen, wie der Adel und die Geistlichkeit waren, noch geblieben ist, so füllt dieser Geist, und füllt oft befriedizend genug, die leere Stelle aus. Aber, wenn eine sträfliche Neugierde den Versuch macht, einem Staat alle seine alten Fundamente zu entziehen, um zu sehen, wie er sich freyschwebend in der Luft erhalten wird, und in diesem Versuch Handel, Künste, Kunstfleiß und Gewerbe mit verlohren gehen — was wird dann der Erfolg seyn? Wer wird den Anblick einer Nation von rohen, dummen, wilden, und obendrein armen und schmutzigen Barbaren, ohne Religion, ohne Ehre, ohne männlichen Stolz, ohne Genuß im Leben und ohne Hoffnung im Tode, ertragen? —

Mit Betrübniß sehe ich es, wie Frankreich starken und unverwandten Schritts dieser traurigen Catastrophe entgegen eilt. Die Symptome der Krankheit sind allenthalben unverkennbar. Schon zeigt sich an allem was die herrschende Parthey thut, an

allem was ihre Orakel sagen und schreiben, eine Armseeligkeit der
Erfindung, eine Niedrigkeit in der Wahl der Mittel, eine veräch-
liche Einförmigkeit und Plumpheit in der Ausführung, eine
Verderbtheit des Geschmacks, die wo sie erscheinen, die sichern
Vorbothen eines fürchterlichen Verfalls sind. In ihrer Freyheit
wohnt kein freyer Sinn. Ihr Wissen ist die Unwissenheit eines
Marktschreyers. Ihre Menschlichkeit ist die Rohheit der thieri-
schen Natur.

Es ist ungewiß, ob jene edlen Grundsätze und anstandsreichen
Sitten, von denen noch so manche Spuren vorhanden sind, aus
Frankreich zu uns, oder aus England nach Frankreich übergingen.
Wahrscheinlich ist dort ihr Ursprung zu suchen. Frankreich ist
gleichsam die Wiege der englischen Nation *) gewesen. Frankreich hat zu allen Zeiten einen entschiednen Einfluß auf die Sitten
in England und in allen übrigen Ländern unsers Welttheils gehabt, und, wenn dort die Quelle verstopft und verunreiniget ist,
so wird auch bey uns, und vielleicht bey allen andern Nationen,
der schöne Strom zeitig genug still stehen, oder trübe und schlam-
migt fließen. Dies ist die Ursach, weshalb meiner Meynung
nach, ganz Europa so unmittelbar, so mächtig und so wesentlich
bey den Begebenheiten in Frankreich interessirt ist. Dies sey
denn auch meine Entschuldigung, wenn ich bey dem schrecklichen
Schauspiel des 6ten Oktobers 1789 zu lange verweile, wenn ich
mich vielleicht zu sehr den Empfindungen und Betrachtungen überlasse, welche die wichtigste aller Revolutionen, die jener Schreckenstag vollbrachte — eine Revolution in Sitten, Meynungen und moralischen Gefühlen — in mir erwecken mußte. In diesen betrüb-
ten Zeiten, wo jeder Gegenstand der Achtung außer uns
zerstöhrt, und jedes Princip der Achtung in uns der Zerstöhrung gewidmet ist, darf man, ohne sich darüber zu rechtfertigen,
kaum die ersten Gefühle der Menschheit mehr blicken lassen.

Warum wirken die Auftritte dieser Tage so ganz anders auf
mich, als sie auf den Dr. Price und seine Zuhörer wirkten? —

*) Gentis incunabula nostrae.

H

Aus dieser einfachen Ursach: weil die Natur mit gebietet, daß
sie so wirken sollen; — weil der Mensch so gebildet ist, daß
Schauspiele wie diese, ihn mit einer melancholischen Unruhe über
die trostlose Flüchtigkeit jedes sterblichen Glücks, und über die
furchtbare Hinfälligkeit aller menschlichen Größe erfüllen; weil in
diesen natürlichen Empfindungen eine Schule tiefer Weisheit liegt;
weil unter solchen erschütternden Scenen selbst unsre Leidenschaften unsre Vernunft belehren; weil wir, wenn der unsichtbare
Arm der dieses wundervolle Weltdrama regiert, Könige von ihren
Thronen schmettert, und sie den Bösen zum Hohn, den Guten
zum Jammer in den Staub legt, solche Schreckenzeichen in der
moralischen Welt ganz wie die Wunderwerke in der physischen an-
staunen. Aufgerissen aus dem Schlaf der Gedankenlosigkeit, werden wir ins Nachdenken gefordert: unsre Seelen werden (wie
schon die Alten bemerken) durch Schrecken und Mitleid geläutert
und geheiliget, unser blinder und ohnmächtiger Stolz demüthigt
sich unter die geheimnißvolle Hand einer unbegreiflichen Weisheit.
— Ich würde Thränen vergießen, wenn ein solches Schauspiel
auf der Bühne dargestellt würde: und ich sollte frohlocken, da
ich es im wirklichen Leben erblicke? Mit einem so verkehrten
Herzen würde ich es nie mehr wagen, mein Angesicht bey
einem Trauerspiel zu zeigen. Ich würde fürchten, daß man
die Thränen die vormals Garrik, und noch vor kurzem
die Siddons mir entlockte, für Thränen eines Heuchlers
hielte: ich würde sie selbst für Thränen eines Thoren erklären.

Wahrlich, das Theater *) ist eine beßre Schule der Moralität, als Kirchen, wo man die Gefühle der Menschheit so schrey-

*) Um die tiefsinnigen Anspielungen und die erhabnen Bilder, in
dem folgenden Absatze, vollkommen zu fassen, muß man das
Betragen der National-Versammlung, und einiger ihrer vor-
nehmsten Mitglieder, in dem Augenblick, da der Pariser
Pöbel, am 6ten Oktober 1789 die Königliche Familie, von
Versailles nach Paris schleppte, vor Augen haben. Lally
Tolendal (Mémoire justificatif. p. 158. sqq. — Seconde

end beleidigt. Ein Schauspieldichter, dessen Zuhörer auf der
Akademie der Rechte des Menschen nicht graduirt sind, und der
sich, wenn er Beyfall erwerben will, an die moralische Grund-
verfassung des menschlichen Herzens wenden muß, würde es nie
gewagt haben, einen solchen Triumph, als einen Gegenstand des
Wohlgefallens aufs Theater zu bringen. Hier, wo die Menschen
den Eingebungen ihrer Natur gehorchen, würden sie die verhaßten Maximen machiavellistischer Politik, gleichviel, ob monarchische, oder Volkstyranney sich ihrer bediente, von sich stoßen. Sie
würden sie auf der neuen Bühne verwerfen, wie man sie ehmals
auf der alten verwarf, wo ein blos erdichtetes System einer vollendeten Verderbtheit, wenn gleich dem grausamsten Tyrannen in
den Mund gelegt, und seinem Charakter aufs strengste angepaßt,
nicht für einen flüchtigen Augenblick Gnade finden konnte. Keine
Versammlung im Theater zu Athen hätte das ertragen, was man
mitten in der wirklichen Tragödie jenes schauervollen Triumphsta-

H 2

Lettre à un Ami —) und Mounier (Exposé des motifs,
qui l'ont engagé à quitter l'assemblée nationale) zwey unver-
werfliche Zeugen, haben diese unglaubliche Scene geschildert.
Während daß der König auf seiner schrecklichen Reise begriffen
war hielt Mirabeau die merkwürdige Rede, worin er die
Vortheile der Wegführung des Königs, gegen die Gefahren,
Mordthaten und Verbrechen aller Art, die diese Begebenheit
begleiteten, abwog, und zuletzt erklärte: „daß das Fahrzeug
„des Staats, weit entfernt in seinem Laufe aufgehalten zu
„werden, nur desto rascher ans Ziel der Wiedergeburt fliegen
„würde“. Auf diese Mirabeausche Rede, zielt die fürchterliche Allegorie von der Wage.

Wenn man sich gegen einen Burke, das heißt, gegen
einen Kirchenvater der Beredsamkeit, eine aesthetische
Critik erlauben dürfte, so würden vielleicht mehrere seiner
Bewunderer mit mir darüber eins seyn, daß dieses große Bild
durch die Nachbarschaft des gleich darauf folgenden von dem
politischen Buchhalter, einigermaßen leidet: theils,
weil man nach jener schauervollen Darstellung gar keine andre
mehr erwarten konnte und mochte, theils weil das zweyte Gemählde lange nicht an die ernst-Stärke des ersten reicht, und
dieses daher unfehlbar schwächen muß. Anmerk. des Uebers.

ges ertrug — einen Haupthelden des Stücks, der seine blutige
Wage, gleich als wäre es auf einem offnen Markte der Gräuel,
aushing, in die eine Schaale so viel entschiednes Verbrechen, in
die andre so viel zufälligen Vortheil warf, Gewichte zuthat und
Gewichte abnahm, und zuletzt erklärte: der Ausschlag sey auf
der Seite der Vortheile! — Mit hätte sie es gelassen angehört,
wenn man die Schandthaten einer neuen Demokratie gegen die
Schandthaten des alten Despotismus, wie in einer Handelsbilanz
aufgestellt, und dann der politische Buchführer den Ausspruch gethan hätte, daß die Demokratie noch im Rückstand, aber weder
unfähig noch abgeneigt wäre, den Ueberschuß auszugleichen. Im
Schauspielhause würde der erste flüchtige Blick ohne alle mühsa-
me Deductionen zeigen, daß keine Höhe der Verruchtheit denkbar
ist, ter man sich nach dieser politischen Rechenmethode nicht nähern
dürfte. Man würde sogleich inne werden, daß da, wo diese
Grundsätze herrschen, die schwärzesten Verbrechen das gewöhnliche Tagewerk seyn müssen, und nur ein unerwarteter Glücksstern
über dem Redlichen waltete, wenn die Entschlossenheit der Bösewichter durch Blut und Verrätherey zu waden, einen einzigen
Morgen ohne eine neue Frevelthat anbrechen ließ. Man würde
bald bemerken, daß schändliche Mittel wenn sie einmal eingeführt
sind, sofort über alles gelten. Der Schleichweg, auf welchem sie
zum Ziele führen, ist kürzer als die große Heerstraße der Tugend
und Pflicht. Wenn nur erst Treulosigkeit und Mord durch das,
was man den Vortheil des Staats nennt, gerechtfertigt werden
können, so wird zeitig genug der Vortheil des Staats der Vorwand, und Treulosigkeit und Mord der Endzweck seyn, und es
so lange bleiben, bis Raubsucht, und Bosheit, und Rachgier,
und Furcht — unendlich schrecklicher als Rachgier — Sättigung
für ihren unersättlichen Hunger gefunden haben. Dahin führen
alle diese glänzenden Theorien: das ist das Ende, wenn man im
Triumph über die Rechte des Menschen alles natürliche Gefühl
für Recht und Unrecht verliert.

Der Umstand, daß Ludwig XVI., wie es in dem Munde des
Freyheitspredigers heißt, ein „despotischer Regent" war, kan das

unanständige Frohlocken über seine Erniedrigung nicht entschuldi-
sen; denn dieser Umstand sagt mit andern Worten blos das: daß
Ludwig XVI. durch seine Geburt bestimmt war, König von Frankreich mit eben den Prärogativen zu seyn, die eine lange Reihe seiner Vorfahren besessen, die das Volk Jahrhunderte lang stillschweigend anerkannt, die Er weder erworben noch vermehrt hatte. Allerdings war es ein Unglück für ihn, als König von Frankreich geboren zu werden. Aber Unglück ist doch nicht Verbrechen,
und Verirrungen sind nicht Frevelthaten. Niemals werde ich mich
überreden lassen, daß dieser Fürst, dessen ganze Regierung eine
Reihe von Wohlthaten war, der sich bereit erklärt hatte, seine
Gewalt einzuschränken, einen Theil seiner Prärogativen aufzugeben, seinen Unterthanen Freyheiten einzuräumen, die ihre Vorfahren nicht gekannt, vielleicht nie gewünscht hatten, daß ein solcher Fürst, sollte er auch den Schwachheiten, die das Loos der
Menschen und der Fürsten sind, unterworfen seyn, sollte er auch
beym Ausbruch verzweifelter Anschläge auf seine Person und auf
die letzten Reste seiner Macht, an gewaltsame Rettungsmittel
gedacht haben, verdient hätte, der Gegenstand des grausamen und
schimpflichen Triumphs zu werden, den Paris und Dr. Price
über ihn hielten. Ich zittre für die Sache der Freyheit, wenn
ich dies warnende Beyspiel für Könige sehe. Ich zittre für die
Sache der Menschlichkeit, wenn ich in den Händen der verworfensten aller Sterblichen einen Freybrief für alle Verbrechen erblicke. Aber es giebt Menschen von so niedriger Denkungsart,
daß sie auf Könige die fest in ihrem Throne sitzen, die ihre Unterthanen im Zaum zu halten, ihre Prärogativen zu vertheidigen
wissen, und die entfernteste Annäherung der Freyheit durch die
ewig-wachsame Strenge eines ernsten Despotismus zurück schrek-
ken, mit Ehrfurcht und Bewunderung hinschauen: gegen die Gefallnen allein erheben sie ihre Stimme. Ueberläufer von der Parthey der Grundsätze, immer nur im Solde des Glücks, sehen sie
an dem Guten, wenn er leidet, nie etwas Gutes mehr, und nie
etwas Strafbares an dem beglückten Verbrecher.

H 3

Könnte man mir beweisen, daß der König und die Königin
von Frankreich (ich meyne die unglücklichen Personen, die es vor
jenem Triumph waren) unerbittliche und grausame Tyrannen gewesen sind, daß sie einen überlegten Plan hatten, die National-
Versammlung umbringen zu lassen (wie die Broschürenschreiber
dieser lügenvollen Tage behauptet haben) so würde ich in ihrer
Gefangennehmung keine Ungerechtigkeit finden. Wäre das wahr,
so hätte noch weit mehr, als gegen sie geschehen ist, geschehen mögen, aber auch dann noch behaupte ich, auf eine ganz andre Weise geschehen müssen. Die Bestrafung wahrer Tyrannen ist ein
grosser und majestätischer Aktus der Gerechtigkeit, und es ist unläugbar, daß etwas trostreiches für das menschliche Gemüth darin liegt. Aber, wenn ich das Gericht über einen königlichen Verbrecher halten sollte, so würde ich doch seiner Würde eingedenk
seyn, indem ich seine Missethaten bestrafte. Gerechtigkeit
geht mit Ernst und Anstand zu Werke: strenge Nothwendigkeit
allein, nie Wohlgefallen am Leiden, muß sie in ihren Strafen
bestimmen. Wären Nero oder Agrippina, Ludwig XI. oder Carl IX.
die Beklagten gewesen, wäre Carl XII. von Schweden nach der
Ermordung des Patkul, oder seine Vorgängerin Christina nach
der Ermordung des Monaldeschi in Ihre Hände, mein Freund,
oder in die meinigen gefallen, sicherlich würden wir sie so unsanft
nicht behandelt haben.

Wenn nun aber der König von Frankreich die mörderischen
Anschläge, die auf ihn gerichtet waren, und alle die Beschimpfungen, schrecklicher als Mord, die auf diese Anschläge folgten,
in seiner Person, oder in der Person seiner Gemahlin verdient
hätte, so könnte er doch schlechterdings nicht von der andern Seite
würdig seyn, auch nur die untergeordnete Stelle zu bekleiden, die
man ihm in dem neuen System angewiesen hat *), und nichts

---

*) Allerdings hätte die herrschende Parthey in Frankreich, um
consequent zu verfahren, den König gleich Anfangs aus ihrem
neuen System ganz und gar entfernen müssen, sie mochte
nun die Vorwürfe, womit sie ihn damals belastete, für gegründet halten, oder nicht. Wenn es ihr dazu an Muth

wäre widersinniger, als ihn das Haupt einer Nation zu nennen, die er unterdrückt und gekränkt hätte. Die Wahl des Anführers in einem neu-errichteten Staat konnte wohl nicht leicht auf eine untauglichere Person fallen, als auf einen abgesetzten Tyrannen. Einen Mann erst herabzuwürdigen und als den niedrigsten Miſſethäter zu beschimpfen, und ihn dann in der wichtigsten aller Angelegenheiten, wie einen treuen, redlichen, eifrigen Diener zu gebrauchen, ist Unsinn und Widerspruch. Schamloſer als durch die Ernennung eines solchen Mannes zu einem solchen Amt, hätten doch wirklich die Rerpäſentanten des Volks, so treulos sie auch in manchen andern Fällen gehandelt haben, nie das Volk hintergangen. Aber, da eine Inconsequenz, wie diese wäre, in keinem ihrer andern Verbrechen zu finden ist, so ist es ein untrüglicher Schluß, daß jene fürchterliche Beschuldigungen von Tyrannen und Hochverrath grundlos waren: nicht ein Haar anders mag es mit allen übrigen Verläumdungen gegen das unglückliche Königshaus seyn.

In England meſſen wir ihnen wenig Glauben bey. Wir sind großmüthige Feinde, wir sind treue Bundesgenossen. Unwillen und Verachtung ist unser einziges Gefühl bey den Verläumdungen derer, die uns ihre Anekdoten unter der Bürgschaft der Königlichen Lilie auf ihren Schultern zubringen *). — Wir

H 4

fehlte, so handelte sie desto unsinniger, da sie alle ihre übrigen Schritte that. Wo eine Total-Revolution gelingen soll, muß schlechterdings, und im strengsten Verstande des Worts, kein Stein des alten Gebäudes auf dem andern bleiben. Diese von allen Partheyen anerkannte Maxime sagt deutlicher als alles, was von Total-Revolutionen zu halten ist. Anmerk. des Ueberſ.

**) Eine Anspielung auf die bekannte La Motte. — Wenn nach den Akten-Stücken, die in Schlözers Staats-Anzeigen geliefert worden sind, noch der geringste Verdacht, daß die Königin eine aktive Rolle in der berüchtigten Halsband-Geschichte gespielt hätte, übrig bleiben konnte, so muß er wohl bis auf die letzte Spur verschwinden, wenn man überlegt, daß in den drey letzt-verfl. ſſenen Jahren, wo eine mehr als teuflische Verläumdungsſucht alles auf der Erden

halten Lord George Gordon in Newgate eingesperrt; und weder sein öffentlicher Uebertritt zum Judenthum, noch sein Verfolgungseifer gegen den Priesterstand und sein Versuch, den Pöbel (ein Wort dessen ich mich bedienen muß, weil es bey uns noch im Gebrauch ist,) zum Niederreißen aller Gefängniße aufzuwiegeln, haben ihn in dem Besitz der Freyheit schützen können, deren er sich durch Misbrauch unwürdig gemacht hatte. Wir haben Newgate neu aufgebaut und befestigt. Wir haben Gefängnisse, die fast so mächtig sind als die Bastille, für die, welche Libelle gegen die Königinnen von Frankreich schreiben. Hier mag auch der libellistische Lord in geistlicher Abgeschiedenheit von der Welt verbleiben. Hier mag er über seinen Talmud nachdenken, bis er ein Betragen annehmen wird, das sich besser für seine Geburt und für seine Talente schickt, und das selbst der alten Religion, deren Proselyt er geworden ist, mehr Ehre macht, als sein bisheriges, oder bis ihn Freunde von jenseits des Meers her, ihren neuen Brüdern vom Stamm Juda zu gefallen, loskaufen wollen. Dann mag er mit den alten Schätzen der Synagoge, und wenigen Prozenten von den lange aufgesammelten Zinsen der bewußten dreyßig Silberlinge, (welche Wunder Zinsen von Zinsen in 1790 Jahren hervorbringen, hat Dr. Price gelehrt) *)

und unter der Erden durchwühlte, um diese bedaurungswürdige Fürstin zu Grunde zu richten, auch nicht ein einziger Umstand an den Tag gekommen ist, der die Calumnien der La Motte unterstützen könnte, da doch tausend Zungen und tausend Federn bereit gewesen wären, die kleinste hieher gehörige Anekdote in alle Welttheile auszuposaunen." Anmerk. des Uebers.

*) Ein bittrer — vielleicht ungerechter Angriff, auf die mühsamen und sinnreichen, zuweilen freylich schimärischen, Untersuchungen und Entdeckungen des Dr. Price, im Felde der politischen Arithmetik. Eine der merkwürdigsten Berechnungen, die dieser originelle Kopf, angestellt hat, ist die, worauf hier gezielt wird: sie befindet sich in seinem Traktat: on the Importance of the American Revolution. p. 11 in folgender Note; „Ein (englischer) Penny (ungefehr „6 Pfennige, brandenburg. Courant), den man zur Zeit der

die Ländereyen erkaufen, welche die Gallikanische Kirche, laut der neuesten Entdeckungen im Staatsrecht, bis hieher usurpirt hatte. Schickt uns Euren katholischen Erzbischof von Paris, wir wollen Euch unsern protestantischen Rabbinen schicken. Wir wollen jenen gewiß als einen Mann von Ehre und Verdienst behandeln: was er für die Gastfreyheit, für die Menschlichkeit, für die Barmherzigkeit gesammelt hat, kan er dreist zu uns bringen: er kan sicher seyn, daß wir der edeln Bestimmung seiner Schätze nie einen Schilling entziehen, daß wir nie in Versuchung gerathen werden, die Landescasse durch die Plünderung der Armenbüchse zu bereichern.

H 5

„Geburt Christi auf 5 Pro Cent Zinsen ausgethan, und „dessen Zinsen man wieder auf Zinsen, und Zinsen der Zin- „sen, ins Unendliche hinein, benutzt hätte, würde noch vor „unsrer Zeit zu einer größern Summe angewachsen seyn „als — 200 Millionen Erdkugeln von gediegnem „Golde ausdrücken können. Dagegen würde aber dieser „Penny, blos auf einfache Zinsen ausgethan, in derselben „Zeit, auf nicht mehr als 7 Schilling, 6 Penny (noch nicht „3 Thaler) gestiegen seyn." Auf diese und ähnliche Rech- nungen, gründete Price, seine bekannten Projekte zur Til- gung der Englischen National-Schuld.

Ich muß übrigens frey gestehen, — und vielleicht thei- len mehrere Leser, die Empfindung mit mir — daß dieser ganze Ausfall auf Lord Gordon, so viel unterhaltenden und schneidenden Witz er auch enthält, auf mich einen un- angenehmen Eindruck gemacht hat. Er scheint so gewalt- sam herbeygezogen zu seyn: er unterbricht den Lauf der all- gemeinen Betrachtungen so unerwartet und so unangenehm: es ist, als wenn einer, der einen Tiger verfolgt, auf ein- mahl seitwärts ginge, um eine Mücke zu tödten. Dabey contrastirt der ganze Ton, in dieser Stelle, der sich wirk- lich dem Burlesken nähert, gar zu sehr mit dem vorherge- henden und nachfolgenden. Endlich leuchtet eine gewisse per- sönliche Bitterkeit aus dieser Satyre hervor, in der beson- ders desbalb etwas empörendes liegt, weil der Mann, den diese Geisselhiebe vorzüglich treffen, obgleich ein heilloser und ein gefährlicher Schwärmer, doch nun schon seit mehrern Jahren ein Gefangner, das heißt, ein Unglücklicher ist. An- merk. des Uebers.

In Wahrheit, mein Freund, die Ehre unsrer Nation ist wesentlich dabey interessirt, daß man gegen die Proceduren dieser
Old-Jewry und London-Tavern-Gesellschaft protestire. Ich,
meines Theils, habe keinen Auftrag dazu. Ich spreche für Niemand als für mich; nur für mich allein lege ich mit aller möglichen Feyerlichkeit meinen Protest gegen alle Gemeinschaft mit den
Stiftern oder Bewunderern dieser Triumphe ein. Wenn ich weiter gehe, und eine Behauptung im Namen der englischen Nation
wage, so spreche ich aus Beobachtung, nicht aus Vollmacht: ich
spreche aus einer langen Erfahrung die ich in einem sehr ausgebreiteten Umgange mit Menschen von allen Ständen und Classen in dieser Nation erworben, ich trage die Resultate eines ernsthaften Studiums vor, das ich früh in meinem Leben angefangen
und nun seit beynahe 40 Jahren getrieben habe. Ich habe
mich oft gewundert, wenn ich an die nahe Nachbarschaft unsrer beiden Länder, die nur ein schmaler Graben von einander trennt, und
an die vielfältigen Verbindungen, die besonders in der letzten Zeit
zwischen beyden Nationen geherrscht haben, dachte, daß man doch
in Frankreich so wenig eigentliche Kenntniß unsrer Nation findet.
Großentheils rührt dies daher, daß ihre Landsleute, mein
Freund, ihr Urtheil über die Engländer auf gewisse Schriften
gründen, welche die bey uns herrschenden Meynungen, Grundsätze und Dispositionen sehr verkehrt und oft ganz verfälscht vortragen. Die Eitelkeit, die Rastlosigkeit, der Muthwille und der
Intriguengeist einiger geringfügigen Kabalen unter uns, die ihre
entschiedne Nichtigkeit in Dunst und Lärm und Blendwerken, und
in eiteln Lobreden die sie einander halten, zu verbergen suchen,
veranlaßt die Ausländer, unser Stillschweigen, die Folge tiefer
Verachtung ihrer kleinen Künste, für das Zeichen eines allgemeinen Beytritts zu ihren Meynungen zu halten. Nein! das ist es
wahrlich nicht! Weil ein halbdutzend Grashüpfer in einem Heu-
haufen verborgen, ihr unbescheidnes Geschwirr durchs Feld ertönen lassen, während daß Tausende der großen Heerde, gelagert
unter dem majestätischen Schatten der britischen Eiche ihr Brodt
in Frieden verzehren und schweigen — wer wollte darum glau-

ben, daß die, welche den Lärm erregen, die einzigen Bewohner
des Feldes wären, daß sie die größte Zahl ausmachten, daß sie
jemals etwas mehr oder weniger seyn könnten, als die winzigen,
runzlichten, dürren, hüpfenden, aber vorlauten und beschwerlichen — Weltbürger einer Stunde.

Ich wage es fast zu behaupten, daß von hundert Menschen
in England nicht einer an dem Triumph der Revolutionsgesellschaft
Theil nimmt. Wenn der König und die Königin von Frankreich
durch das Schicksal des Krieges, und eines Krieges, den die
größte Nationalerbitterung angezündet hätte (fern sey eine solche
Begebenheit, fern eine solche Erbitterung) in unsre Hände gefallen wären, sie hätten einen ganz andern Einzug in London zu
erwarten gehabt. Es gab einst einen König von Frankreich,
der sich in dieser Lage befand *): wir wissen alle, wie ihm der

*) König Johann von Frankreich, wurde im Jahr 1357, nach
der Schlacht bey Poitiers, in der er überwunden und gefangen worden war, von dem (unter den Nahmen des
schwarzen Prinzen berühmten) Prinzen Eduard,
dem Sohne König Eduards III, nach London geführt,
wo er drey Jahre, bis auf den Frieden zu Bretigny, aus-
dauren mußte — Folgendes ist die Beschreibung, die Hume
(History of England. Tom. II. p. 460) von dem Einzuge dieses gefangenen Königes, in London macht:
„Der König Johann und der Prinz von Wales landeten in
„Southwark, und wurden von einem großen Zusammenfluß
„von Menschen aus allen Classen und Ständen eingeholt.
„Der Gefangene erschien in königlicher Rüstung; er ritt eine
„weiße Stute, die eben so ausgezeichnet durch ihre Größe
„und Schönheit, als durch das prachtvolle Geschirr war,
„welches sie umgab. Der Sieger ritt neben ihm, in einer
„unscheinbarern Tracht, auf einem ganz gewöhnlichen, schwar-
„zen Pferde. In diesem Aufzuge — glorreicher als der über-
„müthige Pomp eines römischen Triumphs — begab er sich
„durch die Straßen von London, und stellte den König von
„Frankreich seinem Vater vor, der sich aufgemacht hatte, ihm
„entgegen zu gehen, und der ihn ganz mit dem Anstande
„und der Achtung empfing, die einem benachbarten Po-
„tentaten, der freywillig einen freundschaftlichen Besuch bey ihm
„abgestattet hätte, zugekommen seyn würde. — Es ist
„ganz unmöglich, wenn man über dieses auf-

Sieger im Felde begegnete, und wie er nachher in England
empfangen ward. Vierhundert Jahre sind seitdem über unsre
Scheitel gegangen: aber wir haben uns, Gottlob, nicht wesentlich verändert. Dank sey es unserm verstockten Widerwillen gegen
Neuerungen, Dank sey es der kaltsinnigen Trägheit unsers Nationalcharakters, das Gepräge unsrer Vorfahren ist noch sichtbar
auf uns. Wir haben — ich hoffe es wenigstens — die Würde und
den Seelenadel, der uns im 14ten Jahrhundert auszeichnete, nicht
verlohren: wir haben uns noch nicht bis zur Wildheit verf-inert.
Wir sind nicht Rousseau's Proselyten, wir sind nicht Vol-
taire's Schüler: Helvetius hat keinen Eingang bey uns gefunden. Wir haben nicht Atheisten zu Predigern, nicht Toll-
häusler zu Gesetzgebern. Wir wissen sehr wohl, daß wir keine
Entdeckungen gemacht haben, wir wissen, daß es in dem Felde
der Moralität keine Entdeckungen zu machen giebt, daß nur
wenig neues in den großen Principien der Staatskunst zu erfinden ist, wenig in den großen Ideen über die Freyheit, die man
vortreflich verstand, lange ehe wir geboren waren, so wie man sie
verstehen wird, wenn längst die Erde ihren Staub über alle
unsre stolze Schimären gewälzt, längst das stille Grab auf
unsre Kindergeschwätzigkeit das Siegel eines ewigen Verstum-

„fallend-edle Betragen nachdenkt, die Vor-
„theile zu übersehen, die aus den sonst so schi-
„märischen Principien des Rittersystems
„entsprangen, welche doch offenbar von gewis-
„sen Seiten, dem Menschen dieses rohen Jahr-
„hunderts die Superiorität über den Men-
„schen in gebildetern Zeitaltern und in gebil-
„detern Nationen verliehen."

Ich habe diese Stelle ganz hieher gesetzt weil sie in
mehr als einer Rücksicht merkwürdig ist. Sie beweiset zugleich, daß die schöne Seite des Rittersystems
nicht ein leeres Hirngespinnst in Burke's Kopf war; daß sie
mehrern Beobachtern eingeleuchtet hatte, und daß selbst
Hume — einer der ruhigsten und tiefsinnigsten unter allen —
ihr den Tribut einer gerechten Bewunderung nicht versagen
konnte. Anmerk. des Ueberf.

ments gedrückt hat. In England spüren wir noch und lieben
und bauen in uns jene zarten Urgefühle der Natur, welche
die treuen Hüter unsrer Tugend, die immer, wachen Aufseher
auf unsre Thaten, und die wahren Stützen aller edeln und
männlichen Sittlichkeit sind. Wir haben alles, was in uns
seyn sollte, noch wirklich in uns. Wir haben uns durch keine
Quackſalberoperation ausleeren und austrocknen laſſen, um
nachher, wie ausgeſtopfte Vögel in einer Naturaliensammlung,
mit Stroh, und Lumpen, und ſchmutzigen Papierſchnitzeln von
eingebildeten Menſchenrechten wieder gefüllt zu werden. Aber
Witz und Treuloſigkeit haben nicht unſre ſchönſten Empfindungen wegvernünftelt. In unſern Buſen ſchlagen wahre Herzen
von Fleiſch und Blut. Wir fürchten Gott, wir ehren die Könige, wir lieben die Parlamenter, wir gehorchen der Obrigkeit
wir ſehen die Geiſtlichkeit mit Ehrerbietung, den Adel mit
Hochachtung an! Fragt ihr, warum? — Darum, weil die
Natur, des geſelligen civiliſirten Menſchen Natur, will und
verlangt daß dieſe Gegenſtände dieſe Gefühle hervorbringen
ſollen, weil alle andre Gefühle unächt und betrügeriſch ſind,
weil ſie unſer Herz verderben, unſre moraliſchen Grundſätze
verunreinigen, uns für vernünftige Freyheit unbrauchbar machen, weil ſie nichts weiter vermögen, als den Geiſt einer pö-
belhaften, blinden, zügelloſen Frechheit in uns zu wecken, die
uns ein Paar Feſttage hindurch beluſtiget, und nachher unſer
ganzes Leben zu einer ſchmählichen, zu einer unvermeidlichen,
zu einer wohlverdienten Knechtſchaft verdammt.

Sie ſehen, mein Freund, daß ich dreiſt genug bin, um
in dieſem erleuchteten Jahrhundert frey zu geſtehen, daß wir
im Ganzen eine Nation von ungebildeten Gefühlen ſind, daß
wir ſtatt alle Vorurtheile wegzuwerfen, ſie vielmehr mit Zärtlichkeit lieben, und was noch ſtrafbarer ſeyn mag, daß wir ſie
eben darum lieben weil ſie Vorurtheile ſind, und nur um ſo
wärmer lieben, je länger ſie geherrſcht, und je allgemeiner ſie
ſich verbreitet haben. Wir wagen es nicht, den Menſchen mit
ſeinem Privatvermögen, mit ſeinem eignen ſelbſt geſammelten

Vorrath von Erfahrung und Weisheit in die geschäftige Scene des Lebens zu werfen, weil dieser Vorrath bey jedem gar unbeträchtlich seyn möchte, weil der Einzelne unendlich gewinnen muß, wenn er das allgemeine Kapital aller Zeiten und Völker benutzen kan. Viele unsrer denkenden Köpfe, weit entfernt im ewigen Kriege mit den Vorurtheilen zu leben, wenden ihren ganzen Scharfsinn an, um die verborgne Weisheit die darin liegen mag, zu erforschen. Wenn sie entdecken, was sie suchten — und sie verfehlen selten ihren Zweck — dann finden sie es klüger, das Vorurtheil beyzubehalten mit der Weisheit, der es zur Hülle dient, als das Gewand wegzuwerfen, und die nackte Weisheit stehen zu lassen, weil ein Vorurtheil, das ein Princip der Weisheit enthält, zugleich eine Kraft, um dies Princip zu beleben, und ein Gefühl der Zuneigung, um ihm Dauer zu verschaffen, bey sich führt. Vorurtheil ist eine Triebfeder von schneller Anwendbarkeit in der Stunde der Noth: sie führt das Gemüth bey Zeiten auf eine feste Bahn der Tugend und Klugheit, und läßt es nicht im entscheidenden Augenblick das Spiel und die Beute zaghafter Unentschlossenheit, streitender Maximen, und quälender Zweifel werden. Vorurtheil macht, daß die Tugend eines Menschen seine Lebensweise wird, nicht eine Reihe isolirter Handlungen bleibt. Durch glücklich geleitetes Vorurtheil wird des Menschen Pflicht zuletzt ein Theil seiner Natur.

Die Gelehrten und die neuen Staatsmänner in Frankreich, so wie der ganze Haufe der Erleuchteten unter uns, weichen freylich sehr von diesen Grundsätzen ab. Sie haben keine Achtung für die Weisheit andrer: aber, was ihnen daran abgeht, ersezzen sie reichlich durch ein volles Maß von Vertrauen auf ihre eigne. Bey ihnen ist es ein hinreichender Grund, eine alte Ordnung der Dinge zu zerstören, daß sie eine alte ist. Die Furcht, daß eine neue, die in aller Eil aufgebaut wird, keine Dauer haben möchte, beunruhigt sie nicht: denn Dauerhaftigkeit ist kein Verdienst in den Augen dessen, der da glaubt, daß vor seiner Zeit wenig oder nichts geschehen ist, und der alle seine Hoffnungen auf Entdeckungen gründet.   In ihrem System der Unordnung beweisen sie nach aller Strenge, daß das, was Beständigkeit mit sich führt, verderblich seyn muß, und deshalb liegen sie im unversöhnlichen Kriege mit allem, was Verfassung heißt.   Sie meynen, Regierungsformen könnten ohne alle Gefahr wie Kleidermoden wechseln; ein Staat könnte bestehen, wenn auch nichts als Sinn für den augenblicklichen Vortheil den Bürger an seine jedesmalige Einrichtung fesselte.   Sie drücken sich nie anders aus, als wenn zwischen ihnen und ihren Regenten ein Contrakt von gar seltsamer Art obwaltete, der nur den Regenten aber nie den Unterthan bände, und den die Majestät des Volks jeden Augenblick zerstöhren könnte, ohne irgend einen Grund als ihren unumschränkten Willen anzugeben. Selbst die Liebe zu ihrem Vaterlande besteht nur so lange, als sie sich mit diesem oder jenem flüchtigen Projekt verträgt: sie fängt an und endet, so wie das Regierungssystem, das ihren augenblicklichen Launen gerecht ist, angenommen oder verworfen wird.

Dies sind die Lehren, oder vielmehr die Gesinnungen die unter den neuen Staatsmännern herrschen. Von denen, nach welchen wir in England zu allen Zeiten gehandelt haben, sind sie himmelweit unterschieden.

Ich höre, daß es häufig in Frankreich heißt: was man dort thut, geschähe nach dem Beyspiel von England. Es sey mir dagegen erlaubt, zu behaupten, daß kaum ein einziger Schritt, den man in Frankreich gethan hat, seinen Ursprung, es sey in Rücksicht auf den Zweck, es sey in Rücksicht auf die Form, in den Verhandlungen oder in den herrschenden Meynungen der englischen Nation nachweisen kan. Es sey mir erlaubt, hinzu zu setzen, daß wir eben so abgeneigt sind, von Frankreich die neue Lehre zu empfangen, als fest versichert, sie nie an Frankreich abgetreten zu haben. Die Kabalen unter uns, die einen Antheil an den französischen Angelegenheiten nehmen, bestehen bis jetzt aus einer Handvoll Menschen. Sollten sie unglücklicher Weise durch ihre Ränke, durch ihre Predigten, durch

ihre Schriften, und besonders durch das Ansehen, welches ihnen
eine längst verhoffte Vereinigung mit den Rathgebern und Macht=
habern in Frankreich verleihen würde, ihre Parthey beträchtlich
verstärken, und folglich ernsthaft versuchen, irgend etwas von dem,
was in Frankreich geschehen ist, bey uns nachzuahmen: so wird
der Erfolg — ich wage es, ihn vorher zu verkündigen — kein
andrer seyn, als daß sie, freylich nicht ohne Zerrüttungen in ih=
rem Vaterlande anzurichten, sehr bald sich selbst zerstört haben
werden. Alle Ehrfurcht vor der Untrüglichkeit der Päbste, wenn
sie gleich mit Bannstrahlen und Kreuzzügen bewaffnet erschien,
konnte die englische Nation in längst verfloßnen Zeiten nicht dahin
bringen, daß sie ihre Gesetze abänderte: aller Glaube an die
Lehrgebäude der Philosophen, wenn gleich durch Schandschrif=
ten und Laternenhaken unterstützt, wird sie jetzt zu einem Umsturz
derselben nicht bewegen *).

*) Eine Begebenheit, die sich nicht gar lange nach der Erschei=
    nung dieses Werks in England zutrug, hat das, was Bur=
    ke hier, und in mehrern Stellen, von der leidenschaft=
    lichen Anhänglichkeit des englischen Volks an seine al=
    ten Gesetze und Gebräuche sagt, auf eine sehr feyerliche Art,
    obgleich unter sehr traurigen Umständen bestätiget. Dies
    war der Aufruhr zu Birmingham, am 14ten July
    1791. — Daß bey diesem merkwürdigen Vorfall keine Mit=
    wirkung der Großen, kein angelegtes Complot, kein ausstu=
    dirter Verfolgungsplan, irgend einer Parthey, irgend einer
    Sekte, irgend einer nahmhaften Classe von Menschen im
    Spiel gewesen ist, hat der Ausgang, trotz allem Verdacht
    den die schwärmerischen Demokraten anfangs zu nähren
    suchten, vollkommen ins Licht gestellt. Der Aufstand war
    lediglich die Frucht eines panischen Schreckens, welchen die
    wahre oder eingebildete Gefahr, ihre alte Verfassung zu ver=
    liehren, in den Gemüthern der gemeinsten Volksklasse erregt
    hatte, und einer tiefen Erbitterung gegen die, welche durch
    die öffentliche Anpreisung neuer politischer Grundsätze, durch
    öffentlichen Tadel ihrer vaterländischen Staatsverwaltung, und
    durch öffentliche Feste zu Ehren einer völlig antibrittischen
    Revolution und antibrittischen Constitution, sich als Anfüh=
    rer in dem Kriege, der jener alten Verfassung zu drohen
    schien, ankündigten. Daß den gemeinen Mann durch ganz
    Großbritannien dieselbigen Empfindungen beseelten, bewei=

Ehmals waren die französischen Angelegenheiten nur Frankreichs Sorge. Wir bekümmerten uns um sie, weil wir Menschen
sind: doch wir sahen sie nur von fern, weil wir nicht Bürger
von Frankreich waren. Wenn aber das, was dort vorgeht, uns
hier zum Muster aufgestellt wird, dann müssen wir es als Britten fühlen, und uns als Britten dagegen sichern. Jetzt müssen
wir, nothgedrungen, einen lebhaften Antheil an den französischen
Angelegenheiten nehmen, wenigstens in so fern, als wir die neue
Arzney, oder die neue Pest von uns abzuwehren haben. Wenn
es eine Arzney ist, so brauchen wir sie nicht, und darum verwerfen wir sie, weil wir die schlimmen Folgen aller unnützen Arzneyen
kennen. Wenn es eine Pest ist, so ist sie von so schrecklicher Art,
daß die strengste Quarantaine kaum strenge genug seyn kan, uns
dagegen zu schützen.

Ich höre von allen Seiten, daß einer Kabale, die sich die
philosophische nennt, die Ehre, viele der wichtigsten Neuerungen
hervorgebracht zu haben, zugeschrieben wird, und daß ihre Mey-

set sein Betragen in London, Dublin, und den meisten
andern Städten, wo jener 14te July gefeyert ward, wenn
gleich nirgends Scenen von so wilder und verderblicher Art
vorfielen als in Birmingham.

Eine Rebellion wider die Freyheit (es mag
nun wahre oder falsche Freyheit seyn) eine Volksempö-
rung gegen eine republikanisch gesinnte Sekte, ist allemahl ein höchst seltsames Phänomen. Nichts
scheint natürlicher, als daß ein System, worin Widerstand
gegen Unterdrückung, allgemeine Gleichheit, Volkssouverainität und Volksgewalt die ersten Rollen spielen, bey dem
Pöbel in jedem Lande eine glänzende Aufnahme finden,
und daß die französische Revolution, besonders zu der Zeit
da sie die Nation noch nicht auf den letzten Gipfel der
Ausgelassenheit und Abscheulichkeit geführt hatte, von den
niedrigern Ständen, die überdieß immer am meisten die
Sclaven der Illusionen des Augenblicks sind, allenthalben
angebetet werden müßte. Daß nichts desto weniger in
England gerade das Gegentheil Statt fand, dies lehrt
entscheidender und auffallender als alles, wie richtig Burke
den politischen Charakter seiner Nation gefaßt und dargestellt hatte, wenn er die Liebe zum Alten, als den

J

nungen und Lehren die Seele des ganzen neuen Syſtems ſeyn ſollen. In England iſt mir keine Sekte bekannt, welche dieſen Namen geführt hätte. Beſteht ſie in Frankreich etwa aus der Claſſe
von Menſchen, die der gemeine Mann in ſeinem plumpen und
ungehobelten Styl, Atheiſten oder Ungläubige nennt? —
Wenn dies iſt, ſo muß ich ſagen, daß auch wir Schriftſteller
aus dieſer Claſſe gehabt haben, die zu ihrer Zeit ein gewiſſes
Aufſehen erregten. Jetzt ſchlummern ſie in ewiger Vergeſſen-
heit. Wer von allen die in den letzten 40 Jahren geboren
wurden, hat ein einziges Wort von Collins, und Toland,
und Tindal, und Chubb, und Morgan, und ſo vielen
andern ihres Gleichen, die ſich Freydenker nannten, geleſen?
Wer lieſet noch Bolingbroke? Wer las ihn jemals durch?
— Fragt die Buchhändler in London, was aus allen dieſen
Lichtern der Welt in wenig Jahren geworden iſt. In eben ſo
wenig Jahren werden ihre wenigen Nachfolger zur Familien-
gruft wandern, „wo alle Capulets ruhen". Was ſie aber auch

regierenden, ausſchließend beſtimmenden, alles unterjochen-
den Hauptzug in dieſem Charakter angab.

Uebrigens wird gewiß jeder Geſittete und Redliche, das
Schickſal eines Mannes, von ſo gemeinnütziger und edler
Denkungsart, und von ſo ausgebreiteter und tiefer Gelehrſamkeit, als Dr. Prieſtley, und das Schickſal mancher andern würdigen und verdienſtvollen Perſonen, die der
Ausbruch der Volkswuth traf, bedauert haben: auch kan
man der engliſchen Regierung nicht zur Laſt legen, daß ſie
in einem Fall, wo Nachſicht, von Seiten einer Regierung,
vielleicht zu entſchuldigen war, ſaumſelig, oder übertrieben milde, in der Beſtrafung der Verbrecher zu Werke gegangen wäre. — Aber, daß die Revolutionsfreunde zu Birmingham, mit einer kaum begreiflichen Unkenntniß der
ſie umgebenden Umſtände, mit einer kindiſchen Sorgloſigkeit,
und mit einer ſtrafbaren Unbedachtſamkeit verfuhren, als ſie
ihre Einladungs-Pamphlete und Einladungszettel circuliren
ließen, ihre Freyheitsprogrammen ſchmiedeten, und die Zu-
bereitungen zu ihrem unglücklichen Feſte machten — das
mußte jedem Unbefangnen in und außer England einleuchten.
Anmerk. des Ueberſ.

sonst seyn, oder gewesen seyn mögen, bey uns leben und lebten sie nie anders als isolirt. Bey uns blieben sie dem allgemeinen Charakter ihrer Gattung treu, sich nicht in Heerden
zu halten. Sie wirkten nie gemeinschaftlich, sie waren nie als
eine Parthey im Staate bekannt, oder auch nur im Verdacht,
daß sie hinter den Namen irgend einer Parthey versteckt, oder
als Gehülfen einer Parthey Einfluß auf irgend eine Staats-
verhandlung hätten. Da dergleichen Kabalen in England nie
vorhanden gewesen sind, so konnte auch ihr Geist weder an
der Bildung unsrer Constitution noch an ihren nachmaligen
Veränderungen Antheil haben. Alles was hier geschah, ist
vielmehr unter der Anführung und unter der Gewährleistung
der Religion geschehn. Alles war das Werk einer gewissen
glücklichen Simplicität unsers Nationalcharakters, und einer
angebornen Gradheit und Offenheit des Verstandes, welche beständig die Männer von Macht und Ansehen unter uns aus-
zeichneten. Diese Anlagen sind noch nicht unter uns verschwunden.

Wir wissen, und was noch besser ist, wir fühlen, daß
Religion die Grundlage der bürgerlichen Gesellschaft, und die
große Quelle alles Segens und alles Trostes in jeder menschlichen Verbindung ist. In England sind wir von dieser
Wahrheit so innig überzeugt, daß der dickste Rost des Aberglaubens, womit eine Reihe von Jahrhunderten voll der ausschweifendsten Verirrungen des menschlichen Geistes die Gemüther überzogen haben mag, uns immer noch lieber ist als ein
gänzlicher Religionsmangel. So abgeschmackt werden wir nie
handeln, daß wir uns, um ein System zu reinigen oder zu
vervollkommnen, an den erklärten Feind dessen was das wesentlichste in diesem System ausmacht, wenden sollten. Wenn
unsre religiösen Einrichtungen einer Verbesserung bedürfen,
werden wir nicht den Atheismus auffordern, sie zu berichtigen.
Von dieser unheiligen Flamme wollen wir nicht Gebrauch machen, um unsern Tempel aufzuhellen. Es wird andre Lichter
geben, die ihn erleuchten können. Es wird andres Räuch-
werk als die verpesteten Spezereyen, die die Schleichhänd-

ler verfälschter Philosophie einzuführen, darin brennen. Wenn unsre Kirchenverfassung zu einer Reform reif ist, so sollen nicht Habsucht und Raubgier ihre unlautern Hände daran legen. Ohne das Griechische, oder das Armenische, oder auch — seitdem die Hitze des Streits sich gelegt hat, — das Katholische Religionssystem mit Erbitterung zu verdammen, hängen wir an dem Protestantischen, nicht weil darin das wenigste von der christlichen Religion zu finden ist, sondern weil es, nach unsrer Meynung, das meiste davon enthält. Wir sind Protestanten, nicht aus Gleichgültigkeit gegen die Religion, sondern aus Liebe zu ihr.

Wir wissen, und setzen unsern Stolz darein, zu wissen, daß der Mensch ein zur Religion geschaffnes Wesen ist, daß der Atheismus nicht allein mit unsrer Vernunft, sondern so gar mit unsern Instinkten streitet, und daß er nie anhaltend die Herrschaft führen kan. Wenn wir also in einem Augenblick der Ausgelassenheit, sinnlos-berauscht von den glühenden Essenzen, die jetzt in tausend Höllenküchen für Frankreich gesotten werden, unsre Blöße aufdecken sollten, indem wir eine Religion von uns stießen, die zeither unser Ruhm und unsre Stütze, und ein mächtiges Hülfsmittel der Cultur bey uns und so vielen andern Nationen war: so würden wir zittern (denn eine gänzliche Leere wird das Gemüth nicht dulden) daß irgend ein roher, verderblicher, erniedrigender Aberglaube sich einfände, um von ihrer Stelle Besitz zu nehmen.

Aus diesem Grunde werden wir nie eher die natürlichen, wahrhaft menschlichen Mittel, Achtung und Ehrfurcht zu erwecken, aus unserm Staat verbannen, und dem Spott der thörigten Menge Preis geben, wie Frankreich gethan, nicht ohne seine gerechte Strafe zu empfangen, gethan hat, als bis man uns andre gezeigt haben wird, die sie ersetzen können. Alsdann werden wir vergleichen und entscheiden.

Von diesen Ideen geleitet, und weit entfernt mit eingeführten Verfassungen zu rechten, wie die zu thun pflegen, deren Philosophie und Religion auf Feindschaft gegen alles was Verfassung heißt, gegründet ist, hängen wir fest am alten. Wir sind entschloffen, die Verfaffung unfrer Kirche, die Verfaffung unfrer Monarchie, die Verfaffung unfrer Ariftokratie, die Verfaffung unfrer Demokratie, ge= rade in dem Verhältniß, in welchem fie diefen Augenblick exi= ftiren, und in keinem andern, beyzubehalten. Ich will jetzt einen Verfuch machen zu zeigen, wie diefe verfchiednen Theile unfrer Conftitution neben und mit einander beftehen.

Zuerft muß ich über unfre Kirchenverfaffung reden: fie ift unter allen unfern Vorurtheilen das erfte: ein Vorur= theil, das tiefe, und viel=umfaffende Weisheit in fich fchließt. Es ift natürlich daß ich davon zuerft rede. Die Religion ift bey uns das erfte und das letzte. Indem wir alles andre auf ein feftes Religionsfyftem gründen, handeln wir nach einer früh =erfonnenen, und ftandhaft beybehaltenen Maxime unter den Menfchen. Diefe Maxime hat nicht allein, gleich einem treflichen Baumeifter, das erhabne Gebäude der bürgerlichen Gefellfchaft nach einem weifen Grundriß aufgeführt, fondern auch, gleich einem einfichtsvollen Befitzer, um ihren Bau, wie einen geweihten Tempel, dem fich Betrug und Gewalt und Ungerechtigkeit und Tyranney nicht nähern dürfen, vor jedem frevelhaften Angriff, vor jeder unlautern Berührung zu bewahren — den Staat, und alle die ihm dienen, feyer= lich und auf ewige Zeiten geheiliget und geweiht. Diefe Ein= weihung ift gefchehen, damit alle, die an der Regierung der Menfchen Antheil haben, und in diefem ehrenvollen Amte die Gottheit hienieden vertreten, hohe und anftändige Begriffe von ihrem Berufe faffen, damit ihre Hoffnungen auf nichts, als Unfterblichkeit gerichtet feyn, damit fie den fchmutzigen Ge= winnft eines Augenblicks, und den hinfälligen vorüberrau= fchenden Beyfall des Pöbels verachten, und nichts weiter fuchen follten, als eine fefte und bleibende Exiftenz an den bleibenden Theil ihres Wefens geheftet, und die Ewigkeit eines wahrhaf= ten Ruhms in dem Nachklang ihrer Thaten, den fie, wie ein

alten. Wir sind entschlossen, die Verfassung unsrer Kirche, die Verfassung unsrer Monarchie, die Verfassung unsrer Aristokratie, die Verfassung unsrer Demokratie, gerade in dem Verhältniß, in welchem sie diesen Augenblick existiren, und in keinem andern, beyzubehalten. Ich will jetzt einen Versuch machen zu zeigen, wie diese verschiednen Theile unsrer Constitution neben und mit einander bestehen.

Zuerst muß ich über unsre Kirchenverfassung reden: sie ist unter allen unsern Vorurtheilen das erste: ein Vorurtheil, das tiefe, und viel-umfassende Weisheit in sich schließt. Es ist natürlich daß ich davon zuerst rede. Die Religion ist bey uns das erste und das letzte. Indem wir alles andre auf ein festes Religionssystem gründen, handeln wir nach einer früh-ersonnenen, und standhaft beybehaltenen Maxime unter den Menschen. Diese Maxime hat nicht allein, gleich einem treflichen Baumeister, das erhabne Gebäude der bürgerlichen Gesellschaft nach einem weisen Grundriß aufgeführt, sondern auch, gleich einem einsichtsvollen Besitzer, um ihren Bau, wie einen geweihten Tempel, dem sich Betrug und Gewalt und Ungerechtigkeit und Tyranney nicht nähern dürfen, vor jedem frevelhaften Angriff, vor jeder unlautern Berührung zu bewahren — den Staat, und alle die ihm dienen, feyerlich und auf ewige Zeiten geheiliget und geweiht. Diese Einweihung ist geschehen, damit alle, die an der Regierung der Menschen Antheil haben, und in diesem ehrenvollen Amte die Gottheit hienieden vertreten, hohe und anständige Begriffe von ihrem Berufe fassen, damit ihre Hoffnungen auf nichts, als Unsterblichkeit gerichtet seyn, damit sie den schmutzigen Gewinnst eines Augenblicks, und den hinfälligen vorüberrauschenden Beyfall des Pöbels verachten, und nichts weiter suchen sollten, als eine feste und bleibende Existenz an den bleibenden Theil ihres Wesens geheftet, und die Ewigkeit eines wahrhaften Ruhms in dem Nachklang ihrer Thaten, den sie, wie ein

J 3

Gut verwaltet, und daß er von seiner Verwaltung dem großen Machthaber, dem einzigen Herrn und Stifter, und Gründer aller Gesellschaft ernste Rechenschaft abzulegen hat.

Dieser Grundsatz muß da, wo viele an der Souverainität Antheil haben, noch weit fester wurzeln, als in den Gemüthern einzelner Fürsten. Fürsten können nichts ohne Werkzeuge ausrichten. Wer Werkzeuge gebrauchen muß, findet Hindernisse, indem er Hülfsmittel findet. Die Macht solcher Regenten ist nie im eigentlichsten Verstande unumschränkt, und der äußerste Misbrauch derselben gränzt ganz nahe an die äußerste Gefahr. Was auch Schmeichelei, Selbsttäuschung und Uebermuth versuchen mögen, um Könige in dem Schlummer eitler Größe gegen diese Gefahr zu betäuben, sie werden immer fühlen, daß sie über ihre Haushaltung schon hienieden vor Gericht gefordert werden können. Wenn es nicht eine Empörung ihres Volks ist, was sie zu Grunde richtet, so wird die Janitscharenrotte, die sie gegen alle andre Empörungen schützen sollte, ihr Schwerdt selbst gegen sie kehren. So ward in unsern Tagen der König von Frankreich von seinen Soldaten verrathen, weil ihnen die Aufwiegler erhöhten Sold versprachen. — Wo aber Volksgewalt unaufgehalten und unaufhaltsam regiert, da muß das Vertrauen des Machthabenden auf seine eigne Kraft unendlich größer seyn, weil es unendlich gegründeter ist. Das Volk handelt, weit mehr als Fürsten es vermögen, durch sich selbst: es ist im hohen Grade sein eignes Werkzeug, es ist seinen Zwecken immer viel näher. Ueberdies hat das Gefühl für Achtung und Schande, der einzige Zuchtmeister auf Erden bey denen, welche keinen Herrn erkennen, einen sehr geringen Einfluß auf ganze Nationen. Der Antheil an der Schmach der jeden einzelnen trifft, wenn große Gesellschaften freveln, ist immer unbedeutend: und Furcht vor dem Urtheil andrer wirkt immer im umgekehrten Verhältniß mit der Anzahl derer, welche für ein Verbrechen verantwortlich sind. Den Beyfall, den solche Gesellschaften ihren eignen Beschlüssen, ihren eignen Thaten zujauchzen, verwechseln sie gar zu leicht mit der Stimme der Welt, und glauben dann, daß sie der

J 4

Gut verwaltet, und daß er von seiner Verwaltung dem großen
Machthaber, dem einzigen Herrn und Stifter, und Gründer aller
Gesellschaft ernste Rechenschaft abzulegen hat.

Dieser Grundsatz muß da, wo viele an der Souverainität
Antheil haben, noch weit fester wurzeln, als in den Gemüthern
einzelner Fürsten. Fürsten können nichts ohne Werkzeuge ausrichten. Wer Werkzeuge gebrauchen muß, findet Hindernisse,
indem er Hülfsmittel findet. Die Macht solcher Regenten ist nie im
eigentlichsten Verstande unumschränkt, und der äußerste Misbrauch
derselben gränzt ganz nahe an die äußerste Gefahr. Was auch
Schmeicheley, Selbsttäuschung und Uebermuth versuchen mögen,
um Könige in dem Schlummer eitler Größe gegen diese Gefahr
zu betäuben, sie werden immer fühlen, daß sie über ihre Haushaltung schon hienieden vor Gericht gefordert werden können.
Wenn es nicht eine Empörung ihres Volks ist, was sie zu Grunde richtet, so wird die Janitscharenrotte, die sie gegen alle andre
Empörungen schützen sollte, ihr Schwerdt selbst gegen sie kehren.
So ward in unsern Tagen der König von Frankreich von seinen
Soldaten verrathen, weil ihnen die Aufwiegler erhöhten Sold
versprachen. — Wo aber Volksgewalt unaufgehalten und unaufhaltsam regiert, da muß das Vertrauen des Machthabenden
auf seine eigne Kraft unendlich größer seyn, weil es unendlich gegründeter ist. Das Volk handelt, weit mehr als Fürsten es vermögen, durch sich selbst: es ist im hohen Grade sein eignes Werkzeug, es ist seinen Zwecken immer viel näher. Ueberdies hat das
Gefühl für Achtung und Schande, der einzige Zuchtmeister auf
Erden bey denen, welche keinen Herrn erkennen, einen sehr
geringen Einfluß auf ganze Nationen. Der Antheil an der
Schmach der jeden einzelnen trifft, wenn große Gesellschaften
freveln, ist immer unbedeutend: und Furcht vor dem Urtheil
anderer wirkt immer im umgekehrten Verhältniß mit der
Anzahl derer, welche für ein Verbrechen verantwortlich sind.
Den Beyfall, den solche Gesellschaften ihren eignen Beschlüssen, ihren eignen Thaten zujauchzen, verwechseln sie gar zu
leicht mit der Stimme der Welt, und glauben dann, daß sie der

J 4

Hand anzuvertrauen. Wenn sie berufen werden, einen Antheil an der Staatsverwaltung zu vergeben, so werden sie ihn nie, wie ein elendes Brodtgewerbe verhandeln, sondern wie einen heiligen und ehrenvollen Beruf verschenken. Sie werden bey der Wahl ihrer Diener, weder einen schmutzigen Gewinn, noch einen blinden Eigensinn, noch eine wilde Laune zu Führern haben, sondern eine Gewalt (die wohl Niemand ohne Zittern ausgeben, und Niemand ohne Zittern empfangen kan) nur denen verleihen, in welchen sie thätige Weisheit und thätige Tugend, so viel es in der großen und gemischten Masse menschlicher Unvollkommenheit und menschlicher Schwachheit möglich ist, vereiniget finden. Wenn sie sich erst an den Gedanken gewöhnt haben, daß dem, dessen Wesen die Güte ist, kein Böses, weder in denen, die es verüben, noch in denen, die es zulassen, gefallen kan, dann werden sie desto sorgfältiger aus dem Gemüthe eines jeden, dem Herrschaft anvertrauet ist, alles was einen übermüthigen und gesetzlosen Gebrauch derselben herbey führen könnte, auszurotten suchen.

Eins der vornehmsten und wesentlichsten Principien aber, die der Einweihung des Staats und der Gesetze zum Grunde liegen, ist, daß die, welche zu irgend einer Zeit im Besitz, oder vielmehr im Mießbrauch der gesellschaftlichen Vortheile sind, nie so handeln sollen, als wären sie uneingeschränkte Eigenthümer derselben, als hätten sie nichts von ihren Vorfahren erhalten, als wären sie ihren Nachkommen nichts zu hinterlassen schuldig; daß sie nie glauben sollen, es gehöre zu ihren Rechten, das große Fideicommiß daran sie Theil haben, anzugreifen, und das heilige Familienkapital, das in ihren Händen wuchert, zu verzehren; daß sie es folglich nicht wagen dürfen, die ersten Fundamente der Gesellschaft aufzureißen, und zu zertrümmern, denen, welche nach ihnen kommen, Ruinen statt einer Wohnstätte zu überliefern, und durch das Beyspiel ihrer Verachtung alles dessen was ihre Voreltern gestiftet haben, ihre Enkel zu ähnlichem Leichtsinn und zu ähnlicher Zerstöhrungssucht aufzufordern. Nähme diese verderbliche Leichtigkeit, den Staat, so oft, und so ganz, und so man-

J 5

Hand anzuvertrauen. Wenn sie berufen werden, einen Antheil an der Staatsverwaltung zu vergeben, so werden sie ihn nie, wie ein elendes Brodtgewerbe verhandeln, sondern wie einen heiligen und ehrenvollen Beruf verschenken. Sie werden bey der Wahl ihrer Diener, weder einen schmutzigen Gewinn, noch einen blinden Eigensinn, noch eine wilde Laune zu Führern haben, sondern eine Gewalt (die wohl Niemand ohne Zittern ausgeben, und Niemand ohne Zittern empfangen kan) nur denen verleihen, in welchen sie thätige Weisheit und thätige Tugend, so viel es in der großen und gemischten Masse menschlicher Unvollkommenheit und menschlicher Schwachheit möglich ist, vereiniget finden. Wenn sie sich erst an den Gedanken gewöhnt haben, daß dem, dessen Wesen die Güte ist, kein Böses, weder in denen, die es verüben, noch in denen, die es zulassen, gefallen kan, dann werden sie desto sorgfältiger aus dem Gemüthe eines jeden, dem Herrschaft anvertrauet ist, alles was einen übermüthigen und gesetzlosen Gebrauch derselben herbey führen könnte, auszurotten suchen.

Eins der vornehmsten und wesentlichsten Principien aber, die der Einweihung des Staats und der Gesetze zum Grunde liegen, ist, daß die, welche zu irgend einer Zeit im Besitz, oder vielmehr im Mißbrauch der gesellschaftlichen Vortheile sind, nie so handeln sollen, als wären sie uneingeschränkte Eigenthümer derselben, als hätten sie nichts von ihren Vorfahren erhalten, als wären sie ihren Nachkommen nichts zu hinterlassen schuldig; daß sie nie glauben sollen, es gehöre zu ihren Rechten, das große Fideicommiß daran sie Theil haben, anzugreifen, und das heilige Familienkapital, das in ihren Händen wuchert, zu verzehren; daß sie es folglich nicht wagen dürfen, die ersten Fundamente der Gesellschaft aufzureißen, und zu zertrümmern, denen, welche nach ihnen kommen, Ruinen statt einer Wohnstätte zu überliefern, und durch das Beyspiel ihrer Verachtung alles dessen was ihre Voreltern gestiftet haben, ihre Enkel zu ähnlichem Leichtsinn und zu ähnlicher Zerstörungssucht aufzufordern. Nähme diese verderbliche Leichtigkeit, den Staat, so oft, und so ganz, und so man-

J 5

fühl für die Ehre in die ersten Schläge des jungen Herzens zu
trauen, wenn Niemand mehr wüßte, was der Probirstein der Ehre bey einer Nation, die den Gehalt dieser kostbaren Münze unaufhörlich veränderte, in wenig Jahren seyn könnte! Von allen
Seiten würden die mühsam-erworbenen Schäte des geselligen
Lebens wieder verlohren gehen. Von dem Mangel einer festen
Erziehung und einer gleichförmigen Lebensweise, würde Barbarey in Wissenschaft und Geschmack, Plumpheit in Künsten und
mechanischen Arbeiten eine unausbleibliche Folge seyn, und so,
der Staatskörper selbst, nach wenig Generationen, zusammen
schrumpfen und dahin schwinden, aufgelöset werden in den Staub
und Moder seiner zertrennten Bestandtheile, und zuletzt auseinander stieben mit allen Winden des Himmels —.

Um also den Gefahren der Unbeständigkeit und Wandelbarkeit, tausend und tausendmal furchtbarer, als die der Verhärtung
und der blindesten Vorurtheile, auszuweichen, haben wir den
Staat geheiliget, auf daß Niemand seine Gebrechen anders als
mit schüchterner Ehrfurcht enthülle, auf daß es keinem träume,
seine Verbesserung mit seiner Zerstöhrung zu eröfnen, auf daß
jeder Bürger zu den Fehlern desselben herannahe, wie man zu den
Wunden eines Vaters tritt, mit frommer Zärtlichkeit und zitternder Besorgniß. Dieses weise Vorurtheil giebt uns tiefen Abscheu
vor jenen unnatürlichen Kindern ihres Vaterlandes ein, die mit
rascher Hand ihren alten Vater in Stücke zerhacken, und ihn in
den Zauberkessel verruchter Schwarzkünstler werfen, um dann
durch giftige Kräuter und wilde Zauberformeln das väterliche Leben verjüngt wieder herzustellen, und den entflohenen Geist zurückzurufen.

Die bürgerliche Gesellschaft ist ein großer Contrakt. Kleine
Privatcontrakte, die ein vorübergehendes gemeinschaftliches Interesse herbey führt, können nach Belieben wieder aufgehoben
werden: aber es wäre frevelhaft, den Staatsverein wie eine alltägliche Kaufmannssocietät, wie einen unbedeutenden Gemeinhandel mit Pfeffer oder Caffee zu betrachten, den man treibt, so
lange man Lust hat, und aufgiebt, wenn man seinen Vortheil

fühl für die Ehre in die ersten Schläge des jungen Herzens zu tragen, wenn Niemand mehr wüßte, was der Probirstein der Ehre bey einer Nation, die den Gehalt dieser kostbaren Münze unaufhörlich veränderte, in wenig Jahren seyn könnte! Von allen Seiten würden die mühsam-erworbenen Schätze des geselligen Lebens wieder verlohren gehen. Von dem Mangel einer festen Erziehung und einer gleichförmigen Lebensweise, würde Barbarey in Wissenschaft und Geschmack, Plumpheit in Künsten und mechanischen Arbeiten eine unausbleibliche Folge seyn, und so, der Staatskörper selbst, nach wenig Generationen, zusammen schrumpfen und dahin schwinden, aufgelöset werden in den Staub und Moder seiner zertrennten Bestandtheile, und zuletzt auseinander stieben mit allen Winden des Himmels —.

Um also den Gefahren der Unbeständigkeit und Wandelbarkeit, tausend und tausendmal furchtbarer, als die der Verhärtung und der blindesten Vorurtheile, auszuweichen, haben wir den Staat geheiliget, auf daß Niemand seine Gebrechen anders als mit schüchterner Ehrfurcht enthülle, auf daß es keinem träume, seine Verbesserung mit seiner Zerstöhrung zu eröfnen, auf daß jeder Bürger zu den Fehlern desselben herannahe, wie man zu den Wunden eines Vaters tritt, mit frommer Zärtlichkeit und zitternder Besorgniß. Dieses weise Vorurtheil giebt uns tiefen Abscheu vor jenen unnatürlichen Kindern ihres Vaterlandes ein, die mit rascher Hand ihren alten Vater in Stücke zerhacken, und ihn in den Zauberkessel verruchter Schwarzkünstler werfen, um dann durch giftige Kräuter und wilde Zauberformeln das väterliche Leben verjüngt wieder herzustellen, und den entflohenen Geist zurück zurufen.

Die bürgerliche Gesellschaft ist ein großer Contrakt. Kleine Privatcontrakte, die ein vorübergehendes gemeinschaftliches Interesse herbey führt, können nach Belieben wieder aufgehoben werden: aber es wäre frevelhaft, den Staatsverein wie eine alltägliche Kaufmannssocietät, wie einen unbedeutenden Gemeinhandel mit Pfeffer oder Caffee zu betrachten, den man treibt, so lange man Lust hat, und aufgiebt, wenn man seinen Vortheil

stand der Wahl wird, dann ist das Gesetz gebrochen, die Majestät der Natur beleidigt, und die Hochverräther werden dem Verderben überantwortet, ausgestoßen, und verbannt aus dieser Welt der Vernunft, der Ordnung, des Friedens, der Tugend, und der fruchtbringenden Reue, in die entgegengesetzte Welt, wo Wahnsinn und Zwietracht, und Laster, und Schande, und fruchtloser Jammer regieren.

Dies, mein theurer Freund, sind und bleiben zu allen Zeiten, die Gesinnungen der Unterrichteten und Denkenden unsrer Nation. Die welche zu dieser Classe gehören, hängen aus ernster und langer Ueberzeugung an diesen Grundsätzen. Was die übrigen daran fesselt, ist Glaube — eine Erkenntnißquelle, die Niemand verachten wird, der es weiß, daß die Vorsehung einen beträchtlichen Theil des menschlichen Geschlechts nicht bestimmt hatte, sein eigner Führer zu seyn. Beyde, die welche wissen, und die welche glauben, wandeln Einem Ziele zu, wenn sie gleich auf verschiednen Wegen wandeln. Alle insgesammt begreifen oder fühlen die Weisheit des alten erhabnen Ausspruchs: „daß jenem „obersten und allgütigen Wesen nichts von allem, was auf Erden „geschieht, wohlgefälliger ist, als die gesellschaftlichen und gesetz„lichen Verbindungen, welche wir Staaten nennen")*. Was dieser Grundmaxime des Kopfs und des Herzens wesentliches Ansehen bey ihnen verschafft, ist nicht der große Name dessen, der sie vortrug, nicht der größre dessen, von dem sie ursprünglich herrühren soll, sondern das, was einzig den tiefsinnigsten und gelehrtesten Spekulationen wahres Gewicht, und wahren Einfluß sichern kann, das allgemeine Gefühl und die allgemeine Stimme der Menschheit. Ueberzeugt, daß es bey allem, was geschieht,

---

*) Quod illi principi et praepotenti Deo, qui omnem hunc mundum regit, nihil eorum quae quidem fiant in terris acceptius, quam concilia et coetus hominum jure sociati, quae civitates appellantur. — Cicero legt diese erhabne Maxime dem ältern Scipio in den Mund. S. Somnium Scipionis. cap. 3.

stand der Wahl wird, dann ist das Gesetz gebrochen, die Majestät der Natur beleidigt, und die Hochverräther werden dem
Verderben überantwortet, ausgestoßen, und verbannt aus dieser
Welt der Vernunft, der Ordnung, des Friedens, der Tugend,
und der fruchtbringenden Reue, in die entgegengesetzte Welt, wo
Wahnsinn und Zwietracht, und Laster, und Schande, und
fruchtloser Jammer regieren.

Dies, mein theurer Freund, sind und bleiben zu allen Zeiten, die Gesinnungen der Unterrichteten und Denkenden unsrer
Nation. Die welche zu dieser Classe gehören, hängen aus ernster und langer Ueberzeugung an diesen Grundsätzen. Was die
übrigen daran fesselt, ist Glaube — eine Erkenntnißquelle, die
Niemand verachten wird, der es weiß, daß die Vorsehung einen
beträchtlichen Theil des menschlichen Geschlechts nicht bestimmt
hatte, sein eigner Führer zu seyn. Beyde, die welche wissen, und
die welche glauben, wandeln Einem Ziele zu, wenn sie gleich auf
verschiednen Wegen wandeln. Alle insgesammt begreifen oder
fühlen die Weisheit des alten erhabnen Ausspruchs: „daß jenem
„obersten und allgütigen Wesen nichts von allem, was auf Erden
„geschieht, wohlgefälliger ist, als die gesellschaftlichen und gesetz-
„lichen Verbindungen, welche wir Staaten nennen" *). Was
dieser Grundmaxime des Kopfs und des Herzens wesentliches Ansehen bey ihnen verschafft, ist nicht der große Name dessen, der
sie vortrug, nicht der größte dessen, von dem sie ursprünglich herrühren soll, sondern das, was einzig den tiefsinnigsten und gelehrtesten Spekulationen wahres Gewicht, und wahren Einfluß
sichern kann, das allgemeine Gefühl und die allgemeine Stimme
der Menschheit. Ueberzeugt, daß es bey allem, was geschieht,

*) Quod illi principi et praepotenti Deo, qui omnem hunc
mundum regit, nihil eorum quae quidem fiant in terris acceptius, quam concilia et coetus hominum jure sociati, quae civitates appellantur. — Cicero legt diese erhabne Maxime
dem ältern Scipio in den Mund. S. Somnium Scipionis. cap. 3.

gut verwaltet, **und daß** er von seiner Verwaltung dem großen
Machthaber, **dem einzigen Herrn und Stifter, und Gründer aller**
Gesellschaft ernste Rechenschaft abzulegen hat.

Dieser **Grundsatz** muß da, wo viele an der Souverainität
Antheil haben, **noch weit** fester wurzeln, als in den Gemüthern
einzelner Fürsten. Fürsten können nichts ohne Werkzeuge ausrichten. Wer **Werkzeuge** gebrauchen muß, findet Hindernisse,
indem er Hülfsmittel findet. Die Macht solcher Regenten ist nie im
eigentlichsten Verstande unumschränkt, und der äußerste Misbrauch
derselben gränzt ganz nahe an die äußerste Gefahr. Was auch
Schmeicheley, Selbsttäuschung und Uebermuth versuchen mögen,
um Könige in dem Schlummer eitler Größe gegen diese Gefahr
zu betäuben, sie werden immer fühlen, daß sie über ihre Haushaltung schon hienieden vor Gericht gefordert werden können.
Wenn es nicht eine Empörung ihres Volks ist, was sie zu Grunde richtet, so wird die Janitscharenrotte, die sie gegen alle andre
Empörungen schützen sollte, ihr Schwerdt selbst gegen sie kehren.
So ward in unsern Tagen der König von Frankreich von seinen
Soldaten verrathen, weil ihnen die Aufwiegler erhöhten Sold
versprachen. — Wo aber Volksgewalt unaufgehalten und unaufhaltsam regiert, da muß das Vertrauen des Machthabenden
auf seine eigne Kraft unendlich größer seyn, weil es unendlich gegründeter ist. Das Volk handelt, weit mehr als Fürsten es vermögen, durch sich selbst: es ist im hohen Grade sein eignes Werkzeug, es ist seinen Zwecken immer viel näher. Ueberdies hat das
Gefühl für Achtung und Schande, der einzige Zuchtmeister auf
Erden bey denen, welche keinen Herrn erkennen, einen sehr
geringen Einfluß auf ganze Nationen. Der Antheil an der
Schmach der jeden einzelnen trifft, wenn große Gesellschaften
freveln, ist immer unbedeutend: und Furcht vor dem Urtheil
andrer wirkt immer im umgekehrten Verhältniß mit der
Anzahl derer, welche für ein Verbrechen verantwortlich sind.
Den Beyfall, den solche Gesellschaften ihren eignen Beschlüssen, ihren eignen Thaten zujauchzen, verwechseln sie gar zu
leicht mit der Stimme der Welt, und glauben dann, daß sie der

gut verwaltet, und daß er von seiner Verwaltung dem großen Machthaber, dem einzigen Herrn und Stifter, und Gründer aller Gesellschaft ernste Rechenschaft abzulegen hat.

Dieser Grundsatz muß da, wo viele an der Souverainität Antheil haben, noch weit fester wurzeln, als in den Gemüthern einzelner Fürsten. Fürsten können nichts ohne Werkzeuge ausrichten. Wer Werkzeuge gebrauchen muß, findet Hindernisse, indem er Hülfsmittel findet. Die Macht solcher Regenten ist nie im eigentlichsten Verstande unumschränkt, und der äußerste Misbrauch derselben gränzt ganz nahe an die äußerste Gefahr. Was auch Schmeicheley, Selbsttäuschung und Uebermuth versuchen mögen, um Könige in dem Schlummer eitler Größe gegen diese Gefahr zu betäuben, sie werden immer fühlen, daß sie über ihre Haushaltung schon hienieden vor Gericht gefordert werden können. Wenn es nicht eine Empörung ihres Volks ist, was sie zu Grunde richtet, so wird die Janitscharenrotte, die sie gegen alle andre Empörungen schützen sollte, ihr Schwerdt selbst gegen sie kehren. So ward in unsern Tagen der König von Frankreich von seinen Soldaten verrathen, weil ihnen die Aufwiegler erhöhten Sold versprachen. — Wo aber Volksgewalt unaufgehalten und unaufhaltsam regiert, da muß das Vertrauen des Machthabenden auf seine eigne Kraft unendlich größer seyn, weil es unendlich gegründeter ist. Das Volk handelt, weit mehr als Fürsten es vermögen, durch sich selbst: es ist im hohen Grade sein eignes Werkzeug, es ist seinen Zwecken immer viel näher. Ueberdies hat das Gefühl für Achtung und Schande, der einzige Zuchtmeister auf Erden bey denen, welche keinen Herrn erkennen, einen sehr geringen Einfluß auf ganze Nationen. Der Antheil an der Schmach der jeden einzelnen trifft, wenn große Gesellschaften freveln, ist immer unbedeutend: und Furcht vor dem Urtheil andrer wirkt immer im umgekehrten Verhältniß mit der Anzahl derer, welche für ein Verbrechen verantwortlich sind. Den Beyfall, den solche Gesellschaften ihren eignen Beschlüssen, ihren eignen Thaten zujauchzen, verwechseln sie gar zu leicht mit der Stimme der Welt, und glauben dann, daß sie der

Hand anzuvertrauen. Wenn sie berufen werden, einen Antheil
an der Staatsverwaltung zu vergeben, so werden sie ihn nie, wie
ein elendes Brodtgewerbe verhandeln, sondern wie einen heiligen
und ehrenvollen Beruf verschenken. Sie werden bey der Wahl
ihrer Diener, weder einen schmutzigen Gewinn, noch einen blinden Eigensinn, noch eine wilde Laune zu Führern haben, sondern
eine Gewalt (die wohl Niemand ohne Zittern ausgeben, und Niemand ohne Zittern empfangen kan) nur denen verleihen, in welchen sie thätige Weisheit und thätige Tugend, so viel es in der
großen und gemischten Masse menschlicher Unvollkommenheit und
menschlicher Schwachheit möglich ist, vereiniget finden. Wenn
sie sich erst an den Gedanken gewöhnt haben, daß dem, dessen
Wesen die Güte ist, kein Böses, weder in denen, die es verüben, noch in denen, die es zulassen, gefallen kan, dann werden
sie desto sorgfältiger aus dem Gemüthe eines jeden, dem Herrschaft anvertrauet ist, alles was einen übermüthigen und gesetzlosen Gebrauch derselben herbey führen könnte, auszurotten
suchen.

Eins der vornehmsten und wesentlichsten Principien aber, die
der Einweihung des Staats und der Gesetze zum Grunde liegen, ist, daß die, welche zu irgend einer Zeit im Besitz, oder vielmehr im Mißbrauch der gesellschaftlichen Vortheile sind, nie so
handeln sollen, als wären sie uneingeschränkte Eigenthümer derselben, als hätten sie nichts von ihren Vorfahren erhalten, als
wären sie ihren Nachkommen nichts zu hinterlassen schuldig; daß
sie nie glauben sollen, es gehöre zu ihren Rechten, das große Fideicommiß daran sie Theil haben, anzugreifen, und das heilige
Familienkapital, das in ihren Händen wuchert, zu verzehren;
daß sie es folglich nicht wagen dürfen, die ersten Fundamente der
Gesellschaft aufzureißen, und zu zertrümmern, denen, welche nach
ihnen kommen, Ruinen statt einer Wohnstätte zu überliefern, und
durch das Beyspiel ihrer Verachtung alles dessen was ihre Voreltern gestiftet haben, ihre Enkel zu ähnlichem Leichtsinn und zu
ähnlicher Zerstöhrungssucht aufzufordern. Nähme diese verderbliche Leichtigkeit, den Staat, so oft, und so ganz, und so man-

J 5

Hand anzuvertrauen. Wenn sie berufen werden, einen Antheil
an der Staatsverwaltung zu vergeben, so werden sie ihn nie, wie
ein elendes Broderwerbe verhandeln, sondern wie einen heiligen
und ehrenvollen Beruf verschenken. Sie werden bey der Wahl
ihrer Diener, weder einen schmutzigen Gewinn, noch einen blinden Eigensinn, noch eine wilde Laune zu Führern haben, sondern
eine Gewalt (die wohl Niemand ohne Zittern ausgeben, und Niemand ohne Zittern empfangen kan) nur denen verleihen, in welchen sie thätige Weisheit und thätige Tugend, so viel es in der
großen und gemischten Masse menschlicher Unvollkommenheit und
menschlicher Schwachheit möglich ist, vereiniget finden. Wenn
sie sich erst an den Gedanken gewöhnt haben, daß dem, dessen
Wesen die Güte ist, kein Böses, weder in denen, die es verüben, noch in denen, die es zulassen, gefallen kan, dann werden
sie desto sorgfältiger aus dem Gemüthe eines jeden, dem Herrschaft anvertrauet ist, alles was einen übermüthigen und gesetzlosen Gebrauch derselben herbey führen könnte, auszurotten
suchen.

Eins der vornehmsten und wesentlichsten Principien aber, die
der Einweihung des Staats und der Gesetze zum Grunde liegen, ist, daß die, welche zu irgend einer Zeit im Besitz, oder vielmehr im Mißbrauch der gesellschaftlichen Vortheile sind, nie so
handeln sollen, als wären sie uneingeschränkte Eigenthümer derselben, als hätten sie nichts von ihren Vorfahren erhalten, als
wären sie ihren Nachkommen nichts zu hinterlassen schuldig; daß
sie nie glauben sollen, es gehöre zu ihren Rechten, das große Fideicommiß daran sie Theil haben, anzugreifen, und das heilige
Familienkapital, das in ihren Händen wuchert, zu verzehren;
daß sie es folglich nicht wagen dürfen, die ersten Fundamente der
Gesellschaft aufzureißen, und zu zertrümmern, denen, welche nach
ihnen kommen, Ruinen statt einer Wohnstätte zu überliefern, und
durch das Beyspiel ihrer Verachtung alles dessen was ihre Voreltern gestiftet haben, ihre Enkel zu ähnlichem Leichtsinn und zu
ähnlicher Zerstörungssucht aufzufordern. Nähme diese verderbliche Leichtigkeit, den Staat, so oft, und so ganz, und so man-

ihü für die Ehre **in die** erſten Schläge des jungen Herzens zu
tragen, wenn Niemand mehr wüſte, was der Probirſtein der Ehre bey einer Nation, die den Gehalt dieſer koſtbaren Münze unaufhörlich veränderte, in wenig Jahren ſeyn könnte! Von allen
Seiten würden die mühſam, erworbenen Schätze des geſelligen
Lebens wieder verlohren gehen. Von dem Mangel einer feſten
Erziehung und einer gleich förmigen Lebensweiſe, würde Barbarey in Wiſſenſchaft und Geſchmack, Plumpheit in Künſten und
mechaniſchen Arbeiten eine unausbleibliche Folge ſeyn, und ſo,
der Staatskörper ſelbſt, nach wenig Generationen, zuſammen
ſchrumpfen und dahin ſchwinden, aufgelöſet werden in den Staub
und Moder ſeiner zertrennten Beſtandtheile, und zuletzt auseinander ſtieben mit allen Winden des Himmels —.

Um alſo den Gefahren der Unbeſtändigkeit und Wandelbarkeit, tauſend und tauſendmal furchtbarer, als die der Verhärtung
und der blindeſten Vorurtheile, auszuweichen, haben wir den
Staat geheiliget, auf daß Niemand ſeine Gebrechen anders als
mit ſchüchterner Ehrfurcht enthülle, auf daß es keinem träume,
ſeine Verbeſſerung mit ſeiner Zerſtöhrung zu eröfnen, auf daß
jeder Bürger zu den Fehlern deſſelben herannahe, wie man zu den
Wunden eines Vaters tritt, mit frommer Zärtlichkeit und zitternder Beſorgniß. Dieſes weiſe Vorurtheil giebt uns tiefen Abſcheu
vor jenen unnatürlichen Kindern ihres Vaterlandes ein, die mit
raſcher Hand ihren alten Vater in Stücke zerhacken, und ihn in
den Zauberkeſſel verruchter Schwarzkünſtler werfen, um dann
durch giftige Kräuter und wilde Zauberformeln das väterliche Leben verjüngt wieder herzuſtellen, und den entflohenen Geiſt zurückzurufen.

Die bürgerliche Geſellſchaft iſt ein großer Contrakt. Kleine
Privatcontrakte, die ein vorübergehendes gemeinſchaftliches Intereſſe herbey führt, können nach Belieben wieder aufgehoben
werden: aber es wäre frevelhaft, den Staatsverein wie eine alltägliche Kaufmannsſocietät, wie einen unbedeutenden Gemeinhandel mit Pfeffer oder Caffee zu betrachten, den man treibt, ſo
lange man Luſt hat, und aufgiebt, wenn man ſeinen Vortheil

fühl für die Ehre in die erſten Schläge des jungen Herzens zu trauen, wenn Niemand mehr wüſte, was der Probirſtein der Ehre bey einer Nation, die den Gehalt dieſer koſtbaren Münze unaufhörlich veränderte, in wenig Jahren ſeyn könnte! Von allen Seiten würden die mühſam, erworbenen Schätze des geſelligen Lebens wieder verlohren gehen. Von dem Mangel einer feſten Erziehung und einer gleich förmigen Lebensweiſe, würde Barbarey in Wiſſenſchaft und Geſchmack, Plumpheit in Künſten und mechaniſchen Arbeiten eine unausbleibliche Folge ſeyn, und ſo, der Staatskörper ſelbſt, nach wenig Generationen, zuſammen ſchrumpfen und dahin ſchwinden, aufgelöſet werden in den Staub und Moder ſeiner zertrennten Beſtandtheile, und zuletzt auseinander fliehen mit allen Winden des Himmels —.

Um alſo den Gefahren der Unbeſtändigkeit und Wandelbarkeit, tauſend und tauſendmal furchtbarer, als die der Verhärtung und der blindeſten Vorurtheile, auszuweichen, haben wir den Staat geheiliget, auf daß Niemand ſeine Gebrechen anders als mit ſchüchterner Ehrfurcht enthülle, auf daß es keinem träume, ſeine Verbeſſerung mit ſeiner Zerſtöhrung zu eröfnen, auf daß jeder Bürger zu den Fehlern deſſelben herannahe, wie man zu den Wunden eines Vaters tritt, mit frommer Zärtlichkeit und zitternder Beſorgniß. Dieſes weiſe Vorurtheil giebt uns tiefen Abſcheu vor jenen unnatürlichen Kindern ihres Vaterlandes ein, die mit raſcher Hand ihren alten Vater in Stücke zerhacken, und ihn in den Zauberkeſſel verruchter Schwarzkünſtler werfen, um dann durch giftige Kräuter und wilde Zauberformeln das väterliche Leben verjüngt wieder herzuſtellen, und den entflohenen Geiſt zurückzurufen.

Die bürgerliche Geſellſchaft iſt ein großer Contrakt. Kleine Privatcontrakte, die ein vorübergehendes gemeinſchaftliches Intereſſe herbey führt, können nach Belieben wieder aufgehoben werden: aber es wäre frevelhaft, den Staatsverein wie eine alltägliche Kaufmannsſocietät, wie einen unbedeutenden Gemeinhandel mit Pfeffer oder Caffee zu betrachten, den man treibt, ſo lange man Luſt hat, und aufgiebt, wenn man ſeinen Vortheil

stand der Wahl wird, dann ist das Gesetz gebrochen, die Majestät der Natur beleidigt, und die Hochverräther werden dem
Verderben überantwortet, ausgestoßen, und verbannt aus dieser
Welt der Vernunft, der Ordnung, des Friedens, der Tugend,
und der fruchtbringenden Reue, in die entgegengesetzte Welt, wo
Wahnsinn und Zwietracht, und Laster, und Schande, und
fruchtloser Jammer regieren.

Dies, mein theurer Freund, sind und bleiben zu allen Zeiten, die Gesinnungen der Unterrichteten und Denkenden unsrer
Nation. Die welche zu dieser Classe gehören, hängen aus ernster und langer Ueberzeugung an diesen Grundsätzen. Was die
übrigen daran fesselt, ist Glaube — eine Erkenntnißquelle, die
Niemand verachten wird, der es weiß, daß die Vorsehung einen
beträchtlichen Theil des menschlichen Geschlechts nicht bestimmt
hatte, sein eigner Führer zu seyn. Beyde, die welche wissen, und
die welche glauben, wandeln Einem Ziele zu, wenn sie gleich auf
verschiednen Wegen wandeln. Alle insgesammt begreifen oder
fühlen die Weisheit des alten erhabnen Ausspruchs: „daß jenem
„obersten und allgütigen Wesen nichts von allem, was auf Erden
„geschieht, wohlgefälliger ist, als die gesellschaftlichen und gesetz-
„lichen Verbindungen, welche wir Staaten nennen"*). Was
dieser Grundmaxime des Kopfs und des Herzens wesentliches Ansehen bey ihnen verschafft, ist nicht der große Name dessen, der
sie vortrug, nicht der größre dessen, von dem sie ursprünglich herrühren soll, sondern das, was einzig den tiefsinnigsten und gelehrtesten Spekulationen wahres Gewicht, und wahren Einfluß
sichern kann, das allgemeine Gefühl und die allgemeine Stimme
der Menschheit. Ueberzeugt, daß es bey allem, was geschieht,

*) Quod illi principi et praepotenti Deo, qui omnem hunc
mundum regit, nihil eorum quae quidem fiant in terris acceptius, quam concilia et coetus hominum jure sociati, quae civitates appellantur. — Cicero legt diese erhabne Maxime
dem ältern Scipio in den Mund. S. Somnium Scipionis. cap. 3.

und der Wahl wird, dann ist das Gesetz gebrochen, die Majestät der Natur beleidigt, und die Hochverräther werden dem
Verderben überantwortet, ausgestoßen, und verbannt aus dieser
Welt der Vernunft, der Ordnung, des Friedens, der Tugend,
und der fruchtbringenden Reue, in die entgegengesetzte Welt, wo
Wahnsinn und Zwietracht, und Laster, und Schande, und
fruchtloser Jammer regieren.

Dies, mein theurer Freund, sind und bleiben zu allen Zeiten, die Gesinnungen der Unterrichteten und Denkenden unsrer
Nation. Die welche zu dieser Classe gehören, hängen aus ernster und langer Ueberzeugung an diesen Grundsätzen. Was die
übrigen daran fesselt, ist Glaube — eine Erkenntnißquelle, die
Niemand verachten wird, der es weiß, daß die Vorsehung einen
beträchtlichen Theil des menschlichen Geschlechts nicht bestimmt
hatte, sein eigner Führer zu seyn. Beyde, die welche wissen, und
die welche glauben, wandeln Einem Ziele zu, wenn sie gleich auf
verschiednen Wegen wandeln. Alle insgesammt begreifen oder
fühlen die Weisheit des alten erhabnen Ausspruchs: „daß jenem
„obersten und allgütigen Wesen nichts von allem, was auf Erden
„geschieht, wohlgefälliger ist, als die gesellschaftlichen und gesetz-
„lichen Verbindungen, welche wir Staaten nennen“*). Was
dieser Grundmaxime des Kopfs und des Herzens wesentliches Ansehen bey ihnen verschafft, ist nicht der große Name dessen, der
sie vortrug, nicht der größre dessen, von dem sie ursprünglich herrühren soll, sondern das, was einzig den tiefsinnigsten und gelehrtesten Spekulationen wahres Gewicht, und wahren Einfluß
sichern kann, das allgemeine Gefühl und die allgemeine Stimme
der Menschheit. Ueberzeugt, daß es bey allem, was geschieht,

*) Quod illi principi et praepotenti Deo, qui omnem hunc
mundum regit, nihil eorum quae quidem fiant in terris acceptius, quam concilia et coetus hominum jure sociati, quae civitates appellantur. — Cicero legt diese erhabne Maxime
dem ältern Scipio in den Mund. S. Somnium Scipionis. cap. 3.

ste und Geringste findet in diesen feyerlichen Scenen seine eigne Wichtigkeit und seine eigne Würde wieder, indeß der Reichthum und der Stolz der einzelnen Beglückten nichts als das Gefühl seiner Niedrigkeit, nichts als Muthlosigkeit und Selbstverachtung in ihm schaffen kan. Den Dürftigen und Verlaßnen unter unsern Brüdern ist also dieser Theil des allgemeinen Staatseinkommens ausgesondert und geheiliget: die, welchen das niedrigste Loos fiel, sollen dadurch aufgerichtet, in ihren eignen Augen gehoben, und zu einer andern Ordnung der Dinge vorbereitet werden, wo das Schicksal sie mit denen, die hier hervorragten, auf eine Stufe stellen wird, die Tugend zu einer höhern führen kan.

Ich ziele wahrlich nicht auf Sonderbarkeit ab. Was ich hier vortrage, ist von den frühsten Zeiten her bis auf den jetzigen Augenblick das allgemein angenommene System unter meinen Landsleuten gewesen, und hat sich eben deswegen meinem Gemüth so tief eingegraben, daß ich nicht mehr im Stande bin, das, was ich durch eignes Nachdenken entdeckte, von dem was andre mich lehrten, zu unterscheiden.

Vom Geiste dieses Systems geleitet, hat die große Majorität der englischen Nation, weit entfernt, eine öffentliche Religion mit einer guten Staatsverfassung streitend zu finden, kaum eine Vorstellung von einer guten Staatsverfassung ohne öffentliche Religion. Es ist ein gewaltiger Irrthum, wenn man in Frankreich nicht glaubt, daß wir an nichts so sehr als an der Religion, daß wir mehr als alle andre Nationen daran hängen. Selbst unsre Verirrungen, selbst die Ausbrüche eines wilden Fanatismus, wodurch die Religion nur zu oft bey uns entehrt worden ist, zeugen wenigstens laut von unserm Eifer für dieselbe.

Alle politischen Grundsätze unsrer Nation stehen im Zusammenhange mit diesem System. In England betrachtet man die kirchliche Verfassung nicht blos als etwas nützliches, sondern als etwas wesentliches für den Staat, nicht als eine fremdartige, willkührlich beygefügte Einrichtung, nicht als einen gleichgültigen Schmuck den man beybehalten oder ablegen kan, je nachdem es die Convenienz des Augenblicks gebietet. Man sieht sie vielmehr

ße und Geringste findet in diesen feyerlichen Scenen seine eigne Wichtigkeit und seine eigne Würde wieder, indeß der Reichthum und der Stolz der einzelnen Beglückten nichts als das Gefühl seiner Niedrigkeit, nichts als Muthlosigkeit und Selbstverachtung in ihm schaffen kan. Den Dürftigen und Verlaßnen unter unsern Brüdern ist also dieser Theil des allgemeinen Staatseinkommens ausgesondert und geheiliget: die, welchen das niedrigste Loos fiel, sollen dadurch aufgerichtet, in ihren eignen Augen gehoben, und zu einer andern Ordnung der Dinge vorbereitet werden, wo das Schicksal sie mit denen, die hier hervorragten, auf eine Stufe stellen wird, die Tugend zu einer höhern führen kan.

Ich ziele wahrlich nicht auf Sonderbarkeit ab. Was ich hier vortrage, ist von den frühsten Zeiten her bis auf den jetzigen Augenblick das allgemein-angenommene System unter meinen Landsleuten gewesen, und hat sich eben deswegen meinem Gemüth so tief eingegraben, daß ich nicht mehr im Stande bin, das, was ich durch eignes Nachdenken entdeckte, von dem was andre mich lehrten, zu unterscheiden.

Vom Geiste dieses Systems geleitet, hat die große Majorität der englischen Nation, weit entfernt, eine öffentliche Religion mit einer guten Staatsverfassung streitend zu finden, kaum eine Vorstellung von einer guten Staatsverfassung ohne öffentliche Religion. Es ist ein gewaltiger Irrthum, wenn man in Frankreich nicht glaubt, daß wir an nichts so sehr als an der Religion, daß wir mehr als alle andre Nationen daran hängen. Selbst unsre Verirrungen, selbst die Ausbrüche eines wilden Fanatismus, wodurch die Religion nur zu oft bey uns entehrt worden ist, zeugen wenigstens laut von unserm Eifer für dieselbe.

Alle politischen Grundsätze unsrer Nation stehen im Zusammenhange mit diesem System. In England betrachtet man die kirchliche Verfassung nicht blos als etwas nützliches, sondern als etwas wesentliches für den Staat, nicht als eine fremdartige, willkührlich-beygefügte Einrichtung, nicht als einen gleichgültigen Schmuck den man beybehalten oder ablegen kan, je nachdem es die Convenienz des Augenblicks gebietet. Man sieht sie vielmehr

Unfre Erziehung unterstützt und befestigt diesen Ideengang. Sie befindet sich fast ganz in den Händen der Geistlichkeit. Wenn bey uns Jünglinge aus angesehnen Familien Schulen und Universitäten verlassen, und in die wichtige Periode des Lebens treten, wo Erfahrung vollenden soll, was Studium begann, und wo man sie zu diesem Ende andre Länder besuchen läßt, sind ihre Begleiter, (ein Amt, wozu man anderwärts ohne Bedenken alte Kammerdiener wählt), fast durchgängig Geistliche, die nicht als strenge Hofmeister, sondern als bloße Gesellschafter, als Freunde von gesetztem Charakter, oft von eben so guter Geburt als der, welchen sie begleiten, diesen Auftrag erhalten. Dergleichen Reisen ziehen denn gewöhnlich Verbindungen nach sich, die durch das ganze Leben fortdauern. Durch diese Verbindungen werden junge Leute von Stande mit der Geistlichkeit überhaupt vertraut; und die Geistlichkeit gewinnt an Bildung und Verfeinerung durch den Umgang mit den angesehensten Personen des Königreichs.

Wir kleben so fest an unsern alten kirchlichen Formen und Gebräuchen, daß wir seit mehrern Jahrhunderten nur gar wenig daran geändert haben, auch hierin wie in andern Punkten unsrer eingeführten Maxime treu, das alte und hergebrachte nie

so kan man diese Furcht schlechterdings nicht ganz ungegründet finden. — Es ist überhaupt eine höchst traurige Bemerkung, daß sich bey dem größten Theil der Menschen, Wohlthaten so äußerst leicht in Gift verwandeln, und daß, vermöge einer gar sonderbaren Verkehrtheit des menschlichen Gemüths, das erste Gelüste und das erste Probestück dessen, dem man irgend eine Art von Ketten abgenommen hat, so oft kein andres ist, als — sie seinem Befreyer ins Angesicht zu schleudern. Ich mag aus einleuchtenden Ursachen diese Idee in Rücksicht auf den Gegenstand der hier in Betrachtung kömmt, weder weiter ausführen, noch mit Beyspielen belegen: aber es sollte mich wundern, wenn sich das, was ich mit Stillschweigen übergehe, nicht mehrern, die das Betragen gewisser Religionspartheyen in Frankreich in den letztern Jahren beobachtet haben, aufgedrungen hätte. Anmerk. des Uebers.

K

Unsre Erziehung unterstützt und befestigt diesen Ideengang.
Sie befindet sich fast ganz in den Händen der Geistlichkeit.
Wenn bey uns Jünglinge aus angesehnen Familien Schulen und
Universitäten verlassen, und in die wichtige Periode des Lebens
treten, wo Erfahrung vollenden soll, was Studium begann, und
wo man sie zu diesem Ende andre Länder besuchen läßt, sind ihre
Begleiter, (ein Amt, wozu man anderwärts ohne Bedenken
alte Kammerdiener wählt), fast durchgängig Geistliche, die nicht
als strenge Hofmeister, sondern als bloße Gesellschafter, als
Freunde von gesetztem Charakter, oft von eben so guter Geburt
als der, welchen sie begleiten, diesen Auftrag erhalten. Dergleichen Reisen ziehen denn gewöhnlich Verbindungen nach sich, die
durch das ganze Leben fortdauern. Durch diese Verbindungen
werden junge Leute von Stande mit der Geistlichkeit überhaupt
vertraut; und die Geistlichkeit gewinnt an Bildung und Verfeinerung durch den Umgang mit den angesehensten Personen
des Königreichs.

Wir kleben so fest an unsern alten kirchlichen Formen
und Gebräuchen, daß wir seit mehrern Jahrhunderten nur gar
wenig daran geändert haben, auch hierin wie in andern Punkten
unsrer eingeführten Maxime treu, das alte und hergebrachte nie

so kan man diese Furcht schlechterdings nicht ganz ungegründet finden. — Es ist überhaupt eine höchst traurige
Bemerkung, daß sich bey dem größten Theil der Menschen,
Wohlthaten so äußerst leicht in Gift verwandeln, und daß,
vermöge einer gar sonderbaren Verkehrtheit des menschlichen
Gemüths, das erste Gelüste und das erste Probestück dessen,
dem man irgend eine Art von Ketten abgenommen hat, so oft
kein andres ist, als — sie seinem Befreyer ins Angesicht zu
schleudern. Ich mag aus einleuchtenden Ursachen diese Idee
in Rücksicht auf den Gegenstand der hier in Betrachtung
kömmt, weder weiter ausführen, noch mit Beyspielen belegen: aber es sollte mich wundern, wenn sich das, was ich
mit Stillschweigen übergehe, nicht mehrern, die das Betragen gewisser Religionspartheyen in Frankreich in den letzern
Jahren beobachtet haben, aufgedrungen hätte. Anmerk.
des Uebers.

Macht im Staate abhängig, mithin allen Gräueln der Partheysucht und des Intriguengeistes Preis gegeben, vorstellen. Darum wollten sie, daß ihre Kirche, so wie ihr König und ihr Adel unabhängig bleiben sollte.

Angeführt von den vereinten Motiven der Religion und Politik, und von einer festern Ueberzeugung, daß es Pflicht sey, dem Institut, welches zum Trost der Schwachen, und zum Unterricht der Unwissenden bestimmt ist, eine feste Existenz zu sichern, haben sie die Besitzungen der Kirche der Masse des Privateigenthums einverleibt und gleich gesetzt, von welchem der Staat in keinem Sinn des Worts der Eigenthümer, sondern blos der Schutzherr und der Oberaufseher ist. Sie haben ausgemacht, daß die Einkünfte dieses Instituts so unbeweglich als die Erde worauf es steht, bleiben, nicht in dem unermeßlichen Strudel der Staatsfonds und Finanzoperationen umherschwimmen sollten.

Die Bürger unsers Staats — ich meyne die Bürger von Einsicht und Einfluß — würden sich des kleinlichen und trügerischen Kunstgriffs schämen, eine Religion in Worten zu bekennen, gegen die sie in ihren Handlungen offenbare Verachtung äußerten. Wenn sie durch ihr Betragen (die einzige Sprache in der Welt, die nur selten lügen kan) das große herrschende Princip der moralischen und physischen Welt für eine Fabel erklärten, die man blos ersann, um den Pöbel im Zaum zu halten, so würden sie fürchten, daß eben dies Betragen, den Zweck, welchen sie sich vorsetzten, aufheben möchte. Sie würden die Schwierigkeit fühlen, andern den Glauben an ein System beyzubringen, welchem sie selbst ganz öffentlich den Glauben versagten. Allerdings werden die christlichen Staasmänner in unserm Lande zuerst für die Menge sorgen: eben darum weil es die Menge und als solche das vornehmste Augenmerk des kirchlichen Instituts und aller andern Institute in der Welt ist. Es ist ihnen bekannt, daß es der wahre Charakter und die erste Bestimmung der christlichen Lehre war, den Armen geprediget zu werden. Sie werden daher nichts vom Glauben derer halten, die nicht vor allem andern für die Belehrung des Armen sorgen. — Da aber wahre Milde sich

K 2

Macht im Staate abhängig, mithin allen Gräueln der Parthey, sucht und des Intriguengeistes Preis gegeben, vorstellen. Darum wollten sie, daß ihre Kirche, so wie ihr König und ihr Adel unabhängig bleiben sollte.

Angeführt von den vereinten Motiven der Religion und Politik, und von einer festern Ueberzeugung, daß es Pflicht sey, dem Institut, welches zum Trost der Schwachen, und zum Unterricht der Unwissenden bestimmt ist, eine feste Existenz zu sichern, haben sie die Besitzungen der Kirche der Masse des Privateigenthums einverleibt und gleich gesetzt, von welchem der Staat in keinem Sinn des Worts der Eigenthümer, sondern blos der Schutzherr und der Oberaufseher ist. Sie haben ausgemacht, daß die Einkünfte dieses Instituts so unbeweglich als die Erde worauf es steht, bleiben, nicht in dem unermeßlichen Strudel der Staatsfonds und Finanzoperationen umherschwimmen sollten.

Die Bürger unsers Staats — ich meyne die Bürger von Einsicht und Einfluß — würden sich des kleinlichen und trügerischen Kunstgriffs schämen, eine Religion in Worten zu bekennen, gegen die sie in ihren Handlungen offenbare Verachtung äußerten. Wenn sie durch ihr Betragen (die einzige Sprache in der Welt, die nur selten lügen kan) das große herrschende Princip der moralischen und physischen Welt für eine Fabel erklärten, die man blos ersann, um den Pöbel im Zaum zu halten, so würden sie fürchten, daß eben dies Betragen, den Zweck, welchen sie sich vorsetzten, aufheben möchte. Sie würden die Schwierigkeit fühlen, andern den Glauben an ein System beyzubringen, welchem sie selbst ganz öffentlich den Glauben versagten. Allerdings werden die christlichen Staasmänner in unserm Lande zuerst für die Menge sorgen: eben darum weil es die Menge und als solche das vornehmste Augenmerk des kirchlichen Instituts und aller andern Institute in der Welt ist. Es ist ihnen bekannt, daß es der wahre Charakter und die erste Bestimmung der christlichen Lehre war, den Armen gepredigt zu werden. Sie werden daher nichts vom Glauben derer halten, die nicht vor allem andern für die Belehrung des Armen sorgen. — Da aber wahre Milde sich

K 2

ein Gemüth, das ewige Muße darnieder drückt, in seiner quälenden Mattigkeit, in seiner tödtlichen Ermüdung zu erquicken; nach einer freundlichen Gabe, um Lust am Daseyn bey dem Ekel der Sättigung zu wecken, die jedes Vergnügen begleitet, welches erkauft werden kann, wo die Natur ihrem Lauf nicht überlassen bleibt, wo selbst die Begierde vor der Zeit erkünstelt wird, und der Genuß unter ausstudirten Planen und Erfindungen falscher Freuden erstickt, wo es zwischen dem Wunsch und der Erfüllung keinen Zwischenraum, kein Mittel, kein wohlthätiges Hinderniß giebt.

Die Englische Nation weiß, daß die Lehrer der Religion gar wenig über die Reichen und Mächtigen von Alters her, und noch weit weniger über die Neubeglückten vermögen werden, wenn sie nicht auf irgend eine Weise, mit denen, auf welche sie wirken, welche sie in gewissen Fällen sogar regieren sollen, in Rang und Ansehen gleich gemacht sind. Was wird der Reiche von seinem Lehrer halten, wenn er ihn schlechter versorgt sieht, als seinen Diener? Ganz anders wäre der Fall, wenn des Lehrers Armuth selbst gewählte Armuth wäre. Bey viele strenger Selbstverleugnung wirken mächtig auf das Gemüth: ein Mensch, der allen Bedürfnissen freywillig entsagen konnte, muß große Freyheit, große Festigkeit und sogar wahre Würde erlangen. Da aber in allen Menschenclassen die größte Anzahl aus gewöhnlichen Menschen besteht, die nie aus eigner Wahl arm seyn werden, so wird die Geringschätzung, die allenthalben das Loos der Dürftigkeit ist, auch die geistliche nicht verschonen. Unsre sorgsame Constitution hat daher verhütet, daß die, welche die Unwissenheit der Stolzen belehren, die, welche die Laster der Uebermüthigen züchtigen sollten, weder ihrer Verachtung ausgesetzt, noch auf ihr Allmosen angewiesen würden: sie wollte nicht, daß der Reiche die einzige Arzney für seine zerrüttete Seele aus Abneigung gegen ein unscheinbares Gefäß, worin man sie ihm darreichte, verstieße. Darum haben wir die Religion nicht in verborgne Landstädte und armselige Dörfer, gleich ob wir als uns

K 3

ein Gemüth, das ewige Muße darnieder drückt, in seiner quälenden Mattigkeit, in seiner tödtlichen Ermüdung zu erquicken; nach
einer freundlichen Gabe, um Lust am Daseyn bey dem Ekel der
Sättigung zu wecken, die jedes Vergnügen begleitet, welches erkauft werden kann, wo die Natur ihrem Lauf nicht überlassen
bleibt, wo selbst die Begierde vor der Zeit erkünstelt wird,
und der Genuß unter ausstudirten Planen und Erfindungen
falscher Freuden erstirbt, wo es zwischen dem Wunsch und der
Erfüllung keinen Zwischenraum, kein Mittel, kein wohlthätiges Hinderniß giebt.

Die Englische Nation weiß, daß die Lehrer der Religion
gar wenig über die Reichen und Mächtigen von Alters her,
und noch weit weniger über die Neubeglückten vermögen werden, wenn sie nicht auf irgend eine Weise, mit denen, auf
welche sie wirken, welche sie in gewissen Fällen sogar regieren
sollen, in Rang und Ansehen gleich gemacht sind. Was wird
der Reiche von seinem Lehrer halten, wenn er ihn schlechter
versorgt sieht, als seinen Diener? Ganz anders wäre der Fall,
wenn des Lehrers Armuth selbst gewählte Armuth wäre.
Beyspiele strenger Selbstverleugnung wirken mächtig auf das
Gemüth: ein Mensch, der allen Bedürfnissen freywillig entsagen konnte, muß große Freyheit, große Festigkeit und sogar
wahre Würde erlangen. Da aber in allen Menschenclassen
die größte Anzahl aus gewöhnlichen Menschen besteht, die nie
aus eigner Wahl arm seyn werden, so wird die Geringschä-
zung, die allenthalben das Loos der Dürftigkeit ist, auch die
geistliche nicht verschonen. Unsre sorgsame Constitution hat
daher verhütet, daß die, welche die Unwissenheit der Stolzen
belehren, die, welche die Laster der Uebermüthigen züchtigen
sollten, weder ihrer Verachtung ausgesetzt, noch auf ihr Almosen angewiesen würden: sie wollte nicht, daß der Reiche
die einzige Arzney für seine zerrüttete Seele aus Abneigung
gegen ein unscheinbares Gefäß, worin man sie ihm darreichte,
verstieße. Darum haben wir die Religion nicht in verborgne
Landstädte und armselige Dörfer, gleich ob wir als uns

K 3

dammen. Im Ganzen wird die Welt immer bey einer Freyheit gewinnen, ohne welche keine wahre Tugend bestehen kan.

Wenn der Staat aber einmal die Besitzungen der Kirche als Eigenthum anerkannt hat, so kann nun auch schlechterdings von mehr oder weniger nicht weiter die Rede seyn. So bald der Staat sich zum Richter über zu viel oder zu wenig aufwirft, begeht er Hochverrath am Eigenthum. Was kan es übrigens auf sich haben, wie viel oder wie wenig es sey, was dieser oder jener im Staate besitzt, wenn die oberste Macht die Aufsicht über alles Eigenthum führt, und dasselbe da, wo es seiner Bestimmung untreu wird, wieder auf das Ziel dieser Bestimmung hinzulenken vermag.

In England sind wir durchgängig überzeugt, daß Neid und Misgunst gegen die, welche durch eigne Thätigkeit die Stifter ihres Glücks waren, nicht der Wunsch, die Selbstverläugnung und Stiftung der alten Kirche zurück zu rufen, die Ursach ist, weshalb so manche zu Würden und Einkünsten scheel sehen, die man, ohne sie irgend jemanden zu entziehen, für das Verdienst aufbewahrt. — Aber die Ohren des englischen Volks sind nicht verschlossen. Für uns reden diese Leute vernehmlich genug. Sie verrathen sich, wenn sie den Mund öffnen. Ihre Sprache ist das wahre Rothwelsch der Beutelschneider, der Wust und Bombast ungeschickter Heuchler. Wie können wir anders urtheilen, wenn wir hören, daß diese Schwätzer jetzt bey der Geistlichkeit jene ursprüngliche Armuth wieder einführen wollen, die das Evangelium anpreiset, die dem Geiste nach freylich in diesem Stande, wie in allen andern Ständen, so wenig Behagen sie auch daran finden mögen, fortdauern sollte, die aber im bürgerlichen Verhältnisse aufhören mußte, nachdem sich alles im Staat geändert hatte, nachdem Sitten und Gebräuche, und die ganze Verbindung menschlicher Angelegenheiten die auffallendsten Revolutionen erfahren haben. Wenn diese Reformatoren ihre eignen Güter in die Gemeinschaft schlagen, und ihre Personen der strengen Disciplin der ersten Kirche unterwerfen werden, dann wollen

L 4

dammen. Im Ganzen wird die Welt immer bey einer Freyheit gewinnen, ohne welche keine wahre Tugend beste-hen kan.

Wenn der Staat aber einmal die Besitzungen der Kirche als Eigenthum anerkannt hat, so kann nun auch schlechterdings von mehr oder weniger nicht weiter die Rede seyn. So bald der Staat sich zum Richter über zu viel oder zu wenig auf-wirft, begeht er Hochverrath am Eigenthum. Was kan es übri-gens auf sich haben, wie viel oder wie wenig es sey, was dieser oder jener im Staate besitzt, wenn die oberste Macht die Auf-sicht über alles Eigenthum führt, und dasselbe da, wo es seiner Bestimmung untreu wird, wieder auf das Ziel dieser Bestim-mung hinzulenken vermag.

In England sind wir durchgängig überzeugt, daß Neid und Mißgunst gegen die, welche durch eigne Thätigkeit die Stifter ih-res Glücks waren, nicht der Wunsch, die Selbstverläugnung und Erstehung der alten Kirche zurück zu rufen, die Ursach ist, wes-halb so manche zu Würden und Einkünften scheel sehen, die man, ohne sie irgend jemanden zu entziehen, für das Verdienst aufbe-wahrt. — Aber die Ohren des englischen Volks sind nicht ver-schlossen. Für uns reden diese Leute vernehmlich genug. Sie ver-rathen sich, wenn sie den Mund öffnen. Ihre Sprache ist das wahre Rothwelsch der Beutelschneider, der Wust und Bombast ungeschickter Heuchler. Wie können wir anders urtheilen, wenn wir hören, daß diese Schwätzer jetzt bey der Geistlichkeit jene ur-sprüngliche Armuth wieder einführen wollen, die das Evangelium anpreiset, die dem Geiste nach freylich in diesem Stande, wie in allen andern Ständen, so wenig Behagen sie auch daran finden mögen, fortdauern sollte, die aber im bürgerlichen Verhältnisse aufhören mußte, nachdem sich alles im Staat geändert hatte, nachdem Sitten und Gebräuche, und die ganze Verbindung menschlicher Angelegenheiten die auffallendsten Revo-lutionen erfahren haben. Wenn diese Reformatoren ihre eignen Güter in die Gemeinschaft schlagen, und ihre Personen der stren-gen Disciplin der ersten Kirche unterwerfen werden, dann wollen

K 4

kan — würde es sich einfallen lassen, unschuldige Menschen, ohne Anklage, ohne Verhör, ohne Proceß, Schaarenweise, zu Hunderten und Tausenden auf einmal, um ihr Eigenthum zu bringen? Wer, in dem noch nicht der letzte Funke menschlicher Empfindung erlosch, könnte es sich erlauben, Männer in hohem Ansehen und heiligem Beruf, zum Theil in einem Alter, das Mitleid verdienen würde, wenn es nicht Ehrfurcht fordern könnte, von der glänzendsten Stufe im Staat, die sie durch die Einkünfte ihrer Ländereyen zu behaupten im Stande waren, herunter zu werfen, und sie der Dürftigkeit, dem Spott und der Verachtung zu überliefern? — *).

R 5

*) Das Verfahren der französischen Gesetzgeber in Ansehung der Güter der Geistlichkeit, ist von allen Gegenständen dieser Schrift der, welchen der Verfasser am ausführlichsten und beharrlichsten abgehandelt hat. Dies Verfahren scheint einen tiefern Eindruck auf ihn gemacht zu haben, als alle andre Operationen dieser souverainen Versammlung.

Es ist eine allgemein-bekannte Wahrheit, daß Handlungen, die an und für sich nicht unerlaubt sind, aus unerlaubten Bewegungsgründen vorgenommen werden können. Um daher das Betragen der Nationalversammlung in der Angelegenheit, von der hier die Rede ist, strenge und gründlich zu beurtheilen, müßte man die Untersuchung der Rechtmäßigkeit ihrer Beschlüsse von der Prüfung der Triebfedern, die sie eigentlich zu diesen Beschlüssen führten, nothwendig absondern.

Alles, was die Augen auf das große Drama in Frankreich gerichtet hat, das heißt, alles in Europa, was lesen und denken kann, hat sich mit der Frage; ob die Nation (denn nur in so fern die Versammlung im Nahmen und unter Vollmacht der Nation agirte, läßt sich überhaupt von Rechtmäßigkeit sprechen) die Befugniß hatte, die Güter der Geistlichkeit einzuziehen, beschäftiget. Sie ist tausendfältig bejaht und tausendfältig verneint worden, je nachdem dieser oder jener Gesichtspunkt, diese oder jene Leidenschaft, dieses oder jenes Interesse den Richter bestimmten.

Die vernünftigsten und billigsten Vertheidiger dieser Staatsoperation sind indessen darin sämmtlich übereingekommen, daß alle Definitionen und Distinktionen der verschiednen Arten des Eigenthums, die man zu Gunsten derselben ersun-

kan — würde es sich einfallen lassen, unschuldige Menschen, ohne
Anklage, ohne Verhör, ohne Proceß, Schaarenweise, zu Hunderten und Tausenden auf einmal, um ihr Eigenthum zu bringen? Wer, in dem noch nicht der letzte Funke menschlicher Empfindung erlosch, könnte es sich erlauben, Männer in hohem Ansehen und heiligem Beruf, zum Theil in einem Alter, das Mitleid verdienen würde, wenn es nicht Ehrfurcht fordern könnte,
von der glänzendsten Stufe im Staat, die sie durch die Einkünfte
ihrer Ländereyen zu behaupten im Stande waren, herunter zu
werfen, und sie der Dürftigkeit, dem Spott und der Verachtung
zu überliefern? — *).

R 5

*) Das Verfahren der französischen Gesetzgeber in Ansehung der
Güter der Geistlichkeit, ist von allen Gegenständen dieser
Schrift der, welchen der Verfasser am ausführlichsten und
beharrlichsten abgehandelt hat. Dies Verfahren scheint
einen tiefern Eindruck auf ihn gemacht zu haben, als alle andre
Operationen dieser souverainen Versammlung.

Es ist eine allgemein-bekannte Wahrheit, daß Handlungen, die an und für sich nicht unerlaubt sind, aus unerlaubten Bewegungsgründen vorgenommen werden können. Um daher
das Betragen der Nationalversammlung in der Angelegenheit, von der hier die Rede ist, strenge und gründlich zu
beurtheilen, müßte man die Untersuchung der Rechtmäßigkeit
ihrer Beschlüsse von der Prüfung der Triebfedern, die sie eigentlich zu diesen Beschlüssen führten, nothwendig absondern.

Alles, was die Augen auf das große Drama in Frankreich gerichtet hat, das heißt, alles in Europa, was lesen
und denken kan, hat sich mit der Frage: ob die Nation
(denn nur in so fern die Versammlung im Nahmen und unter
Vollmacht der Nation agirte, läßt sich überhaupt von Rechtmäßigkeit sprechen) die Befugniß hatte, die Güter
der Geistlichkeit einzuziehen, beschäftigt. Sie
ist tausendfältig bejaht und tausendfältig verneint worden, je
nachdem dieser oder jener Gesichtspunkt, diese oder jene Leidenschaft, dieses oder jenes Interesse den Richter bestimmten.

Die vernünftigsten und billigsten Vertheidiger dieser
Staatsoperation sind indessen darin sämmtlich übereingekom-
men, daß alle Definitionen und Distinktionen der verschiednen
Arten des Eigenthums, die man zu Gunsten derselben erfun-

sein ihrer eignen Tische ausgesetzt, nachdem man sie barbarisch von diesen Tischen vertrieben hatte, um den Harpien des Wuchers . . .

binden. Die Noth des Staats — dieses so oft gemißbrauchte, entweihte, zum schnöden Behelf der grausamsten Tyranneyen und der frechsten Missethaten herabgewürdigte Motiv — die Noth des Staats, kan so wenig, als die Noth eines Einzelnen ein Bubenstück anrathen, oder ein Bubenstück rechtfertigen. Der Staat — sind die Menschen. Wenn dadurch daß man tausende plündert, auch Millionen bereichert, Millionen vor Verlust, und weil es denn einmahl Untergang heißen soll — vor Untergang bewahrt werden, so bleibt doch in einer Ordnung der Dinge, wo die Anzahl der Gewinner ein Verbrechen nicht adeln kann, was einmahl böse ist, böse, und Plünderung wird nie etwas anders seyn, als Plünderung.

Ueberdies war dieser äußerste Fall nicht vorhanden. Die wahre Noth der Finanz-Administration bestand nicht darin, daß die Staatsschuld bezahlt, sondern darin, daß das Defizit gedeckt werden mußte. Nach Neckers Berechnung betrug dieß furchtbare Defizit 56 Millionen: es sey doppelt so groß gewesen. War darum in einem Staate, mit solchen Hülfsquellen als der Französische versehen, die Einziehung von Milliarden nöthig?

Die Beraubung der lebenden Geistlichen (denn was heißt, von einer sichern Landrente auf eine Pension, von einem großen Einkommen auf einen dürftigen Unterhalt herabsetzen, anders als berauben) ist und bleibt also, auch in der Voraussetzung daß die Nation vollkommen befugt war den geistlichen Stand aufzuheben, und daß die Nationalversammlung als wahres und gesetzliches Organ dieser Nation handelte, indem sie die Aufhebung beschloß — eine schreyende Ungerechtigkeit.

Wenn man nun mit dieser Ueberzeugung noch einen Blick auf die wahren und eigentlich determinirenden (nicht einmahl sehr verborgnen) Triebfedern dieser ungeheuren Confiscation wirft: wenn man erwägt, wie sich die Versammlung auf ihrem raschen Fluge durch eine so bedenkliche Bahn, so gar wenig um Rechte und Befugnisse kümmerte, und so offenbar nur die Gewalt die ihr beywohnte, vor Augen hatte: wenn man bemerkt, welch ein Heer wilder und unreiner Leidenschaften, ihren unerkennbaren Antheil an diesem kühnen Unternehmen hatten, wie Rachgier, und Neid, und Habsucht, und politischer Fanatismus, und bitter Religionshaß ihre

fein ihrer eignen Tische ausgesetzt, nachdem man sie barbarisch von diesen Tischen vertrieben hatte, um den Harpien des Wuchers ....

binden. Die Noth des Staats — dieses so oft gemißbrauchte, entweihte, zum schnöden Behelf der grausamsten Tyranneyen und der frechsten Missethaten herabgewürdigte Motiv — die Noth des Staats, kan so wenig, als die Noth eines Einzelnen ein Bubenstück anrathen, oder ein Bubenstück rechtfertigen. Der Staat — sind die Menschen. Wenn dadurch daß man tausende plündert, auch Millionen bereichert, Millionen vor Verlust, und weil es denn einmahl Untergang heißen soll — vor Untergang bewahrt werden, so bleibt doch in einer Ordnung der Dinge, wo die Anzahl der Gewinner ein Verbrechen nicht adeln kann, was einmahl böse ist, böse, und Plünderung wird nie etwas anders seyn, als Plünderung.

Ueberdies war dieser äußerste Fall nicht vorhanden. Die wahre Noth der Finanz-Administration bestand nicht darin, daß die Staatsschuld bezahlt, sondern darin, daß das Defizit gedeckt werden mußte. Nach Nickers Berechnung betrug dieß furchtbare Defizit 56 Millionen: es sey doppelt so groß gewesen. War darum in einem Staate, mit solchen Hülfsquellen als der Französische versehen, die Einziehung von Milliarden nöthig?

Die Beraubung der lebenden Geistlichen (denn was heißt, von einer sichern Landrente auf eine Pension, von einem großen Einkommen auf einen dürftigen Unterhalt herabsetzen, anders als berauben) ist und bleibt also, auch in der Voraussetzung daß die Nation vollkommen befugt war den geistlichen Stand aufzuheben, und daß die Nationalversammlung als wahres und gesetzliches Organ dieser Nation handelte, indem sie die Aufhebung beschloß — eine schreyende Ungerechtigkeit.

Wenn man nun mit dieser Ueberzeugung noch einen Blick auf die wahren und eigentlich determinirenden (nicht einmahl sehr verborgnen) Triebfedern dieser ungeheuren Confiscation wirft: wenn man erwägt, wie sich die Versammlung auf ihrem raschen Fluge durch eine so bedenkliche Bahn, so gar wenig um Rechte und Befugnisse kümmerte, und so offenbar nur die Gewalt die ihr beywohnte, vor Augen hatte: wenn man bemerkt, welch ein Heer wilder und unreiner Leidenschaften, ihren unverkennbaren Antheil an diesem kühnen Unternehmen hatten, wie Rachgier, und Neid, und Habsucht, und politischer Fanatismus, und bittrer Religionshaß ihre

mens fremder Gnade zu unterwerfen. Das, was für Menschen von geringem Stande, und die nie an eine beßre Lage gewöhnt waren, ein erträgliches Loos seyn mag, kan für andre, die in glänzendern Umständen gelebt haben, eine harte, vielleicht eine so fürchterliche Strafe werden, daß ein gefühlvolles Herz sie keinem, als einem todeswürdigen Verbrecher zuerkennen würde. Offenbar ist der Tod für manche Gemüther ein leichteres Uebel als Demüthigung und Schmach. Es muß ein eiserner Zusatz zu diesem grausamen Schicksal seyn, daß die, welche ihre Erziehung und ihr bisheriges Amt in den Augen der Menschen ehrwürdig gemacht hatten, jetzt die traurigen Reste ihres Eigenthums, als Allmosen aus den unreinen und gottlosen Händen ihrer Plünderer empfangen, daß sie das, was sie erhalten (wenn sie überall noch etwas erhalten) nicht den milden Beyträgen ihrer Gemeinden, sondern der übermüthigen Zärtlichkeit frecher und offner Atheisten zu danken haben sollen, die den Dienern der Religion ihr dürftiges Auskommen mit dem Maßstabe ihrer Verachtung aller Religion zumessen, und unausgesetzt dahin trachten werden, die Empfänger der armseligen Gabe in den Augen des Volks und in der Schätzung der Menschen herab zu würdigen.

traurige Betrachtung anstellt, wie unendlich wenig, wie so gar nichts Frankreich bey diesem ungerechten Wagestück gewonnen hat, und wenn man sieht, daß, alle übrige Calamitäten, und alle übrige bodenlose Verwirrung der Finanzen bey Seite gesetzt, das Defizit, das die enorme Confiscation haben sollte, nach den allergelindesten Rechnungen, vervierfacht worden ist — so kann man wirklich über die Gewaltthätigkeit, Treulosigkeit, und strafbare Unbesonnenheit, die in diesem großen Geschäft regiert haben, kaum genugsam erstaunen, und wird es einem Mann, wie Burke, in dessen Augen Gefahr für die Festigkeit des Eigenthums eine der schrecklichsten Seiten war, die ihm die französische Revolution, (an und für sich oder als Beyspiel für andre Nationen betrachtet,) darbot, leicht verzeihen, daß er sich dem gerechten Eifer, der jeden redlichen Mann gegen Ungerechtigkeit und Tyranney aufruft, vielleicht zu warm und zu anhaltend überließ. Anmerk. des Uebers.

mens fremder Gnade zu unterwerfen. Das, was für Menschen
von geringem Stande, und die nie an eine beßre Lage gewöhnt
waren, ein erträgliches Loos seyn mag, kan für andre, die in
glänzendern Umständen gelebt haben, eine harte, vielleicht eine
so fürchterliche Strafe werden, daß ein gefühlvolles Herz sie keinem, als einem todeswürdigen Verbrecher zuerkennen würde.
Offenbar ist der Tod für manche Gemüther ein leichteres Uebel als
Demüthigung und Schmach. Es muß ein eiserner Zusatz zu diesem grausamen Schicksal seyn, daß die, welche ihre Erziehung
und ihr bisheriges Amt in den Augen der Menschen ehrwürdig
gemacht hatten, jetzt die traurigen Reste ihres Eigenthums, als
Allmosen aus den unreinen und gottlosen Händen ihrer Plünderer empfangen, daß sie das, was sie erhalten (wenn sie überall
noch etwas erhalten) nicht den milden Beyträgen ihrer Gemeinden, sondern der übermüthigen Zärtlichkeit frecher und offner
Atheisten zu danken haben sollen, die den Dienern der Religion ihr dürftiges Auskommen mit dem Maßstabe ihrer Verachtung aller Religion zumessen, und unausgesetzt dahin
trachten werden, die Empfänger der armseligen Gabe in den
Augen des Volks und in der Schätzung der Menschen herab zu
würdigen.

traurige Betrachtung anstellt, wie unendlich wenig, wie so
gar nichts Frankreich bey diesem ungerechten Wagestück gewonnen hat, und wenn man sieht, daß, alle übrige Calamitäten, und alle übrige bodenlose Verwirrung der Finanzen bey-
Seite gesetzt, das Defizit, das die enorme Confiscation heben sollte, nach den allergelindesten Rechnungen, vervierfacht worden ist — so kann man wirklich über die Gewaltthätigkeit, Treulosigkeit, und strafbare Unbesonnenheit,
die in diesem großen Geschäft regiert haben, kaum genugsam
erstaunen, und wird es einem Mann, wie Burke, in
dessen Augen Gefahr für die Festigkeit des Eigenthums eine der schrecklichsten Seiten war, die ihm die französische Revolution, (an und für sich oder als Beyspiel für
andre Nationen betrachtet,) darbot, leicht verzeihen, daß er sich
dem gerechten Eifer, der jeden redlichen Mann gegen Ungerechtigkeit und Tyranney aufruft, vielleicht zu warm und
zu anhaltend überließ. Anmerk. des Uebers.

gefunden. Die fophiftifchen Tyrannen zu Paris deklamiren jetzt ohne Scheu gegen alle die abgefchiednen Königlichen Tyrannen, die in den vergangnen Jahrhunderten die Welt gedrückt haben. Es ift ihnen ein leichtes dreift zu feyn, weil fie vor den Ketten und eifernen Käfigten ihrer ehmaligen Herren ficher find. Warum aber follten wir gegen die Tyrannen unfrer Tage, die noch weit ärgre Tragödien als jene, unter unfre Augen fpielen, glimpflicher und zärtlicher verfahren? Warum follten wir uns nicht derfelben Freyheit bedienen, die fie fich anmaßen, da wir es mit gleicher Sicherheit thun können, da zu dem Entfchluß, die unverhüllte Wahrheit zu fagen, hier nichts weiter erfordert wird als tiefe Verachtung der Meynungen derer, die wir in ihren Handlungen verabfcheuen?

Anfänglich fuchte man diefe frechen Eingriffe in alle Rechte des Eigenthums mit einem Vorwande zu bemänteln, der auffallender als irgend ein andrer, deffen man fich hätte bedienen können, mit dem Verfahren der raubfüchtigen Sophiften contraftirte — Sorge für den öffentlichen Credit. Die Feinde alles Eigenthums heuchelten eine ängftliche, ftrenge, zärtliche Gewiffenhaftigkeit, fo oft die Rede von den Verbindlichkeiten des Königs gegen die Staatsgläubiger war. Diefe Prediger der Menfchenrechte hatten fo viel mit der Belehrung anderer zu thun, daß fie keine Zeit übrig behielten, felbft etwas zu lernen: fonft hätten fie doch fchlechterdings wiffen müffen, daß die erften und urfprünglichen Anfprüche auf Schutz von Seiten der bürgerlichen Gefellfchaft nicht den Forderungen der Staatsgläubiger, fondern dem Eigenthum der Bürger gebühren. Diefe Anfprüche des Bürgers müffen über alle andere gelten: fie ftehen voran nach der Zeitfolge: fie find von höherer Ordnung auf der Stufenleiter der Rechte: fie find unläugbar wichtiger im Syftem der Billigkeit. Das, was die Einzelnen befaßen, gleichviel unter welchem Titel, durch Erwerb, durch Erbfchaft, oder vermöge ihres Antheils an den Gütern einer Gemeinheit, hat nie, weder ausdrücklich noch ftillfchweigend, einen Theil der Sicherheit des Staatsgläubigers ausgemacht. Der Staatsgläubiger dachte nicht einmal daran, als er feinen

schämten sie auftreten zu laſſen, verbannt.   Nein! Bey uns
ſoll ſie ihr fürſtlich-geziertes Haupt an Höfen und in Parla-
mentern empor heben.   Bey uns ſoll ſie in die ganze Maſſe
der Geſellſchaft vermiſcht, und in alle Stände und Claſſen
aufs genaueſte verwebt ſeyn.   Das Engliſche Volk will den
ſtolzen Potentaten der Welt und den geſchwätzigen Sophiſten
des Jahrhunderts zeigen, daß eine freye, edle, und aufgeklärte Nation die hohen Beamten ihrer Kirche zu ehren weiß;
daß ſie nie dem Uebermuth des Ranges oder der Glücksgüter,
oder irgend einer andern Anmaßung der Eitelkeit verſtatten
wird auf diejenigen mit Verachtung herab zu ſehen, zu welchen ſie mit Verehrung hinaufblickt, und das Anſehen der
Geiſtlichkeit, dieſen wohlerworbnen perſönlichen Adel mit Füſ-
ſen zu treten, deſſen einzige Beſtimmung es urſprünglich war,
und deſſen wirkliche Beſtimmung es doch noch oft genug iſt,
Gelehrſamkeit, Frömmigkeit und Tugend, nicht als ihr Lohn —
denn was könnte dieſe belohnen! — ſondern als ihre Frucht
zu begleiten.   Wir ſehen ohne Verdruß und ohne Murren einen Erzbiſchof einem Herzoge voran gehen.   Wir ſehen einen
Biſchof von Durham, einen Biſchof von Wincheſter im Beſitz
eines jährlichen Einkommens von 10,000 Pfund, und begreifen nicht, warum wir ein ſolches Einkommen nicht eben ſo
gern in ihren Händen, als in den Händen dieſes Grafen oder
jenes Edelmanns wiſſen ſollten, wenn gleich die geiſtlichen Beſitzer eine geringre Anzahl von Hunden und Pferden unterhalten, und mit den Lebensmitteln, die ſie den Kindern der Armen entziehen, füttern möchten, als die weltlichen.   Es iſt
wahr, die Einkünfte der Kirche werden nicht immer auf Heller
und Pfennig zu Werken des Wohlthuns verwandt: aber ein
Theil derſelben wird doch ſicher ſo verwandt.   Es iſt beſſer,
Menſchlichkeit und Tugend, mit der möglichſt kleinſten Beſchrän-
kung der freyen Willkühr zu befördern und lieber einen Theil deſſen was erreicht werden ſoll, unerreicht zu laſſen, als den Menſchen, unter irgend einem Vorwand zu einer ſeelenloſen Maſchine,
zum todten Inſtrument einer politiſchen Wohlthätigkeit zu ver-

dammen. Im Ganzen wird die Welt immer bey einer Freyheit gewinnen, ohne welche keine wahre Tugend beste hen kan.

Wenn der Staat aber einmal die Besitzungen der Kirche als Eigenthum anerkannt hat, so kann nun auch schlechterdings von mehr oder weniger nicht weiter die Rede seyn. So bald der Staat sich zum Richter über zu viel oder zu wenig auf wirft, begeht er Hochverrath am Eigenthum. Was kan es übri gens auf sich haben, wie viel oder wie wenig es sey, was dieser oder jener im Staate besitzt, wenn die oberste Macht die Auf sicht über alles Eigenthum führt, und dasselbe da, wo es seiner Bestimmung untreu wird, wieder auf das Ziel dieser Bestim mung hinzulenken vermag.

In England sind wir durchgängig überzeugt, daß Neid und Misgunst gegen die, welche durch eigne Thätigkeit die Stifter ih res Glücks waren, nicht der Wunsch, die Selbstverläugnung und Enthaltung der alten Kirche zurück zu rufen, die Ursach ist, wes halb so manche zu Würden und Einkünften scheel sehen, die man, ohne sie irgend jemanden zu entziehen, für das Verdienst aufbe wahrt. — Aber die Ohren des englischen Volks sind nicht ver schlossen. Für uns reden diese Leute vernehmlich genug. Sie ver rathen sich, wenn sie den Mund öffnen. Ihre Sprache ist das wahre Rothwelsch der Beutelschneider, der Wust und Bombast ungeschickter Heuchler. Wie können wir anders urtheilen, wenn wir hören, daß diese Schwätzer jetzt bey der Geistlichkeit jene ur sprüngliche Armuth wieder einführen wollen, die das Evangelium anpreiset, die dem Geiste nach freylich in diesem Stande, wie in allen andern Ständen, so wenig Behagen sie auch daran finden mögen, fortdauern sollte, die aber im bürgerlichen Verhältnisse aufhören mußte, nachdem sich alles im Staat geändert hatte, nachdem Sitten und Gebräuche, und die ganze Verbindung menschlicher Angelegenheiten die auffallendsten Revo lutionen erfahren haben. Wenn diese Reformatoren ihre eignen Güter in die Gemeinschaft schlagen, und ihre Personen der stren gen Disciplin der ersten Kirche unterwerfen werden, dann wollen

K 4

wir sie wenigstens für ehrliche Enthusiasten, nicht, wie bis jetzt
für Bösewichter und Betrüger halten.

Von diesen Ideen durchdrungen, wird das Englische Parlament, wenn auch die größte Landesnoth dränge, nie seine Zuflucht zur Einziehung des Eigenthums der Kirche und der Armen
nehmen. Kirchenraub und Confiscation werden nie unter unsern
Finanzprojekten prangen. Noch haben sich die Agiotanten an der
Börse nicht einfallen lassen, auf die Verpfändung der Revenüen
des Erzbisthums von Canterbury eine Hoffnung zu bauen. Ich
fürchte keinen Widerspruch, wenn ich behaupte, daß es keinen
einzigen Mann von öffentlichem Ansehen in England giebt, der
nicht seinen herzlichen Widerwillen geäußert hätte, als die Nationalversammlung gezwungen ward, jene treulose und grausame
Confiscation eines Eigenthums, dessen Beschützung ihre erste
Pflicht war, zu unternehmen.

Nicht ohne ein gewisses Frohlocken des Nationalstolzes sage
ich es, daß diejenigen unter uns, die den Becher des Fre-
vels aus den Händen der Pariser-Gesellschaften empfingen, um
ihn ihren Landsleuten zuzutrinken, in ihrer Hoffnung betrogen
sind. Die Beraubung der französischen Kirche ist eine neue Bürgschaft für die Sicherheit der Besitzungen in der unsrigen geworden. Sie hat das Volk aus dem Schlummer geweckt. Es konnte
nicht ohne Bestürzung und Abscheu, Zeuge von dieser unerhörten
schamlosen Proscription seyn. Seine Augen öffnen sich immer mehr
und mehr über den hinterlistigen Aufklärungsgeist und die verdäch-
tige Seelengröße giftiger Verräther, die mit List und Heuchelep
begannen, und mit offner Gewalt und offnem Raube enden. Bey
uns zeigen sich Spuren eines ähnlichen Anfangs. Wir werden
uns vor einem ähnlichen Ende hüten.

Ich hoffe, wir werden dem Gefühl der Pflichten, welche
uns die gesellschaftliche Verbindung auflegt, nie so gänzlich ab-
sterben, daß wir uns unter irgend einem Vorwande des allgemeinen Bestens er Güter eines einzigen schuldlosen Bürgers bemächtigen sollten. Wer sonst als ein Tyrann — ein Name der alles
in sich faßt, was die menschliche Natur entehren und erniedrigen

kan — würde es sich einfallen laffen, unschuldige Menschen, ohne
Anklage, ohne Verhör, ohne Proceß, Schaarenweise, zu Hunderten und Tausenden auf einmal, um ihr Eigenthum zu bringen? Wer, in dem noch nicht der letzte Funke menschlicher Empfindung erlosch, könnte es sich erlauben, Männer in hohem Ansehen und heiligem Beruf, zum Theil in einem Alter, das Mitleid verdienen würde, wenn es nicht Ehrfurcht fordern könnte,
von der glänzendsten Stufe im Staat, die sie durch die Einkünfte
ihrer Ländereyen zu behaupten im Stande waren, herunter zu
werfen, und sie der Dürftigkeit, dem Spott und der Verachtung
zu überliefern? — *).

K 5

*) Das Verfahren der französischen Gesetzgeber in Ansehung der
Güter der Geistlichkeit, ist von allen Gegenständen dieser
Schrift der, welchen der Verfaffer am ausführlichsten und
beharrlichsten abgehandelt hat. Dies Verfahren scheint
einen tiefern Eindruck auf ihn gemacht zu haben, als alle andre
Operationen dieser souverainen Versammlung.
Es ist eine allgemein-bekannte Wahrheit, daß Handlungen, die an und für sich nicht unerlaubt sind, aus unerlaubten Bewegungsgründen vorgenommen werden können. Um daher
das Betragen der Nationalversammlung in der Angelegenheit, von der hier die Rede ist, strenge und gründlich zu
beurtheilen, müßte man die Untersuchung der Rechtmäßigkeit
ihrer Beschlüsse von der Prüfung der Triebfedern, die sie eigentlich zu diesen Beschlüssen führten, nothwendig absondern.
Alles, was die Augen auf das große Drama in Frankreich gerichtet hat, das heißt, alles in Europa, was lesen
und denken kan, hat sich mit der Frage; ob die Nation
(denn nur in so fern die Versammlung im Nahmen und unter
Vollmacht der Nation agirte, läßt sich überhaupt von Rechtmäßigkeit sprechen) die Befugniß hatte, die Güter
der Geistlichkeit einzuziehen, beschäftiget. Sie
ist tausendfältig bejaht und tausendfältig verneint worden, je
nachdem dieser oder jener Gesichtspunkt, diese oder jene Leidenschaft, dieses oder jenes Interesse den Richter bestimmten.
Die vernünftigsten und billigsten Vertheidiger dieser
Staatsoperation sind indessen darin sämmtlich übereingekommen, daß alle Definitionen und Distinktionen der verschiednen
Arten des Eigenthums, die man zu Gunsten derselben erfun-

Die Anführer beym Raube haben freylich ihren Schlachtopfern einen magern Lebensunterhalt von den Brocken und Ueberbleib-

ben oder benutzt hat, für den Zweck, den sie erreichen sollen, null und nichtig sind, daß die Nation nie das Recht hatte, Eigenthum, es sey von welcher Classe und Gattung es wolle, willführlich anzugreifen, und daß die Entscheidung der Rechts-frage einzig und allein auf der Entscheidung einer andern mit ihr aufs genauste verknüpften beruht: War die Nation befugt, die Geistlichkeit, als eine Corpora-tion, aufzuheben?

Wenn man sich die Resultate der ruhigsten und partheylos-sesten Untersuchungen dieser Frage vor Augen stellt, so scheint es außer Zweifel zu seyn, daß man sie in ihrer Allgemeinheit bejahen muß. Man entdeckt kein Princip des strengen Rechts, nach welchem es der gesetzgebenden Majorität einer Nation untersagt seyn sollte, irgend eine Korporation, als solche, gänzlich abzuschaffen; und man sieht sich daher genöthigt, die ganze Deliberation über die Zuläßigkeit einer solchen Verän-derung aus dem Felde der strengen Befugnisse heraus zu rücken, und in das Gebiet der Staats-Klugheit zu ver-weisen.

Darüber aber muß auch unter den erklärtesten Apologisten eines Unternehmens von dieser Art (sobald sie nicht blinde oder gar heuchlerische Anbeter augenblicklicher Macht sind) nur Eine Stimme seyn, daß die Aufhebung einer Corpora-tion, selbst wenn sie im Nahmen einer ganzen Nation ge-schieht, um rechtmäßig zu bleiben, um nicht in offenbaren Frevel auszuarten, durchaus nur unter gewissen Mo-dalitäten Statt finden kann.

Die erste dieser Modalitäten, und die unnachläßliche Be-dingung zur Rechtmäßigkeit einer jeden solchen Operation, ist: daß die lebenden Mitglieder der aufzuhe-benden Innung bey den bisherigen Vortheil-len ihres Standes entweder auf Lebenszeit unverändert geschützt, oder dafür aufs voll-ständigste entschädigt werden müssen. Es ist hier nicht der Ort diesen Grundsatz des Rechts und der mora-lischen Billigkeit (den die Nationalversammlung sogar in ihre Deklaration der Rechte aufgenommen hatte) weitläuftig aus-einander zu setzen, und darzuthun. Auch bedarf er im Grunde keiner Beweise.

Von der Beobachtung dieser unverletzlichen Maxime konnte die französischen Gesetzgeber nichts im Himmel oder auf Erden ent-

sein ihrer eignen Tische ausgesetzt, nachdem man sie barbarisch von diesen Tischen vertrieben hatte, um den Harpien des Wuchers

binden. Die Noth des Staats — dieses so oft aemißbrauchte, entweihte, zum schnöden Behelf der grausamsten Tyranneyen und der frechsten Missethaten herabgewürdigte Motiv — die Noth des Staats, kan so wenig, als die Noth eines Einzelnen ein Bubenstück anrathen, oder ein Bubenstück rechtfertigen. Der Staat — sind die Menschen. Wenn dadurch daß man tausende plündert, auch Millionen bereichert, Millionen vor Verlust, und weil es denn einmahl Untergang heißen soll — vor Untergang bewahrt werden, so bleibt doch in einer Ordnung der Dinge, wo die Anzahl der Gewinner ein Verbrechen nicht adeln kann, was einmahl böse ist, böse, und Plünderung wird nie etwas anders seyn, als Plünderung.

Ueberdies war dieser äußerste Fall nicht vorhanden. Die wahre Noth der Finanz-Administration bestand nicht darin, daß die Staatsschuld bezahlt, sondern darin, daß das Defizit gedeckt werden mußte. Nach Neckers Berechnung betrug dieß furchtbare Defizit 56 Millionen: es sey doppelt so groß gewesen. War darum in einem Staate, mit solchen Hülfsquellen als der Französische versehen, die Einziehung von Milliarden nöthig?

Die Beraubung der lebenden Geistlichen (denn was heißt, von einer sichern Landrente auf eine Pension, von einem großen Einkommen auf einen dürftigen Unterhalt herabsetzen, anders als berauben) ist und bleibt also, auch in der Voraussetzung daß die Nation vollkommen befugt war den geistlichen Stand aufzuheben, und daß die Nationalversammlung als wahres und gesetzliches Organ dieser Nation handelte, indem sie die Aufhebung beschloß — eine schreyende Ungerechtigkeit.

Wenn man nun mit dieser Ueberzeugung noch einen Blick auf die wahren und eigentlich determinirenden (nicht einmahl sehr verborgnen) Triebfedern dieser ungeheuren Confiscation wirft: wenn man erwägt, wie sich die Versammlung auf ihrem raschen Fluge durch eine so bedenkliche Bahn, so gar wenig um Rechte und Befugnisse kümmerte, und so offenbar nur die Gewalt die ihr beywohnte, vor Augen hatte: wenn man bemerkt, welch ein Heer wilder und unreiner Leidenschaften, ihren unverkennbaren Antheil an diesem kühnen Unternehmen hatten, wie Rachgier, und Neid, und Habsucht, und politischer Fanatismus, und bittrer Religionshaß ihre

ein feſtliches Gelag daran zu bereiten.   Aber es iſt eine nicht geringe Grauſamkeit,   den Beſitzer eines unabhängigen Austom-

unlautern Hände nach der Beute eines gemeinſchaftlichen Fein-
des ausſtreckten: wenn man ſich ſagt, daß der letzliche aller
wirklichen Bewegungsgründe, welche die Majorität der
Deputirten beſeelten, als ſie ſich des geiſtlichen Schatzes be-
mächtigten, der war, durch die rieſenhafteſte Beſtechung,
welche die Weltgeſchichte aufzuweiſen hat, ein ganzes Reich,
wenigſtens mehrere große in allen Wurzeln dieſes Reichs ver-
breitete Menſchenclaſſen an ein neues Staatsſyſtem von einer ſo
zweydeutigen Güte, und an eine Herrſchaft, die aufs gelim-
deſte geſprochen, gar nahe an offne Uſurpation gränzte, zu
feſſeln; wenn man überlegt, daß die Nationalverſammlung
gewiſſermaßen die einzige feſte Schanze aus der ſich ihre Operation vertheidigen ließ, die Nothwendigkeit den geiſtlichen
Stand abzuſchaffen, ſtillſchweigend für unhaltbar erklärte,
indem ſie dieſen Stand durch eine bloße Fiction des
Rechts, und gleichſam nur ad hoc aufhob, und ihn dann
ſofort unter andern Bedingungen (von äußerſt zweifelhafter
Zweckmäßigkeit) wieder herſtellte: — wenn man ferner ſeine
Aufmerkſamkeit auf die unverantwortliche Form richtet, in
welcher dieß gewaltſame Dekret ausgeführt wurde: auf die un-
barmherzige Schnelligkeit, mit der man bey einer Veränderung
von ſo furchtbarer Wichtigkeit, bey einem ſo unerhörten und
ſo unverſchuldeten Glückswechſel einer ſo ausgebreiteren Geſellſchaft, wo Langſamkeit die erſte Forderung der Menſchlichkeit
war, zu Werke gieng: auf die barbariſche Strenge mit der
man ganze Schaaren unglücklicher Staatsbürger behandelte,
die, wenn auch ihre Aufopferung weſentlich und unumgänglich
nöthig geweſen wäre, doch eben darum, weil ſie Opfer für
das Ganze werden mußten, die gewiſſenhafteſte, zärtlichſte,
ehrfurchtsvollſte Schonung verdient hätten: auf die lange
Reihe unmenſchlicher und wüthender Verfolgungen (vom
erſten gezwungenen Eide, bis zu dem Dekret, wodurch ſie
vogelfrey wurden) die dieſe aufgeopferte Claſſe blos deshalb
traf, weil ſie ihre Wunden fühlte, weil nicht jedes ihrer
Mitglieder von moraliſchem Heroismus begeiſtert die Hand die
ſie geſchlagen hatte, zu küſſen bereit war, und weil ein Theil
derſelben gegen die Vortreflichkeit eines neuen Syſtems das
mit dem Raube ihres Eigenthums beſiegelt werden ſollte, gerechte Zweifel hegte, oder ihm auch wohl im Stillen einen
ſehr begreiflichen, und in vieler Rückſicht höchſt verzeihlichen
Widerſtand leiſtete: — wenn man nach dieſem allen noch die

mens fremder Gnade zu unterwerfen. Das, was für Menschen
von geringem Stande, und die nie an eine beßre Lage gewöhnt
waren, ein erträgliches Loos seyn mag, kan für andre, die in
glänzendern Umständen gelebt haben, eine harte, vielleicht eine
so fürchterliche Strafe werden, daß ein gefühlvolles Herz sie keinem, als einem todeswürdigen Verbrecher zuerkennen würde.
Offenbar ist der Tod für manche Gemüther ein leichteres Uebel als
Demüthigung und Schmach. Es muß ein eiserner Zusatz zu diesem grausamen Schicksal seyn, daß die, welche ihre Erziehung
und ihr bisheriges Amt in den Augen der Menschen ehrwürdig
gemacht hatten, jetzt die traurigen Reste ihres Eigenthums, als
Almosen aus den unreinen und gottlosen Händen ihrer Plünderer empfangen, daß sie das, was sie erhalten (wenn sie überall
noch etwas erhalten) nicht den milden Beyträgen ihrer Gemeinden, sondern der übermüthigen Zärtlichkeit frecher und offner
Atheisten zu danken haben sollen, die den Dienern der Religion ihr dürftiges Auskommen mit dem Maßstabe ihrer Verachtung aller Religion zumessen, und unausgesetzt dahin-
trachten werden, die Empfänger der armseligen Gabe in den
Augen des Volks und in der Schätzung der Menschen herab zu
würdigen.

traurige Betrachtung anstellt, wie unendlich wenig, wie so
gar nichts Frankreich bey diesem ungerechten Wagestück gewonnen hat, und wenn man sieht, daß, alle übrige Calamitäten, und alle übrige bodenlose Verwirrung der Finanzen bey
Seite gesetzt, das D e f i z i t, das die enorme Confiscation heben sollte, nach den allergelindesten Rechnungen, v e r -
v i e r f a c h t worden ist — so kann man wirklich über die Gewaltthätigkeit, Treulosigkeit, und strafbare Unbesonnenheit,
die in diesem großen Geschäft regiert haben, kaum genugsam
erstaunen, und wird es einem Mann, wie B u r k e, in
dessen Augen Gefahr für die Festigkeit des Eigenthums eine der schrecklichsten Seiten war, die ihm die französische Revolution, (an und für sich oder als Beyspiel für
andre Nationen betrachtet,) darbot, leicht verzeihen, daß er sich
dem gerechten Eifer, der jeden redlichen Mann gegen Ungerechtigkeit und Tyranney aufruft, vielleicht zu warm und
zu anhaltend überließ. Anmerk. des Uebers.

Doch diese Confiscation soll nicht einmal als ein Wagestück der Gewalt, sondern als ein gesetzliches und rechtliches Staats unternehmen angesehen werden. In den Akademien des Palais Royal und der Jakobiner, haben sie die Entdeckung gemacht, daß gewisse Menschen auf das, was ihnen Gesetze, Observanzen, vielfältige Richtersprüche und tausendjährige Präscriptionen zu verbürgen schienen, kein eigentliches Recht haben. Sie meynen, Geistliche wären blos erdichtete Personen, Geschöpfe des Staats die man ohne alle Umstände ganz zerstöhren, folglich auch nach Belieben, und so wie es die Umstände erforderten, behandeln und umschaffen könnte. Sie behaupten, die Güter, welche Geistliche besäßen, gehörten nicht ihnen, sondern dem Staat, dem Urheber dieses ganzen erdichteten Besitzes, und wir dürften uns daher bey allem, was ihnen in dieser erkünstelten Qualität wiederführe, nicht darum bekümmern, ob sie als wirkliche Personen in ihren wesentlichsten Rechten gekränkt, in ihren natürlichsten Gefühlen angegriffen würden. — Aber, wenn man Menschen, die sich zu einer gewissen Lebensart, nicht blos geduldet, sondern sogar aufgemuntert vom Staat, entschlossen, die rechtmäßigen Vortheile raubt, die mit dieser Lebensart verknüpft waren, wenn man ihnen Einkünfte nimmt, auf deren vermeynte Beständigkeit hin sie den ganzen Plan ihres Lebens gebaut, Verbindlichkeiten aller Art übernommen, und einer großen Anzahl andrer ihren Unterhalt zugesichert hatten — kömmt es wohl darauf an, unter welchem Namen und Titel diese rühmliche Thaten verübt werden?

Niemand wird von mir erwarten, daß ich diese elende Personentheorie mit einer ausführlichen Erörterung beehren sollte. Die Gründe, deren die Tyranney sich bedient, sind so verächtlich, als ihre Macht furchtbar ist. Hätten die Plünderer Frankreichs nicht durch ihre ersten Verbrechen eine Gewalt erworben, welche allen, die sie nachher begehen mochten, Straflosigkeit sicherte, diese verruchte Sophisterey, das Signal zu Raub und Blutvergießen hätte ihre Abfertigung, ohne erst durch die Schlüsse des Logikers widerlegt zu werden, unter den Streichen des Blutrichters gefunden. Die sophiſtiſchen Tyrannen zu Paris deklamiren jetzt ohne Scheu gegen alle die abgeſchiednen Königlichen Tyrannen, die in den vergangnen Jahrhunderten die Welt gedrückt haben. Es iſt ihnen ein leichtes dreiſt zu ſeyn, weil ſie vor den Ketten und eiſernen Käfigten ihrer ehmaligen Herren ſicher ſind. War‐ um aber ſollten wir gegen die Tyrannen unſrer Tage, die noch weit ärgre Tragödien als jene, unter unſre Augen ſpielen, glimpf‐ licher und zärtlicher verfahren? Warum ſollten wir uns nicht derſelben Freyheit bedienen, die ſie ſich anmaßen, da wir es mit gleicher Sicherheit thun können, da zu dem Entſchluß, die unver‐ hüllte Wahrheit zu ſagen, hier nichts weiter erfordert wird als tiefe Verachtung der Meynungen derer, die wir in ihren Hand‐ lungen verabſcheuen?

Anfänglich ſuchte man dieſe frechen Eingriffe in alle Rechte des Eigenthums mit einem Vorwande zu bemänteln, der auffal‐ lender als irgend ein andrer, deſſen man ſich hätte bedienen kön‐ nen, mit dem Verfahren der raubſüchtigen Sophiſten contraſtir‐ te — Sorge für den öffentlichen Credit. Die Feinde alles Eigen‐ thums heuchelten eine ängſtliche, ſtrenge, zärtliche Gewiſſenhaftig‐ keit, ſo oft die Rede von den Verbindlichkeiten des Königs gegen die Staatsgläubiger war. Dieſe Prediger der Menſchenrechte hatten ſo viel mit der Belehrung anderer zu thun, daß ſie keine Zeit übrig behielten, ſelbſt etwas zu lernen: ſonſt hätten ſie doch ſchlechterdings wiſſen müſſen, daß die erſten und urſprünglichen Anſprüche auf Schutz von Seiten der bürgerlichen Geſellſchaft nicht den Forde‐ rungen der Staatsgläubiger, ſondern dem Eigenthum der Bür‐ ger gebühren. Dieſe Anſprüche des Bürgers müſſen über alle an‐ dere gelten: ſie ſtehen voran nach der Zeitfolge: ſie ſind von hö‐ herer Ordnung auf der Stufenleiter der Rechte: ſie ſind unläug‐ bar wichtiger im Syſtem der Billigkeit. Das, was die Ein‐ zelnen beſaßen, gleichviel unter welchem Titel, durch Erwerb, durch Erbſchaft, oder vermöge ihres Antheils an den Gütern ei‐ ner Gemeinheit, hat nie, weder ausdrücklich noch ſtillſchweigend, einen Theil der Sicherheit des Staatsgläubigers ausgemacht. Der Staatsgläubiger dachte nicht einmal daran, als er ſeinen

Handel schloß. Ihm war vollkommen bekannt, daß der Staat, es mag ihn ein König oder ein Senat repräsentiren, nichts verpfänden kan, als seine Einkünfte, und daß es keine andre Einkünfte des Staats geben muß, als die, welche aus einer gleichförmigen und gerechten Besteuerung der sämmtlichen Bürger entspringen. Diese wurden dem Staatsgläubiger versichert, und weiter konnte ihm nichts versichert werden. Niemand kan eine Büberey die er zu begehen gedenkt, als ein Unterpfand für seine Ehrlichkeit einsetzen.

Man kan sich nicht enthalten, sonderbare Betrachtungen anzustellen, wenn man die außerordentliche Strenge auf der einen, und den außerordentlichen Leichtsinn auf der andern Seite sieht, die in diesem neuen System der öffentlichen Treue obwalteten, und die nicht etwa nach der Natur der verschiednen Verbindlichkeiten, sondern blos nach der Beschaffenheit der Personen, welche diese Verbindlichkeiten trafen, mit einander abwechselten. Keiner andern Verhandlung der Könige von Frankreich gestand die Nationalversammlung Gültigkeit zu, als gerade der zweydeutigsten und verdächtigsten von allen — ihren Schuldcontrakten. Alles was die alte Regierung sonst gethan hatte, wurde in einem so gehäßigen Lichte dargestellt, daß man es als eine Art von Verbrechen ansah, Ansprüche zu haben, die sich auf irgend eine ihrer Verfügungen gründeten. Ein Gehalt, welches der Staat für reelle Dienstleistungen bezahlt, ist sicherlich ein eben so gutes Eigenthum als eine Verschreibung über Geld, welches man ihm geliehen hat. Es ist offenbar ein besseres, in allen solchen Fällen wo Geld und ansehnliches Geld bezahlt werden mußte, um zu gewissen Stellen zu gelangen. Nichts desto weniger haben wir es erlebt, daß unzählige Menschen die sich in diesem Fall befanden, und denen die größten Tyrannen unter den Ministern ihr Eigenthum nie angetastet hatten, durch diese Versammlung von Anbetern der Rechte des Menschen ohne Barmherzigkeit geplündert worden sind. Wenn sie zu ihrer Rettung anführten, daß sie das Brodt, was man ihnen nahm, mit ihrem Schweiß und Blut verdient hatten, so erhielten sie zur Antwort, sie hätten ihre Dienste nicht dem Vaterlande geleistet, welches jetzt existirte.

Dieser Hang zur Treulosigkeit erstreckte sich noch weiter. Bewundernswürdig consequent in ihrem System ist die Nationalversammlung so eben mit der löblichen Ueberlegung beschäftiget, in wie fern Verträge, welche die vormalige Regierung mit andern Nationen geschlossen hatte, verbindlich für sie seyn können: und einer ihrer Ausschüsse wird anzeigen, welche von diesen Verträgen beybehalten, welche gebrochen werden müssen. Durch dieses Mittel haben sie die Redlichkeit ihres neuen Staats gegen seine Nachbarn, mit der, die er gegen seine Unterthanen beobachtet, auf gleichen Fuß gesetzt.

Es läßt sich schlechterdings kein vernünftiger Grund erdenken, weshalb die königliche Regierung nicht weit eher die Macht, Verdienste zu belohnen und Verträge zu schließen, als die Befugniß, die gegenwärtigen und künftigen Staatseinkünfte zu verpfänden, besessen haben sollte. Der Nationalschatz ist in Frankreich und in allen andern europäischen Staaten gerade am allerwenigsten der Gegenstand einer uneingeschränkten Disposition der Könige gewesen. Es läßt sich aber keine Disposition über das Staatsvermögen denken, die unbeschränktere Macht voraussetzte, als die Verpfändung der öffentlichen Einkünfte. Die Einführung periodischer und vorübergehender Abgaben reicht lange nicht an diesen Souverainitätsactus. Und doch ist von allem, was die Könige thaten, das, was sie Kraft dieser gefährlichen Vollmacht (die das sicherste Kennzeichen eines schrankenlosen Despotismus ist) thaten, allein heilig gehalten worden. Woher kam dieser Vorzug, den eine demokratische Versammlung einer Classe von Eigenthümern einräumte, die ihre Rechte von der tadelhaftesten und unerlaubtesten aller Aeußerungen der monarchischen Gewalt herleitete? In der Vernunft muß man nichts suchen, wodurch Inconsequenz gerechtfertigt werden könnte, und die Grundsätze der Billigkeit reichen nicht zu, um partheyische Gunst zu erklären. Aber wenn Widerspruch und Partheylichkeit auch ohne Rechtfertigung bleiben, so fehlt es ihnen darum nicht

L

an einem begreiflichen Grunde; und ich halte es nicht für
sonderlich schwer, diesen Grund im gegenwärtigen Fall zu
entdecken.

Vermöge des großen Umfanges der Nationalschuld hatte die
Casse der Geldbesitzer in Frankreich nach und nach einen sehr
mächtigen Einfluß erworben. Nach den alten Gebräuchen dieses
Reichs waren Veränderungen im Besitzstande überhaupt, und
insbesondre Verwandlungen von Land in Geld, und von Geld
in Land, allemal mit Schwierigkeiten verknüpft. Familienlehne,
die weit häufiger und weit strenger waren als in England, das
Wiederkaufsrecht *), die ansehnliche Masse von Ländereyen, welche die Krone in Händen hatte, und die nach einer Maxime des
französischen Rechts nicht veräußert werden durften, die weitläuftigen Güter der geistlichen Corporationen, alles dies machte,
daß in Frankreich der Landbesitzer von dem Geldbesitzer viel ge-
trennter, das Interesse des einen vom Interesse des andern
viel abgesonderter, und freundschaftliches Vernehmen zwischen
beyden Classen weit weniger zu erwarten seyn mußte, als in
England.

Die Geldbesitzer standen seit langer Zeit in keiner sonderlichen
Gunst bey dem Volke. Das Volk bemerkte, daß sie Gewinn aus
seinem Elend zogen, und seine Lasten erschwerten. Die alten
Landbesitzer nahmen Antheil an diesem Groll, zum Theil aus
eben den Ursachen, die ihn beym gemeinen Mann bewirkten,
aber weit mehr darum, weil die Geldbesitzer durch den Glanz einer verschwenderischen Lebensart, manchen dürftigen Stammbaum,
manchen nackenden Titel unter dem Adel verdunkelten. Selbst in
solchen Fällen, wo der Adel, der vorzüglich die Classe der Land-

*) Das Jus retractus (retrait lignager) war eine Rechtswohl-
that, nach welcher den Verwandten eines Jeden, der irgend
ein Besitzstück veräußert hatte, frey stand, solches binnen
einer gewissen Zeit, dem Käufer gegen Erstattung der Kauf-
summe wieder abzufordern. In den meisten französischen Provinzen war diese Befugniß der Verwandten auf Jahr und Tag
eingeschränkt. — E. Du Moulin Coutumes de France.
Anmerk. des Uebers.

befitzer vorstellte, sich mit den andern Classen durch Heprathen verband, sah man den Reichthum, der die Familie vom Untergange rettete, nichts desto weniger als einen Flecken und als eine Erniedrigung derselben an. So wurden diese Feindseligkeiten und Erbitterungen selbst durch die Mittel verstärkt, die sonst gewöhnlich den Zwistigkeiten ein Ende machen, und Widersacher in Freunde verwandeln. Mittlerweile wuchs der Stolz der unadelichen oder neuadelichen Reichen, so wie die Ursach dieses Stolzes zunahm. Von Tage zu Tage stieg ihr Unwillen über eine Zurücksetzung, deren Rechtmäßigkeit sie nicht anerkennen konnten. Mit Freuden ergriffen sie jedes Mittel, das man ihnen darbot, um sich an dem beleidigenden Stolz des Standes mit dem sie wetteifern wollten, zu rächen, und zu der Stelle empor zu klimmen, die, ihrer Meynung nach, ihrem Reichthum gebührte. Ihre Streiche zielten bald nach der Krone, bald nach der Geistlichkeit, immer in der Absicht, den Adel zu verwunden. Sie griffen ihn besonders an seiner schwächsten Seite, in den Besitzungen der Kirche an, die unter dem Patronat des Throns gewöhnlich dem Adel zufielen, welcher die Bisthümer und die großen Abteyen beynahe ausschließend besaß.

Bey diesem sehr reellen, wenn gleich nicht immer merklichen Kriege zwischen den alten Landbesitzern und den neuen Geldbesitzern, befand sich in den Händen der letztern die bereiteste, und eben deshalb die größte Kraft. Es liegt in der Natur der Sache, daß der Geldbesitzer zu jedem neuen Unternehmen auf der Stelle geschickter, und jedes Wagstücks fähiger ist, als der Landbesitzer. Schon darum, weil jener sehr oft sein Vermögen entstehen sah, ist er gegen alles was Neuerung heißt, weniger abgeneigt. Daher werden die, welche sich nach Veränderungen sehnen, allemal ihre Zuflucht am ersten zu den Geldbesitzern nehmen.

Neben den großen Geldbesitzern war seit einiger Zeit eine neue Classe von Menschen aufgewachsen, die mit ihnen gar bald in eine sichtbare und sehr genaue Verbindung trat. Dies waren — die politischen Gelehrten. Gelehrte von Profession, die die Begierde sich auszuzeichnen treibt, sind ge-

L 2

wöhnlich Freunde aller Neuerungen. Seit den letzten Lebensjah-
ren Ludwig XIV. war die Litteratur nicht mehr sonderlich vom
Hofe geehrt worden; wenigstens hatte man sie nicht so metho-
disch, als es in der glänzenden Periode dieser prunkvollen und
nicht unpolitischen Regierung geschah, durch Belohnungen und
Ehrenstellen an den Hof geknüpft. Das, was die Gelehrten an
der Gunst der Regenten verlohren hatten, suchten sie durch das
Zusammentreten in eine Art von eigner Zunft wieder zu gewinnen: ein Plan, der durch die großen Akademien zu Paris, und
weiterhin durch das ausgebreitete Unternehmen der Encyclopädie,
welches eine Gesellschaft dieser Männer zu Stande brachte, nicht
wenig befördert ward.

Diese litterärische Kabale hatte vor einigen Jahren einen
förmlichen Plan zur Zerstöhrung der christlichen Religion entworfen. Sie verfolgten dies Ziel mit einem Eifer, den man bisher
nur an Menschen, die, vom Geiste des Fanatismus getrieben,
irgend ein religiöses System verbreiten wollten, bemerkt hatte.
Kein Fanatiker besaß jemals den Hang zur Proselytenmacherey,
und dessen natürlichen Begleiter den Hang zur Verfolgung, sobald
es die Umstände erlaubten, in höherm Grade, als sie. Was sie
nicht durch unmittelbare und schnelle Operationen durchsetzen
konnten, suchten sie auf längerm Wege durch die Mittelwirkung
der öffentlichen Meynung zu erlangen. Um Herr über die Meynung zu werden, dazu gehört vor allen Dingen Herrschaft über
die, welche der Meynung ihre Richtung geben. Deshalb suchten
sie sich mit vieler Geschicklichkeit und großer Beharrlichkeit aller
Zugänge zum litterärischen Ruhm zu bemächtigen. Einige unter
ihnen behaupteten unstreitig einen hohen Rang im Reich der
Wissenschaften und des Geschmacks. Die Welt hatte ihnen Gerechtigkeit wiederfahren lassen: in Rücksicht auf ihre Talente ver-
zieh sie ihnen ihre Grundsätze. Zum Lohn für diese großmüthige
Behandlung suchten sie den Ruf des Verstandes, der Gelehrsamkeit und der Bildung, sich und ihren Anhängern mit Ausschluß
der übrigen Welt zuzueignen. Ich wage es, zu behaupten, daß
dieser kleinliche, intolerante Sektirgeist der Litteratur und dem

Geschmack nicht weniger nachtheilig gewesen ist, als der Moral,
und aller wahren Philosophie. Diese Kirchenväter des Atheismus hatten ihre eigne Bigotterie, trotz einem Ketzermacher der
vorigen Jahrhunderte: indem sie gegen Mönche eiferten, war
der Geist eines Mönchs über sie selbst gekommen. Doch waren
sie von manchen Seiten auch wahre Weltmänner. Wo Raisonnement und Witz nicht ausreichen wollten, da ward Intrigue zu
Hülfe gerufen. Mit diesem litterärischen Monopoliensystem verband man eine besondere und unermüdliche Industrie, alle die,
welche nicht zur Parthey gehörten, auf was für einem Wege,
und durch was für Mittel es auch geschehen mochte, anzuschwär-
zen und herabzusetzen. Die, welche den Geist dieser Gesellschaft
sorgfältig studirt haben, sind längst überzeugt gewesen, daß es
ihr an nichts fehlte, als an Macht, um die Angriffe ihrer
Zungen und ihrer Federn bis zu einem wirklichen Kriege gegen Eigenthum, Freyheit und Leben zu steigern.

Die schwache und unwirksame Verfolgung, die man mehr
dem äußern Wohlstande zu gefallen, als aus ernsthaften Absichten
über sie ergehen ließ, konnte weder ihren Muth niederschlagen,
noch ihre Kräfte vermindern. Der Ausgang war auch kein andrer,
als daß ein ungestümer und giftiger Eifer von einer bisher in der
Welt unbekannten Art sich ganz und gar ihrer Gemüther bemächtigte, und selbst ihren persönlichen Umgang, der sonst angenehm
und unterrichtend gewesen seyn würde, vollkommen widrig und
zurückstoßend machte. Ein wilder Hang zu Ränken und Com-
plotten, und eine wüthende Bekehrungssucht athmete jetzt in
allen ihren Gedanken, Worten und Handlungen. Da der Con-
troversgeist sehr leicht auf gewaltsame Mittel denkt, so fingen
sie an, sich zu einer Correspondenz mit fremden Fürsten zu drängen, in der Hoffnung, daß sie durch das Ansehen derselben,
welchem sie damals auf alle Weise schmeichelten, die Revolutionen, mit denen sie umgingen, zu Stande bringen würden.
Es war ihnen völlig gleichgültig, ob diese Revolutionen durch
den Donnerkeil des Despotismus oder durch das Erdbeben eines Volksaufruhrs bewirkt wurden. Der Briefwechsel dieser

L 3

Sekte mit dem verstorbnen Könige von Preuſſen, wirft kein geringes Licht auf den eigentlichen Geist aller ihrer Unternehmungen *). Aus eben dem Grunde, der ſie die Verbin-

*) Allerdings iſt der Charakter dieſer intriganten und raſtloſen Philoſophen, und das weſentliche ihres weitgreifenden und herrſchſüchtigen Syſtems nirgends ſo enthüll, mithin die Richtigkeit der hier entworfenen Schilderung nirgends ſo auffallend beſtätiget, als in dieſem merkwürdigen Briefwechſel. Aber die Billigkeit, und mehr noch als dieſe, die Achtung, die man dem größten Mann ſeines Jahrhunderts ſchuldig iſt, macht es zur dringenden Pflicht, den philoſophiſchen Fürſten nie mit ſeinem Correſpondentenhaufen zu vermengen, dem Könige zu laſſen, was des Königes iſt, und den Sophiſten, was der Sophiſten iſt. Der weiſe Ernſt mit welchem er ſich unabläßig ihren abgeſchmackten Planen (z. B. dem berühmten Vorhaben einen Deiſten-Tempel in ſeinen Staten zu bauen) widerſetzte: die wahrhaft philoſophiſche Nüchternheit, die er ihren wilden und trunknen Spekulationen, und ihrem blinden, zügelloſen Enthuſiasmus entgegen ſtellte; die häufigen Ermahnungen zu allgemeiner Billigkeit und vernünftiger Mäßigung, die er dieſen intoleranten Toleranzpredigern bey jeder Gelegenheit zukommen ließ; der Adlerblick, mit dem er die Gränzen zwiſchen theoretiſchen Grillen und praktiſchen ausführbaren Entwürfen in dem dickſten Nebel aufgeblasner Deklamationen augenblicklich entdeckte; die unerſchütterliche Standhaftigkeit mit der er alte Sitten und Meynungen, die er in der Stunde des Witzes trotz irgend einem franzöſiſchen Akademiker zu verlachen wußte, ſobald von ihrem Einfluß auf Menſchen und Völker die Rede war, vertheidigte: und endlich der anſtändige und gemäßigte Ton in der Abhandlung ernſthafter und ehrwürdiger Gegenſtände und in dem Kampf mit den verächtlichſten Vorurtheilen ſelbſt, den er den neuern franzöſiſchen Schriftſtellern ſo vielfältig empfahl, als er das Einbrechen jener cyniſchen Manier, die in den letzten Jahren die herrſchende in Frankreich geworden iſt, bemerkte; — alles dies muß auch dem unaufmerkſamſten Leſer der Correſpondenz verrathen, wie weit jene geſchwätzigen Zwerge (den philoſophiſchen Schwätzer d'Alembert im geringſten nicht ausgenommen) hinter dieſem königlichen Rieſen zurück blieben, und was für ein Unterſchied zwiſchen einem wahrhaft großem Manne, und einem großen Projektenmacher iſt.

dung mit Fürsten suchen hieß, beehrten sie die großen Geldbesitzer in Frankreich auf eine ausgezeichnete Weise mit ihrer
Freundschaft; und da sie zugleich die Verwalter solcher Aemter,
welche eine ausgebreitete Verbindung mit Menschen aller Classen erfordern, in ihr Interesse zu ziehen wußten, so hatten sie
in der That alle Wege zur öffentlichen Meynung in ihrem
Besitz.

Schriftsteller haben an und für sich, besonders aber wenn
sie vereinigt und zu gemeinschaftlichen Zwecken wirken, einen
großen Einfluß auf den Charakter und die Neigungen einer
Nation: daher mußte das Bündniß, welches die Gelehrten in
Frankreich mit den Geldbesitzern schlossen, nicht wenig dazu

L 4

Es wäre überflüßig diese sonnenklaren Wahrheiten mit
besondern Beweisen und Beyspielen zu belegen, welche die
Briefe des Monarchen, vorzüglich aber die spätern fast auf
jeder Seite liefern. Uebriaens weiß iedermann, der sich um
die Denkungsart und den Charakter des Königes bekümmert
hat, daß sein Umgang und sein Briefwechsel mit den französischen Gelehrten, besonders in den letzten Jahren seines Lebens gar nicht auf Belehrung, sondern einzig und allein
auf Belustigung angelegt war, und daß er diese eiteln
Philosophen im Grunde nicht viel anders behandelte, als wenn
sie (wie er sich irgendwo scherzhaft von der ganzen französischen Nation ausdrückte) „die Vorsehung blos zu seinen
menus plaisirs erschaffen hätte" —

Wenn man sich überzeugen will, wie wenig die treulosen
Sophisten einer ernsthaftern Zuneigung würdig waren, so vergleiche man (um unter hundert Probestücken nur eins zu
wählen) die Briefe, welche der Marquis von Condorcet in den Jahren 1785 und 1786 an den König schrieb, mit
einer Stelle im ersten Theil einer unter dem Titel: Bibliothe-
que de L'homme public, im Jahr 1790 von eben diesem
Gelehrten herausgegebenen elenden Compilation, worin
er selbst (oder doch ein Lotterbube der unter seiner Direktion
schrieb) diesen König, der in jenen Briefen als der erste
Mann aller Zeiten angebetet wird, mit keinen geringern
Ehrentiteln, als mit den Prädikaten eines Nero's im
Norden, eines verabscheuungswürdigen Tyrannen, und eines nach Menschenblut gierigen Un-
geheuers, aufführt — Anmerk. des Uebers.

beytragen, den Haß des Volks, der bisher das Loos der letztern gewesen war, von ihnen abzuwälzen. Die Schriftsteller bedienten sich des gewöhnlichen Kunstgriffs aller derer, die Neuerungen befördern wollen: sie prahlten mit einer großen Vorliebe und Sorgfalt für die Armen und für die niedrigern Volksclassen, während daß sie in ihren beissenden Satyren durch die unverschämtesten Uebertreibungen, die Fehler der Höfe, des Adels und der Geistlichkeit abscheulich zu machen suchten. Sie wurden eine Art von Demagogen. Sie gaben das Hauptglied in einer Kette ab, welche verhaßten Reichthum mit rastloser und verzweifelter Armuth zu einem und demselben geheimen Endzweck verband.

Da diese beyden Classen von Menschen, die Geldbesitzer und die Gelehrten bey allen neuerlichen Verhandlungen in Frankreich die Oberhand gehabt zu haben scheinen: so dient uns ihre Verbindung, und ihr politisches System dazu, nicht etwa aus Grundsätzen der Gerechtigkeit oder der wahren Staatsklugheit, aber doch aus begreiflichen Ursachen die allgemeine Wuth zu erklären, mit welcher man über alles Grundeigenthum der geistlichen Corporationen herfiel, und die auffallende Sorgfalt, mit welcher man, ganz den ausgehängten Principien zuwider, das Interesse der Geldbesitzer und Staatsgläubiger, das in dem Schatten des Throns aufgewachsen war, in Schutz nahm. Aller Unwillen gegen Vermögen und Macht wurde mit ausstudirter Kunst auf eine andre Classe von Reichen geleitet. Giebt es sonst noch irgend eine Erklärung für eine so außerordentliche und widernatürliche Erscheinung, als die war, daß man die Besitzungen der Geistlichkeit, die so manches Jahrhundert durchlebt, so manche Erschütterung des Staats überstanden hatten, und zu gleicher Zeit durch Gerechtigkeit und durch Vorurtheil bewacht schienen, angriff, um damit eine Schuld zu bezahlen, die ungleich viel später entstanden, bey der Nation bis dahin verhaßt gewesen, und von einer verschrieenen und umgestürzten Regierung aufgesammelt war?

„Aber das Vermögen des Staats," heißt es, „reichte „nicht hin, um die Gläubiger desselben zu befriedigen." — An, genommen, es wäre so gewesen: angenommen, es war unver, meidlich, daß Jemand verlöhre — wen mußte es treffen? Wenn der einzige rechtmäßig, vorhandne Fonds, der einzige, den beyde Theile vor Augen hatten, als sie ihr Geldgeschäft schlos, sen, unzureichend wird, wer muß nach allen Principien des na, türlichen und jedes bürgerlichen Rechts in der Welt, den Verlust tragen? Unstreitig, entweder der, welcher lieh, oder der, wel, cher ihn zum Leihen beredete, oder beyde; aber nimmermehr ein Dritter, der nicht den geringsten Antheil am Handel hatte. Wenn ein Bankerutt entsteht, müssen entweder die leiden, welche schwach genug waren, auf schlechte Sicherheit zu leihen, oder die, welche den Gläubiger mit falscher Hypothek hintergin, gen. Die Gesetze kennen schlechterdings keine Möglichkeit einer andern Entscheidung. Aber in dem Institut der neuen Rechte des Menschen sind die einzigen Personen, welche nach Billig, keit leiden müssen, die, welche einzig von allem Verlust frey bleiben sollten; diejenigen müssen für die Schuld haften, die we, der Leiher noch Borger, weder Pfandnehmer noch Verpfänder waren.

Was hatte die Geistlichkeit mit diesen Geldgeschäften zu thun? Was hatte sie mit allen öffentlichen Verbindlichkeiten wei, ter, als die Sorge für die Bezahlung ihrer eignen Schulden ging, zu schaffen? Für diese mußten allerdings ihre Güter bis auf den letzten Morgen Sicherheit leisten. Nichts führt uns untrügli, cher in den Geist dieser confiscirenden Versammlung, als die Auf, merksamkeit auf ihr Verfahren in Ansehung dieser Schulden der Geistlichkeit. Immer dem Interesse der Geldbesitzer getreu, dem zu Liebe sie jedes andre mit Füßen traten, fanden sie die Geistlichkeit befugt, eine gültige Schuld auf sich zu laden. Folg, lich gestanden sie stillschweigend ein, daß die, welchen sie alles Eigenthumsrecht abgesprochen hatten, wahre Eigenthümer seyn mußten, weil man ohne dies zu seyn, seine Besitzungen unmög, lich auf eine gültige Weise verpfänden kan. Sie sahen sich also

L 5

genöthigt, die Rechte dieser verfolgten Bürger in eben dem Augenblick anzuerkennen, da man diese Rechte so offenbar und frevelhaft gekränkt hatte.

Wenn irgend Jemand außer der Nation im Ganzen, dem
Staatsgläubiger für einen Ausfall den er erleidet, stehen sollte,
so müßte es derjenige seyn, dem die Administration der Geldge-
schäfte übertragen gewesen war. Warum bemächtigte man sich
nicht der Güter aller Generalcontroleurs? Warum nicht der Güter aller der Minister, Finanzbeamten, und Bankiers, die sich
bereichert hatten, unterdeß daß die Nation durch ihre Operationen und durch ihre Rathschläge verarmte? Warum confiscirte
man nicht das Vermögen des Herrn La Borde lieber als die
Besitzungen des Erzbischofs von Paris, der weder an der Entstehung der Staatspapiere noch an einem damit vorgenommenen
wucherhaften Umschlage den geringsten Antheil hatte? Oder,
wenn denn einmal alte Grundbesitzungen zum Besten der Agioti-
rer confiscirt werden mußten, warum hielt man sich nur an eine
einzige Classe dieser Grundbesitzungen? Ich weiß nicht ob die
großen Ausgaben des Herzogs von Choiseul noch etwas von
den unermeßlichen Summen übrig gelassen haben, die ihm durch
die Gnade seines Herrn zugeflossen, während einer Regierung
zugeflossen sind, welche durch jede Art von Verschwendung in
Krieg und Frieden zu der jetzigen Nationalschuld in Frankreich
nicht wenig beygetragen hat. Wenn davon noch etwas vorhanden ist, warum wird es nicht einzogen? Ich erinnre mich, daß
ich gerade in Paris war, als den Herzog von Aiguillon die
Hand eines beschützenden Despotismus (wie man damals allgemein behauptete) dem Schaffott entrissen hatte *). Er war

*) Der Herzog von Aiguillon wurde im Jahr 1770 von dem
Parlament von Bretagne einer sträflichen Verbindung mit
dem aufgehobnen Jesuiterorden beschuldiget, und sogar des
Hochverraths verdächtig gemacht. Er stand im Begriff vor
dem Gerichtshofe der Pairs zu Paris, wo nicht seines Lebens,
doch seiner Würde eines Pairs verlustig erklärt zu werden, als
der Canzler Meaupou, aus Furcht in diesen Proceß eine zu

Minister, und hatte also Antheil an der Verwaltung der Geschäfte in jener verschwenderischen Periode. Warum werden seine Familiengüter nicht den Municipalitäten überliefert, in deren Bezirk sie liegen? — Die edle Familie der Noailles hat dem französischen Thron von langen Zeiten her Diener (und sehr verdienstvolle, ich gestehe es gern) geliefert: sie hat also nothwendig ihren Theil an den Wohlthaten gehabt, die von diesem Throne ausflossen. Warum wird kein Stück ihrer Ländereyen zur Tilgung der Nationalschuld verwendet? Warum sind die Besitzungen des Herzogs von Rochefoucault heiliger als die Besitzungen des Cardinals von Rochefoucault? Ich zweifle keinen Augenblick daran, daß der Herzog ein edler

große Anzahl bedeutender Personen verwickelt zu sehen, Ludwig den XV. zu einem Lit. de justice bewog, worin die ganze Procedur gegen den Herzog annullirt und niedergeschlagen ward.

Es ist zu bemerken, daß der Verfasser in dieser Stelle geflissentlich solche Familien nennt, deren Abkömmlinge eine große Rolle in der National-Versammlung spielten. Der junge Herzog von Aiguillon war ein ausgelaßner Verfechter der demokratischen Ideen in dieser Versammlung; die populären Gesinnungen des Vicomte von Noailles und des Herzogs von Rochefoucault sind bekannt genug. — Eine gar sonderbare Fügung der Begebenheiten war es gewiß, daß diese junge Männer aus den vornehmsten Familien, so wie die Montmorency's, die Liancourt's, und alle ihres Gleichen, welche in dem ersten Jahre der Revolution, dem Hofe und dem Adel durch ihre Coalition mit den Demagogen die tödtlichsten Streiche (besonders in der öffentlichen Meynung die sich nicht wenig mit ihren Nahmen brüstete) versetzt hatten, in einem kurzen Zeitraum von 3 Jahren sammt und sonders ohne eine einzige Ausnahme, Opfer ihrer eignen Verirrungen, und ihrer eignen, bey vielen unter ihnen sehr wohl gemeynten, Schwärmereyen geworden sind. „Alle haben sie ihre Strafe in ihren Successen gefunden". Alle haben sie ihre meteorische Laufbahn mit gänzlicher politischer Nichtigkeit, mit willführlicher oder gezwungner Verbannung, oder gar mit einem schmählichen Tode geendiget. Anmerk. des Uebers.

und ein vortreflicher Mann ift. Ich glaube fehr gern, (wenn
es nicht ohnehin fchon Frevel wäre, vom Gebrauch des
Eigenthums hier zu fprechen, als ob der jemals auf die Rechtmäßigkeit deffelben Einfluß haben könnte) daß er einen guten Gebrauch von feinen Einkünften macht: ich vergehe mich
aber nicht an ihm, wenn ich behaupte, was ich nach den aller-
ficherften Nachrichten behaupten kan, daß der Gebrauch, den
fein Bruder, der Cardinal Erzbifchof von Rouen von feinem
gleich rechtmäßigen Eigenthum machte, noch viel löblicher und
viel patriotifcher war. Kan man ohne Abfchen und Entfetzen
von der Verbannung folcher Leute, von der Einziehung ihrer
Güter hören? Der ift kein Mann, der bey folchen Begebenheiten nicht folche Bewegungen fühlt. Der verdient nicht den
Namen eines freyen Mannes, der fie feigherzig in fich ver-
fchließen wollte.

Wenig barbarifche Eroberer haben eine fo fchreckenvolle
Revolution im Befitzftande einer Nation hervorgebracht. Nie
haben die Oberhäupter der römifchen Faktionen, wenn fie in ihren öffentlichen Raub-Auctionen „crudelem illam haftam"
auffstellten, die Güter ihrer überwundnen Mitbürger in einer fo
ungeheuren Quantität feil geboten. Es gereicht zur Entfchuldi-
gung diefer Tyrannen des Alterthums, daß man nicht leicht
von ihnen glauben kan: fie hätten bey kaltem Blute gehandelt.
Der Geift einer wüthenden Rachfucht, die zahllofen, oft noch
ganz frifchen Anfälle und Wiedervergeltungen der ftreitenden
Partheyen, und der lange Wirrwarr wechfelfeitiger Mordthaten
und wechfelfeitiger Plünderungen hatte ihre Leidenfchaften aufgeregt, ihre Gemüther erbittert, und ihre Vernunft verdunkelt.
Die Furcht, daß mit dem wieder erlangten Eigenthum auch die
ehemalige Macht in folche Familien zurückkehren möchte, die
fie über alle Hoffnung der Verzeihung hinaus beleidigt hatten,
trieb fie über alle Gränzen der Mäßigung.

Diefe römifchen Plünderer, die erft bey den Elementen der
Tyrannenkunft waren, und in keiner Schule der Rechte des Menfchen gelernt hatten, daß fie, ohne alle Rechtfertigung, mit

denen, welche sie berauben wollten, nach Gutdünken verfahren konnten, hielten es noch für nöthig, ihren Ungerechtigkeiten einen gewissen Anstrich von Rechtmäßigkeit zu geben. Sie betrachteten die überwundene Parthey als einen Haufen von Verräthern, die gegen den Staat die Waffen ergriffen, oder andre Feindseligkeiten ausgeübt hatten. Sie behandelten sie als Menschen, die ihr Eigenthum durch ein Verbrechen verwirkt hatten. In Frankreich setzt man sich — Dank sey es der erhöhten Cultur des menschlichen Geistes! — über solche Formalitäten hinweg. Man legt die Hand an hundert Millionen jährlicher Einkünfte, und treibt hunderttausend Menschen aus ihren Wohnungen „weil dies unser gnädiger Wille ist." — Auch der Tyrann Heinrich VIII. von England, war nicht besser unterrichtet als die Marius und Sylla zu Rom; er wußte nicht, welch ein trefliches Instrument für seinen Despotismus in der großen Rüstkammer der Rechte des Menschen zu finden war. Als er beschlossen hatte, die Abteyen zu plündern, so wie der Jakobiner-Club die ganze Geistlichkeit geplündert hat, fing er damit an, daß er eine Commission niedersetzte, welche die Vergehungen und Misbräuche, die in diesem Communitäten obwalteten, untersuchen sollten. Der Bericht dieser Commission war, wie man es vorhersehen konnte, ein Gemisch von Wahrheiten, Uebertretungen und Lügen. Indessen, wahr oder falsch, die Commission hatte doch ein ungünstiges Urtheil über sie ausgesprochen. Nichts desto weniger glaubte man, sich hiebey nicht begnügen zu dürfen. Da den Fehlern eines Instituts abgeholfen werden kan, da die Vergehungen einzelner Mitglieder einer Gesellschaft keinen Grund abgeben, die ganze Gesellschaft zu bestrafen, und da man in diesem finstern Zeitalter noch nicht die Entdeckung gemacht hatte, daß Eigenthum ein Geschöpf der Vorurtheile seyn könnte: so fand man alle die angezeigten Misbräuche (und es war deren eine beträchtliche Anzahl) nicht hinlänglich, um darauf die Confiscation zu gründen, die man beabsichtete. Der König brachte es also dahin, daß die Aebte ihm förmlich ihre Güter überliefern mußten. Aller dieser mühsamen Proceduren bediente sich einer der entschiedensten Tyrannen, welche die Register der Geschichte aufführen, als nothwendiger Vorbereitungen, ehe er es wagte, sich durch Bestechungen seiner beyden knechtischen Parlamentshäuser mit einem Theil vom Raube, und durch die Angelobung einer ewigen Freyheit von allen Taxen, die Bestätigung seines ungerechten Verfahrens durch eine Parlamentsakte zu verschaffen. Hätte ihn das Schicksal für unsre Zeiten aufgespert, so würden vier Kunstwörter ihn aller dieser Mühe überhoben und ohne Umstände zu seinem Ziele geführt haben: er hätte nichts nöthig gehabt, als sich der kurzen Beschwörungsformel zu bedienen — „Philosophie, Erleuchtung, Liberalität, Rechte des Menschen."

Es läßt sich nichts zur Vertheidigung dieser tyrannischen Unternehmungen sagen, in welcher Gestalt sie sich auch zeigen mögen: aber das ist nicht zu läugnen, daß der Despotismus, der sie in jener Gestalt auftreten ließ, doch der Gerechtigkeit einen gewissen Tribut darbrachte. Eine Macht, die sich über Furcht und Gewissensbisse weggesetzt hatte, war doch nicht über die Scham hinweg. So lange Scham noch auf ihrem Posten bleibt, kan Tugend nicht ohne Rückkehr im Herzen verschwunden, und Mäßigung nicht ohne alle Spur aus den Gemüthern der Tyrannen verbannt seyn.

Ich bin überzeugt, daß jeder rechtschaffne Mann mit unserm politischen Dichter in seinen Betrachtungen über diese Begebenheit sympathisiren, und so oft er sich ähnliche Anfälle eines räuberischen Despotismus denkt, in seinen frommen Wunsch einstimmen wird:

. . . . „Mög' unsre Zeiten
Kein Sturm wie dieser, wo Zerstöhrung aufbaut
  Im Zorn des Himmels treffen! Sprich, o Muse!
Welch' ungeheure, schwere Missethat,
Welch seltner Frevel konnte so zur Wuth,
Den christlichen Monarchen reizen? Sprich,
War's Schwelgerey, war's zügellose Lust?
War Er so rein, so keusch und fromm und gut?

> Was straft' Er sie? Er war der Sünder erster —
> Doch — da wo Bettler richten, ist's ein tödtliches
> Verbrechen — reich zu seyn — *).

Eben dieser verführerische Reichthum, der zu allen Zeiten und unter allen Regierungsformen in den Augen dürftiger und habsüchtiger Tyrannen, bald Beleidigung der Majestät, bald Beleidigung der Nation gewesen ist, war es, was die National-Versammlung verleitete, Eigenthum, Gesetze und Religion mit Einem Angriff über den Haufen zu werfen.

War aber der Zustand von Frankreich wirklich so verzweifelt und verlohren, daß nichts als Plünderung übrig blieb, um es vom Untergange zu retten? Auf diese Frage wünschte ich eine befriedigende Antwort. War die Situation der Finanzen, als die Stände sich versammelten, so, daß keine billige Vertheilung der Lasten auf alle Stände und durch alle Provinzen dem Uebel die Spitze bieten konnte? Wenn eine solche gleichförmige Auflage hinreichend war, so hätte sie damals leichter als je eingeführt werden können.

Herr Necker lieferte in dem allgemeinen Etat, welchen er den zu Versailles versammelten Ständen vorlegte, eine genaue und detaillirte Darstellung des Zustandes der Französischen Finanzen. Wenn wir ihm trauen, so war es gar nicht nöthig, zu irgend einer neuen Auflage seine Zuflucht zu nehmen, um die Einnahme des Königreichs mit der Ausgabe ins Gleichgewicht

---

*) Cooper's hill von John Denham. Die ganze Stelle ist eine Klage über das tyrannische Verfahren Heinrich des VIII. gegen die Geistlichkeit. Weiterhin stößt man auf folgende merkwürdige Zeilen:

> Could we not wake from that lethargic dream
> But to be restless in a worse extreme?
> And for that lethargy was there no cure.
> But to be cast into a calenture?
> Can Knowledge have no bound, but must advance
> So far, to make us wish for ignorance?

zu setzen. Er gab die Summe aller Ausgaben mit Einschluß der Zinsen eines neuen Darlehns von 400 Millionen, auf 531,444,000 Livres, die festen Einkünfte auf 475,284,000 Livres, mithin das Defizit auf 56,150,000 an. Um dies zu heben, machte er auf solche Ersparnisse von einer, und auf solche Ueberschüsse von der andern Seite Hoffnung (und zwar eine ganz sichere Hoffnung) daß ein noch größeres Defizit als dieses dadurch hätte gedeckt werden können. Er schließt seine Berechnung mit folgenden emphatischen Worten: „Welch ein Land, meine Herren, „worin man ohne Auflagen, und blos mit Hülfe unbe- „rechneter Vortheile, ein Defizit heben kan, welches so viel „Aufsehen in Europa gemacht hat." *) — Was die Abzahlung der rückständigen Interessen, und die allmählige Verminderung der Nationalschuld selbst, so wie alle andre Hauptgegenstände des öffentlichen Credits und der künftigen Finanzverwaltung betrifft, so konnte nach Herrn Neckers Rede kein Zweifel übrig bleiben, daß ein mäßiges und gleichförmiges Abgabensystem, dem sich alle Bürger ohne Unterschied unterworfen hätten, allen diesen Bedürfnissen auf das allervollkommenste Genüge leisten würde.

War diese Darstellung des Herrn Necker falsch, so handelte die Nationalversammlung im höchsten Grade strafbar, daß sie einen Mann, der das Vertrauen seines Herrn und ihr eignes, so gröblich misbrauchen, und in einer Sache von höchster Wichtigkeit, und die einen Hauptgegenstand seines großen Amts betraf, misbrauchen konnte, erst dem Könige als seinen Minister auf- drang, und nach der Absetzung des Königes zu ihrem eignen Minister machte. War die Darstellung getreu (wie ich bey meiner entschiednen guten Meynung von Herrn Necker, und bey

der

*) Quel pays, Messieurs, que celui ou sans impôts, et avec de simples objets inapperçus, on peut faire dis- paroitre un déficit, qui a fait tant de bruit en Europe — Discours de Mr. le Directeur Général des Finan- ces à l'ouverture des Etats-généraux à Versail- les le 5 May 1789.

der allgemeinen Achtung, in welcher er von jeher gestanden hat, nicht bezweifeln kan) was läßt sich denn zur Vertheidigung derer sagen, die statt sich an eine vernünftige, mäßige und allgemeine Beysteuer zu halten, bey kaltem Blute, und ohne alle dringende Nothwendigkeit ihre Zuflucht zu einer ungerechten, einseitigen und grausamen Confiscation nahmen?

Würde etwa die Geistlichkeit oder der Abel unter dem Vorwande ihrer Privilegien den Beytrag zu einer allgemeinen Steuer versagt haben? Sicherlich nicht! Die Geistlichkeit war sogar den Wünschen des dritten Standes weit zuvor gekommen. Vor der Versammlung der Stände hatte sie ihre Deputirten in ihren Instructionen ausdrücklich angewiesen, allen Immunitäten, die ihr einen Vorzug vor andern Bürgerclassen gaben, gänzlich zu entsagen. Der Abel hatte vielfältig ein Gleiches gethan: aber die Geistlichkeit hatte sich über diese Entsagung doch noch viel bestimmter ausgedrückt, als der Abel.

Gesetzt indessen, das Defizit von 56 Millionen, wie es Herr Necker zuerst angegeben hatte, wäre nicht zu heben, gesetzt, alle die Mittel, die er vorschlug wären schamlose und abgeschmackte Erdichtungen gewesen, und die Nationalversammlung (oder die Jakobiner, die ihr ihre Lektion dictirten) *) wären wenigstens von dieser Seite zu entschuldigen daß sie die ganze Last dieses Defizits auf die Geistlichkeit geworfen hätten — so kan doch ein Bedürfniß von 56 Millionen, nie eine Confiscation von

*) Lords of Articles, nennt sie der Verfasser, und fügt selbst folgende Anmerkung hinzu: Während der Regierung des Hauses Stuart gab es in der schottischen Constitution eine eigne Committee, welche alle Gesetze vorbereiten mußte, und ohne deren vorhergehende Genehmigung keine Bill in Vorschlag gebracht werden durfte. Diese Committee führte den Namen, Lords of Articles.

M

drephundert Millionen *) jährlicher Einkünfte rechtfertigen.
Aber eine Auflage von 56 Millionen auf die Geistlichkeit,
wäre blos drückend und ungerecht gewesen, ohne die, welche sie
traf, gänzlich und ohne Rettung zu Grunde zu richten: sie
würde also dem wahren Endzweck der Verfolger nicht entsprochen haben.

Vielleicht mögen sich manche, die mit der alten Verfassung
Frankreichs nicht bekannt genug sind, und die von den Privilegien der Geistlichkeit und des Adels in Ansehung der Abgaben
gehört haben, einbilden, diese beyden Stände hätten vor der
Revolution dem Staate gar nichts bezahlt. Dies ist ein gewaltiger Irrthum. Sie trugen freylich zu den öffentlichen Lasten
nicht in gerechter Proportion mit dem dritten Stande, aber sie
trugen doch reichlich dazu bey. Weder die Geistlichkeit, noch der
Adel, waren von Accise, Zoll, oder von irgend einer der zahlreichen indirekten Abgaben frey, die in Frankreich, wie in
vielen andern Staaten einen so beträchtlichen Theil des öffentlichen Einkommens ausmachen. Der Adel bezahlte die Vermö-
gensteuer. Er bezahlte eine Landtaxe, die man den zwanzigsten Pfennig nannte, und die sich zuweilen bis auf 20 Procent
belief; beydes direkte Abgaben, die drückend genug und

*) Dies waren ungefähr die Einkünfte von den geistlichen Län-
dereyen, wenn der gesammte Werth derselben, so wie ihn der
Finanzcontrolleur Amelot der zweyten gesetzgebenden Versammlung nach vollbrachter Taxation angab, sich auf 2 Mil-
liards belief. Man vergesse aber nicht, daß die Hoffnungen
der confiscirenden Versammlung viel weiter gingen, indem es
zu der Zeit, da das Assignatensystem eingeführt wurde, sogar
einer von den politischen Glaubensartikeln war, die man ohne
die Nation zu beleidigen, und sich dem Laternenpfahl
auszusetzen, nicht in Zweifel ziehen durfte, daß die einge-
zogenen Güter der Geistlichkeit wenigstens 4 Millia-
den werth waren. In dieser Rücksicht fand man es auch
gar nicht nothwendig, sich mit dem Taxiren zu übereilen.
Anmerk. des Uebers.

von nicht geringem Ertrage waren. Die Geistlichkeit *) ent-
richtete in allen den Provinzen die man eroberte (pays
conquis) nannte, und die dem Umfange nach den 8ten, dem
Reichtum und der Bevölkerung nach einen weit größern Theil
des Landes vorstellten, gleich dem Adel Kopfsteuern und den
Zwanzigsten. In den alten Provinzen bezahlte die Geistlichkeit
die Kopfsteuer nicht: aber sie hatte sich mit einer Summe von
24 Millionen losgekauft. Wo sie von dem Zwanzigsten eximirt
war, da machte sie freywillige Geschenke, übernahm Schulden
für den Staat, und war einer Menge andrer Lasten unterworfen, deren gesammter Betrag auf den dreyzehnten Theil
ihrer reinen Einnahme geschätzt wurde. Sie hätte jährlich ungefähr eine Million Livres mehr bezahlen müssen, um in Ansehung der Abgaben mit dem Adel auf gleichen Fuß zu kommen.

Zu der Zeit, da die Schrecken dieser furchtbaren Confiscation über den Häuptern der Geistlichkeit hingen, erbot sich
dieser Stand durch den Erzbischof von Aix zu einer Contribution, die so ausschweifend und ungeheuer war **), daß man sie

M 2

*) Wenn man die Vernunft und die unpartheyische Billigkeit
selbst über das Verhältniß der Contributionen der Geistlichkeit gegen die übrigen Staatsabgaben urtheilen hören will,
so consultire man Necker, Sur l'administration
des Finances. Tom II. cap. 9. A. d. U.

**) Die Contribution zu der sich die Geistlichkeit erbot, war keine
geringere als die Entrichtung einer Summe von 400 Millionen — Große Revolutionen, wie die in Frankreich, geben
Stoff zu den allermerkwürdigsten Betrachtungen über die
Blindheit der Menschen in Ansehung einer, oft gar nicht
entfernten Zukunft. Wenn man zu der Zeit, da sich die
Stände versammeln sollten, von der Geistlichkeit diese enorme
Summe, welche unter Neckers Administration den Staat aus
aller seiner Noth retten konnte, gefordert hätte, sicherlich
würde ein allgemeines Geschrey die Antwort auf einen so unerhörten Antrag gewesen seyn. Und doch — welch ein Lösegeld, um alles das abzukaufen, was diesem unglücklichen
Stande in weniger als zwey Jahren bevorstand! Was hätte

aus Billigkeit hätte ausschlagen sollen, wie man sie hier aus andern Gründen ausschlug. Für den Staatsgläubiger war das Anerbieten einleuchtend vortheilhafter, als alles, was jemals bey der Einziehung der geistlichen Güter vernünftiger Weise zu hoffen stand: warum ward es nicht angenommen? Der Grund liegt am Tage — der Plan war gar nicht der, daß die Kirche dem Staat helfen oder ihn retten sollte. Die Rettung des Staats sollte blos zum Vorwande dienen, um die Kirche zu Grunde zu richten. Um diese große Absicht zu erreichen, war ihnen nichts zu heilig; sie hätten ihr Vaterland zerstöhrt, um nur zum Zweck zu gelangen, und sie haben es wirklich zerstöhrt. Wäre statt der allgemeinen Plünderung nur jene ungeheure Brandschatzung vorgenommen worden, so würde ein Hauptumstand in dem Projekt der Rädelsführer ausgefallen seyn. Eine große Anzahl neuer Landbesitzer, die mit der Republik von der Geburt derselben an genau verbunden seyn sollten, wäre dann nicht entstanden. Dies war (geständlich) eine der Ursachen, weshalb man jenes unerhörte Lösegeld verwarf.

Das Unsinnige, was in diesem Confiscationsprojekt, so wie man es anfänglich ausführen wollte, lag, wurde gar bald sichtbar. Diese unübersehliche Masse von Landeigenthum, vermehrt durch die Einziehung der weitläufigen Domainen der Krone, auf einmal zum Verkauf zu bringen, mußte offenbar den Vortheil der ganzen Operation gewaltig herabsetzen, indem sofort diese Ländereyen, und mit ihnen alle Grundstücke in Frankreich im Preise gefallen wären. Das plötzliche Austreten alles circulirenden Geldes aus dem Handel wäre eine andere verderbliche Folge davon gewesen. Was war zu thun? Sollte die Nationalversammlung, als sie die mit dem Verkauf der Güter verknüpften Schwierigkeiten einsah, zurückkehren und das Anerbieten der Geistlichkeit

man von dem gehalten, der im Anfange des Jahrs 1789 der Geistlichkeit prophezeibt hätte, daß man im Anfang des Jahrs 1790 ein Anerbieten wie dieses, nicht einmal der geringsten Erwägung, nicht eines Blicks werth achten würde! — Anmerk. des Uebers.

annehmen? — Kein Unglück in der Welt konnte sie vermögen, einen Weg zu betreten, auf den noch ein verhaßter Schimmer von Gerechtigkeit leuchtete. Da die Hoffnung auf einen unmittelbaren Verkauf verschwand, so trat ein andres Projekt in die Stelle des ersten. Man schlug vor, die Staatspapiere unmittelbar gegen die Kirchengüter auszuwechseln. Bey diesem Vorschlage zeigten sich große Schwierigkeiten über die Möglichkeit einer richtigen Vergleichung zwischen den Gegenständen des Tausches. Hiezu kam, daß verschiedne äußerliche Umstände den Verkauf unter irgend einer Gestalt unvermeidlich machten. Die Municipalitäten des Reichs hatten Lärm geschlagen. Sie konnten sich unmöglich gefallen lassen, daß die ganze Beute des Königsreichs den Aktienhändlern von Paris ausgeliefert wurde. Viele von diesen Municipalitäten waren (und zwar geflissentlich) zu der äußersten Armuth herunter gebracht. Baar Geld war nirgends zu sehen. Die Municipalitäten kamen also zeitig genug dahin, wo man sie wünschte. Sie verlangten eine Münze von welcher Art sie auch seyn mochte, um ihrer sterbenden Industrie aufzuhelfen. Gab man ihnen, was sie verlangten, so hatten sie auch ihren Antheil am Raube, und der ganze erste Plan (wenn es jemals Ernst damit gewesen war) fiel über den Haufen. Die öffentliche Noth drängte von allen Seiten. Der Finanzminister wiederholte sein Rufen um Succurs mit ängstlicher, dringender, unglückweissagender Stimme. So von allen Ecken her gepreßt, gaben sie das Vorhaben, ihre Bankiers in Bischöfe und Aebte zu verwandeln, auf, creirten, statt die alte Schuld zu bezahlen, eine neue zu 3 Procent, und errichteten ein neues Papiergeld, das sich auf den zukünftigen Verkauf der Kirchländer gründete *). Dieses Papiergeld gaben sie vor-

M 3

*) Bekanntlich waren die ersten 400 Millionen Assignate mit 3 Pro Cent Zinsen verknüpft. Als die Masse nachher verdoppelt und verdreyfacht wurde, schaffte man diese Zinsen wieder ab. Anmerk. des Ueb.

züglich zur Befriedigung der Discontocasse, dieser großen Maschine oder Papiermühle ihres fabelhaften Reichthums aus.

Der Raub der Kirche war nunmehr ihre einzige Zuflucht in allen ihren Finanzoperationen, das Lebensprincip ihrer ganzen Politik, die einzige Sicherheit für die Fortdauer ihrer Macht geworden. Um dieses Unternehmen, und das Ansehen derer, die es durchgesetzt hatten, aufrecht zu erhalten, ward es jetzt unumgänglich nöthig, und sollten auch nur die gewaltsamsten Mittel dazu tauglich seyn, jeden einzelnen Bürger auf denselben Grund zu stellen, auf welchem die Anführer standen, und die ganze Nation in ein großes Räuber-complot zusammen zu schmieden. Damit sich keiner weigern konnte, Mitverschworner bey der Plünderung zu werden, gaben sie ihrem Papiergelde gezwungnen Cours in allen Zahlungen. Dies war nun der Mittelpunkt aller ihrer Plane. Die, welche bemerkt haben, wie ihre übrigen Projekte sämmtlich nach diesem Mittelpunkt strebten, wie alle ihre nachfolgenden Verfügungen von ihm als Strahlen ausgingen, werden mir nicht vorwerfen, daß ich bey diesem Theil ihres Systems zu lange verweilte.

Damit nicht der geringste Anschein von einer Verbindung zwischen dem Thron und der Verwaltung der öffentlichen Gerechtigkeit übrig bliebe, und die Herrschaft der Pariser Diktatoren durch keinen Schatten eines Nebenbuhlers mehr beunruhigt würde, mußte die alte unabhängige Gerichtsbarkeit der Parlamenter mit allen ihren Vorzügen und allen ihren Fehlern auf einmal abgeschafft werden. Hätten die Parlamenter fortgedauert, so konnte das Volk dereinst noch seine Zuflucht zu ihnen nehmen, und in der letzten Noth seine alten Gesetze wieder anrufen. Dem mußte man vorbeugen. Indessen kam hier der wichtige Umstand in Betrachtung, daß die Richter und übrigen Beamten, die in diesen aufgehobnen Gerichtshöfen saßen, ihre Stellen für sehr ansehnliche Summen gekauft hatten, die ihnen ohnehin bey ihren höchst geringen Besol-

bungen nur schlecht verzinset worden waren. Mit Confiscatio=
nen schlechtweg speiset man blos die Geistlichkeit ab, gegen
Rechtsgelehrte mußte ein Schein von Billigkeit beobachtet
werden: sie mußten Entschädigungen erhalten, und sollte auch
die Summe dieser Entschädigungen ins Unendliche gehen *).

M 4

*) Necker giebt allein die Anzahl derjenigen käuflichen Aemter,
welche den Besitzern oder ihren Familien den Adel oder die
Vorrechte des Adels verliehen, auf 4000 an (S. Sur l'administration des Finances. Tom. III. c. 15.) Wie groß mag
die Menge der geringern gewesen seyn! Und auf welch ein
Entschädigungs=Quantum für diesen einzigen Zweig (den
man in Frankreich die Finance des places nannte) läßt dieß
schließen!

Sicherlich würde kein vernünftiger Mensch sich zum Ver=
fechter jener alten Methode der Stellenbesetzung aufgeworfen,
oder eine zärtliche Besorgniß bey dem Gedanken an das Auf=
hören dieses niedrigen Aemtertraffiks gefühlt haben. N er
selbst l. c. thut Vorschläge wie dem Uebel nach und nach
abzuhelfen wäre. Aber welch 'ein Unterschied zwischen dem
leisen, langsamen Tritte der Weisheit und jenem blinden,
rasenden Zerstörungstaumel! — Das was die Nation
jetzt am härtsten drückte, war die Erschöpfung der Finan=
zen. Diesen Schaden aus dem Grunde zu heilen, war
der erste Beruf der Nationalversammlung. Statt diesem
Beruf getreu zu bleiben, vermehrte sie die Nationalschuld
mit einer ungeheuren Summe über die andre, um einem
kindischen und boshaften Muthwillen zu Liebe, von einem
Ende eines großen Königreichs zum andern, alle, welche
dem Staat bisher — gleichviel, würdig oder unwürdig —
gedient hatten, auf einmal abzusetzen, ohne durch etwas
einem vernünftigen Grunde ähnliches darzuthun, daß es
unumgänglich und dringend nöthig war, zu so vielen an=
dern Revolutionen noch diese Revolution hinzu zu fügen,
und auf eine Masse von Staatschulden worunter die Ein=
bildungskraft schon erlag, noch eine neue Schuld von un=
ermeßlichem Umfange zu thürmen. Gesetzt, die neue Con=
stitution hätte durchaus nicht bestehen können, wenn man
nicht alle Parlamenter, alle Tribunäle, alle Dikasterien,
alle bisherige hohe und niedrige Kronbeamte, in ihrer vori=
gen Qualität bis auf die letzte Spur vertilgte (eine Be=
hauptung die sich leicht von der Tribüne donnern, aber

Diese Summe wird ein Theil der Nationalschuld, zu deren Tilgung es immer nur eine und dieselbe unerschöpfliche Quelle giebt.
Die Advokaten erhalten ihre Schadloshaltung durch das neue
Papiergeld, das mit den neuen Principien der Gerichtsverwal-
tung und Gesetzgebung gleiche Würde haben sollte. Die abgesetzten Richter können entweder den Märtyrerstand mit den Geistlichen theilen, oder das was ihr rechtmäßiger Eigenthum war, aus
einem Fonds und unter Bedingungen zurück nehmen, welche Männer, die mit den alten Maximen des Rechts vertraut, und noch dazu
geschworne Wächter über das Eigenthum gewesen waren, nicht
ohne Entsetzen betrachten konnten. Selbst die Geistlichkeit muß
in diesem verachteten Papier, gestempelt mit den unverlöschlichen
Zügen des Kirchenraubes, und mit den Symbolen ihres eignen
Ruins, ihr armseliges Brodt annehmen, oder Hungers sterben. —
Nein! solch einen schreyenden Mordanfall auf Credit, Eigenthum und Freyheit, als dies gezwungne Papiergeld verübte, hat
Bankerutt mit Tyranney vereinigt noch zu keiner Zeit und unter
keiner Nation ans Licht gebracht.

Wenn alle die Ränke, Betrügereyen, Gewaltthätigkeiten,
Plünderungen, Brand- und Mordthaten, Proscriptionen, auf-
gedrungne Papiermünzen, und was nur eine tyrannische Grau-

schwerer beweisen ließ) so fragte sich doch immer noch,
ob denn alle die Tausende, die man nach diesem Princip
abbankte, nicht in der neuen Organisation des Staats
auf andre Weise zu brauchen gewesen wären. Um sich
mit dieser beschwerlichen Untersuchung nicht erst zu beschäftigen, beschloß man lieber gleich, sie mit Geld abzufinden,
als wenn in einem Staat, der schon Jahrelang am Abgrun-
de des Bankerutts gezittert hatte, Geld von allen Ressour-
cen die bereiteste und einfachste gewesen wäre!

So empörend-schamlos ist denn doch wohl, so lange es
Staaten und eine Geschichte giebt, der evidente Vortheil
einer Nation noch nie einer grillenhaften Spekulations-
sucht, oder den unversöhnlichen Leidenschaften einer verderblichen Faktion geopfert worden. Anmerk. des
Uebers.

samkeit erdenken konnte, um diese Revolution zu Stande zu bringen, i re natürliche Wirkung äußern, das heißt, daß sie die natürlichen Gefühle jedes tugendhaften und nüchternen Gemüths
empören: dann erheben die Vertheidiger des neuen philosophischen Systems sofort ihre Stimme, und brechen in Verwüns un-
gen gegen die alte monarchische Regierung von Frankreich aus. Wenn sie diese Regierung hinlänglich angeschwärzt zu
haben glauben, dann gehen sie in ihren Deklamationen weiter;
und, gleich als ob jeder, der neue Misbräuche tadelt, ein Anhänger der alten seyn müßte, behandeln sie alle, die ihre unreifen
und gewaltsamen Freyheitsprojekte verwerfen, als Advokaten der
Sklaverey. Ich glaube gern, daß es die Noth ist, was sie zu
diesem niedrigen und verächtlichen Kunstgriff zwingt. Nichts
kan freylich die Menschheit auch nur auf einen Augenblick mit
ihren heillosen Entwürfen und Operationen aussöhnen, als die
Voraussetzung, daß es zwischen diesen und der abscheulichsten
Tyranney, von welcher irgendwo die Geschichte ein Beyspiel oder
ein Dichter die Züge lieferte, kein drittes zu wählen gäbe.
Dies elende Geschwätz verdient kaum den Namen einer Sophisterey. Es ist nichts, als offne Unverschämtheit. Wie? Ist
denn diesen überklugen Gelehrten in allen Kreisen der theoretischen
und praktischen Welt nie etwas vorgekommen, das zwischen dem
Despotismus eines Monarchen, und dem Despotismus der
Menge die Mitte hält? Haben sie nie von einem Staat gehört,
wo ein Monarch nach Gesetzen regiert, wo die große Masse des
erblichen Reichthums und der erblichen Würden in einem Na-
tional-Senat vereinigt, dem Monarchen, und eine vernünftige
wohl-abgemeßne Einwirkung des Volks durch ein schickliches und
daurendes Organ, ihnen beyden das Gegengewicht hält? Läßt
es sich denn nicht denken, daß man ohne strafbare Absichten
oder lächerliche Verkehrtheit eine so gemischte und geordnete Regierungsform jedem der beyden Extreme vorziehen, und in dieser
Rücksicht einer Nation Einsichten und Sittlichkeit absprechen
kan, die, bey völliger Freyheit eine solche Regierungsform zu
wählen, oder vielmehr sie zu bestätigen, da sie bereits vorhan-

M 5

ben war *), tausend Verbrechen begeht, und tausendfältiges Un-
gemach über ihre Häupter zieht, um dieser Regierungsform zu
entgehen? Ist denn eine reine Demokratie so ganz unbezwei-
felt und entschieden die einzig-schickliche Form, die man der
bürgerlichen Gesellschaft geben kan, daß man sich nicht den geringsten Skrupel über ihre Vollkommenheit und allgemeine Tauglichkeit erlauben darf, ohne für einen Freund der Tyrannen, das
heißt, für einen Feind des menschlichen Geschlechts gehalten zu
werden?

Ich weiß nicht zu welcher Classe von Staatsverfassungen
man die gegenwärtige Regierung von Frankreich eigentlich rechnen
soll. Ob sie gleich das Ansehen einer reinen Demokratie annimmt, so ist es doch nicht unwahrscheinlich, daß sie in kurzem
eine heillose und niedrige Oligarchie werden wird. Ich will indessen für jetzt einräumen, daß sie das sey, wofür sie sich gern
ausgeben möchte, und sie in dieser Voraussetzung betrachten.
Ich verwerfe keine Staatsverfassung blos nach abstrakten Grundsätzen. Es kann Umstände geben, unter welchen eine rein demokratische Form nothwendig ist. Es kan deren geben, (wie-
wohl äußerst selten) unter welchen sie wünschenswürdig wird.
Dies ist aber gewißlich weder der Fall in Frankreich, noch in
irgend einem andern grossen Staat. Bis jetzt haben wir noch
keine Demokratie von beträchtlichem Umfange gesehen. Die
Alten waren besser mit ihnen bekannt. Da ich nicht ganz unbe-
wandert in den Schriftstellern bin, welche die meisten dieser Con-
stitutionen in der Nähe beobachtet hatten, so fühle ich mich ge-
drungen, ihrer Meynung beyzutreten, nach welcher eine uneingeschränkte Demokratie so wenig als eine uneingeschränkte Monarchie unter die rechtmäßigen **) Regierungsformen zu rechnen
ist. Sie sehen in einer solchen Verfassung eher die Verderbniß
und den Verfall, als den gesunden Zustand eines Staats.

*) Wenigstens in den Elementen vorhanden war. Anmerk.
des Ueberf.

**) Das heißt, vernunftmäßigen. A. d. U.

Schon Aristoteles *) hat die Bemerkung gemacht, daß zwischen einer reinen Demokratie und der Tyranney in vielen Punkten eine auffallende Aehnlichkeit ist. So viel scheint mir unläugbar, daß, wenn in einer Demokratie gewaltsame Spaltungen entstehen, welches in dieser Verfassung sehr häufig der Fall seyn muß, die Majorität der Bürger, die Minorität aufs grausamste zu unterdrücken im Stande ist, und daß sich diese Unterdrückung viel weiter erstrecken, und mit viel größer Wuth ausgeübt werden wird, als je unter der Regierung eines einzelnen Scepters zu befürchten steht. Bey einer solchen Volkstyranney befinden sich die einzelnen Leidenden in einer viel trostlosern Lage als bey irgend einer andern Tyranney. Unter einem grausamen Fürsten bleibt ihnen der Balsam des brüderlichen Mitleids, der ihre Schmerzen lindert: es bleibt ihnen der laute oder stille Beyfall einer ganzen Nation die sie zum männlichen Ausdauern unter unverdienten Qualen ermuntert. Aber denen, welche von der Menge verfolgt werden, ist aller Trost von außen her abgeschnitten. Es ist, als ob sie vom menschlichen Geschlecht verlassen wären, als ob eine allgemeine Verschwörung ihrer ganzen Gattung sie zu Boden geworfen hätte.

Gesetzt aber auch, in der Demokratie läge nicht dieser unvermeidliche Hang zur Tyranney der Faktionen, den ich darin finde; gesetzt, sie enthielte, wo sie ganz unvermischt erscheint, alles das Gute, was sie meiner Meynung nach, nur enthält, wenn sie mit andern Formen zusammengeschmol-

---

*) Τὸ ἦθος τὸ αὐτὸ, καὶ ἄμφω δεσποτικὰ τῶν βελτιόνων; καὶ τὰ ψηφίσματα, ὥσπερ ἐκεῖ τὰ ἐπιτάγματα. Καὶ ὁ δημαγωγὸς, καὶ ὁ κόλαξ, οἱ αὐτοὶ καὶ ἀνάλογοι — Aristot. Politic. Lib. IV. c. 4. — „Die innre Beschaffenheit (beyder Regierungsformen) ist dieselbe; beyde herrschen despotisch über die Bessern; und (willkührliche) Volksdekrete sind in der einen was- (willkührliche) Verordnungen in der andern sind. Auch ist ein Demagoge einem Fürstenschmeichler gar nahe verwandt".

gen wird: ist denn darum an der monarchischen Verfassung
gar nichts, was sie empfehlungswürdig machen könnte? —
Ich berufe mich selten auf Bolingbroke: und seine Schriften haben im Ganzen keinen sonderlichen Eindruck bey mir
hinterlassen. Er ist ein anmaßungsvoller und oberflächlicher
Schriftsteller, aber er hat eine Bemerkung gemacht, die meines
Erachtens nicht ohne Tiefsinn und Gründlichkeit ist *). Er
sagt, er ziehe deshalb die monarchische Staatsverfassung
allen andern vor, weil man viel leichter jeden Bestandtheil der
Republik auf eine Monarchie, als irgend etwas aus der Monarchie auf die republikanischen Formen pfropfen kan. Ich unter-
schreibe diese Bemerkung mit völliger Ueberzeugung. Die Geschichte spricht dafür: und das Raisonnement wird gewiß damit
übereinstimmen.

Ich weiß, welch ein leichtes Thema es ist, bey den Fehlern abgeschiedner Größe zu verweilen. Die kleinste Revolution

*) Die Stelle ist aus einer von Bolingbrokes kleinen Schrif-
ten, die den Titel führt: Idea of a Patriot King.
Sie lautet folgendergestalt: „Unter den vielfältigen Ursachen, die mich bewegen, die monarchische Staatsverfassung
allen andern vorzuziehen, ist dies eine der wesentlichsten:
Wenn die Monarchie in der Regierungsform prädominirt,
so kan man sie viel leichter und viel vortheilhafter mit Aristokratie oder mit Demokratie oder mit beyden versetzen,
als man im Stande ist, eine der beyden letzten Formen, wenn
sie die herrschenden sind, mit einem Zusatz von Monarchie zu
temperiren. Mich dünkt die Einführung einer wahren und
bleibenden monarchischen Macht, freylich nicht etwa eines blos-
sen Schattenbildes derselben, würde die aristokratische Verfassung sowohl als die demokratische zerstöhren, so wie ein großes
Licht ein kleineres verdunkelt. Dagegen man mit leichter
Mühe darthun, und aus unsrer eignen Constitution, ohne
erst die Beispiele weiter aufzusuchen, am deutlichsten ersehen
kan, daß sehr beträchtliche aristokratische und demokratische Bestandtheile auf einen monarchischen Stamm gepfropft werden können, ohne daß dadurch das äußre Ansehen
oder die reelle Macht des Regenten, bis zu einer wirklichen
Alteration im Wesentlichen der Regierungsform, vermindert
würden.“

In einem Staat verwandelt den kriechenden Sykophanten des ge-
strigen Tages in einen unerbittlichen Tadler der jetzigen Stunde.
Aber feste und selbstständige Gemüther, die sich mit einem Gegenstande von so hoher Wichtigkeit für die Menschheit als eine Staatsverfassung ist, beschäftigen, werden sich weder zu Satyrikern noch
zu Lobrednern herabwürdigen. Sie werden die Einrichtungen
der Menschen wie ihre Charakter beurtheilen. Sie werden das
Gute von dem Bösen zu sondern wissen, da keines ungemischt
in sterblichen Werken, so wenig als in sterblichen Wesen zu finden ist.

Die Staatsverfassung von Frankreich wurde gewöhnlich, und
mich dünkt mit Recht, für die leidlichste aller unconstituirten oder
schlecht-constituirten Monarchien gehalten: indessen wimmelte sie
von Misbräuchen. Diese Misbräuche häuften sich von Zeit zu
Zeit, weil es an der beständigen Aufsicht einer guten Volksrepräsentation fehlte. Ich bin nicht unbekannt mit den Mängeln der
umgestürzten französischen Regierung, und ich bin gewiß weder
von Natur, noch aus Grundsätzen geneigt, Lobreden auf irgend
etwas zu halten, das der Gegenstand eines gerechten Tadels ist.
Aber jetzt ist gar nicht mehr von den Fehlern dieser monarchischen
Regierung, sondern von ihrer Existenz die Rede. Die Frage ist
die: war die französische Regierung einer Verbesserung durchaus
unfähig oder durchaus unwürdig? War sie so beschaffen, daß die
unvermeidliche Nothwendigkeit eintrat, das ganze Gebäude auf
einmal umzureissen, und den Boden, worauf es gestanden hatte,
zu ebnen, um ein ganz neues, als einen wissenschaftlichen Versuch zur Prüfung gewisser Theorien, an seine Stelle zu setzen? Ganz
Frankreich war im Jahre 1789 andrer Meynung. Die Instruktionen, welche jeder Distrikt des Königreichs seinen Abgesandten
zur Versammlung der Stände gab, waren voll von Vorschlägen
zur Verbesserung der bisherigen Staatsverfassung, ohne den aller-
entferntesten Wink, der eine Absicht, sie zu zerstöhren, verrathen
hätte. Wäre eine solche Absicht damals auch nur angedeutet worden, ich bin überzeugt, es wäre nur eine Stimme darüber gewesen, und diese Stimme hätte sie mit Verachtung und Abscheu ver-

worfen. Die Menschen werden zuweilen Schritt für Schritt, zuweilen auch durch gewaltsame Sprünge zu Dingen geführt, denen sie sich, wenn sie sie von Anfang an ganz hätten übersehen können, nie auch nur von fern genähert hätten. Als jene Instructionen gegeben wurden, war es so klar als es jetzt ist, daß Mißbräuche vorhanden, und Verbesserungen nöthig waren. In dem Zwischenraum zwischen den Instructionen und der Revolution aber änderten die Dinge ihre Gestalt, und nach dieser Veränderung ist nun die eigentliche Frage nur folgende: ob die, welche verbessern wollten, oder die, welche zerstöhrt haben, Recht hatten?

Wenn man gewisse Leute von der ehemaligen französischen Monarchie sprechen hört, so sollte man glauben, sie redeten von Persien, wie es unter dem Mordschwerdt eines Thamas-Kouli Kan blutete, oder wenigstens, sie beschrieben den barbarischen, schrankenlosen Despotismus der Türkey, wo die schönsten Provinzen der Erde im tiefsten Frieden grausamer verwüstet werden, als je ein Land unter der Geissel des wüthendsten Krieges verheert ward, wo Künste unbekannt sind, Industrie erstirbt, Wissenschaft vertilgt ist, und Ackerbau vergessen wird, wo das Menschengeschlecht unter des Beobachters Auge zusammen schmilzt und verschwindet. — War dies der Zustand von Frankreich? Diese Frage läßt sich nur beantworten, wenn man die Fakta zu Rathe zieht, und die Fakta beantworten sie verneinend. Es giebt neben manchem Uebel auch manches Gute in der Monarchie, blos als Monarchie, und die französische mußte für ihre Uebel, in der Religion, in ihren Gesetzen, in Sitten, Meynungen und Gebräuchen, vielfältige Arzeneyen finden, die sie (wenn gleich nie zu einer freyen, mithin nie zu einer guten Staatsverfassung doch) zu einem Despotismus mehr des Namens, als der Wirklichkeit machten.

Unter den verschiednen Kennzeichen, wonach man den Einfluß einer Regierung auf ein Land bestimmt, halte ich die Bevölkerung desselben für eins der sichersten. Kein Land, in welchem die Bevölkerung blühend und fortschreitend ist, kan eine durchaus verderbliche Verfassung haben. Ungefähr vor 60 Jahren statteten die Intendanten aller Generalitäten von Frankreich unter andern einen Bericht über die Volksmenge in ihren verschiednen Distrikten ab. Die weitläuftigen Bücher, die von diesem Gegenstande handeln, fehlen mir; aber so viel kan ich aus dem Gedächtniß behaupten, daß die Volksmenge von Frankreich sich damals auf 22 Millionen Seelen belief. Am Ende des vorigen Jahrhunderts hatte man sie gemeinhin auf 18 Millionen geschätzt. Nach beyden Angaben war Frankreich nicht schlecht bevölkert. — Herr Necker, dessen Autorität für seine Zeit von eben dem Gewicht ist, als die der Intendanten für die ihrige, berechnet, und wahrscheinlich nach richtigen Principien, die Menschenzahl in Frankreich, im Jahr 1780, auf 24,670,000 Seelen. Ist das aber der letzte Punkt den sie unter der alten Regierung erreicht hatte? Dr. Price ist der Meynung, daß das Zunehmen der Bevölkerung in Frankreich in jenem Jahr keineswegs aufgehört hat. In Spekulationen dieser Art gilt das Urtheil des Dr. Price unstreitig mehr als in allgemeinen politischen Raisonnements. Er legt Herrn Neckers Angabe zum Grunde, und behauptet mit großer Zuversicht, daß seit der Zeit, da dieser Minister seine Berechnung anstellte, die Volksmenge in Frankreich reissend zugenommen habe, so reissend, daß er im Jahr 1789 die Anzahl der Menschen in diesem Reich durchaus nicht unter 30 Millionen annehmen will. Ich lasse viel ab (und ich glaube, man muß viel ablassen) von dieser übertriebnen Berechnung; aber ich bleibe doch überzeugt, daß die Bevölkerung von Frankreich in der letztvergangenen Periode beträchtlich zugenommen hat. Gesetzt, sie hätte sich nur um so viel vermehrt, als nöthig war, um jene 24,670,000 bis zu 25,000,000 zu ergänzen: so ist doch eine Volksmenge von 25 Millionen auf einer Fläche von ungefähr 27,000 Quadratmeilen wirklich ungeheuer. Sie ist zum Beyspiel viel größer in Proportion, als die Bevölkerung von Großbrittannien, selbst größer als die von England, welches den bevölkertsten Theil unser vereinten Königreiche

ausmacht. Es ist nicht ohne Einschränkung wahr, daß Frankreich ein von Natur fruchtbares Land wäre. Ansehnliche
Striche desselben sind unfruchtbar oder kämpfen mit andern
natürlichen Fehlern. In den Distrikten, wo die äußern Umstände vorzüglich vortheilhaft sind, ist auch die Volkszahl der
Freygebigkeit der Natur angemessen. Die Generalität von
Lille *) (freylich ist dies das stärkste Beyspiel) enthielt auf
einer Fläche von 414 Quadrat Lieues, vor etwa zehn Jahren
734,600 Seelen, also 1772 Einwohner auf jeder Quadrat-
Lieue. Die Mittelzahl für die übrigen Provinzen ist ungefähr
900 auf einer gleichen Fläche.

Ich schreibe das Verdienst von dieser ansehnlichen Bevölkerung nicht der abgesetzten Regierung zu, weil ich ungern über
das, was im hohem Grade von der Güte der Vorsehung herstammt, Complimente an die Weisheit der Menschen verschwende. Aber diese verlästerte Regierung muß denn
doch die Ursachen, die eine so außerordentliche Menschenmenge
durch das ganze Königreich hindurch hervorbrachten, und in einigen Gegenden solche Wunderwerke von Bevölkerung aufstell-
ten, diese Ursachen mochten nun in der Natur des Bodens oder
im Charakter des Volks liegen, in ihren Wirkungen nicht sonderlich gehindert, sie muß sie wahrscheinlich begünstiget haben.
Niemals werde ich zugeben, daß die Organisation eines Staats
die schlechteste unter allen möglichen ist, wenn sie ein Princip
(wo und wie verborgen es auch schlummern mag) in sich schließt,
daß die Zunahme der Menschengattung in solchem Grade befördert.

Der Reichthum eines Landes ist ein andres, nicht verwerf-
liches Kennzeichen, m zu beurtheilen, ob eine Regierung im
Ganzen wohlthätig oder drückend ist. Frankreich übertrifft England in der Volksmenge, aber ich glaube, daß sein Reichthum
verhältnißmäßig dem unsrigen nachsteht, daß dieser Reichthum
überdies nicht so gleichförmig vertheilt ist und nicht so leicht und

schnell

*) S. Necker de l'administration des Finances. Tom. 1. c. 11.

schnell circulirt, als der Reichthum unsers Landes. Ich spreche
ausdrücklich von England, nicht vom brittischen Gebiet überhaupt: denn wenn ich dieses mit Frankreich in Ansehung des
Reichthums vergleiche, wird der Ausschlag auf unsrer Seite geringer seyn. Ich gebe zu, daß die Verschiedenheit der beyden
Staatsverfassungen eine Hauptursach des Vorzugs war, den
England von dieser Seite besitzt. Wenn aber auch Frankreichs
Vermögen die Vergleichung mit Englands Vermögen nicht aus-
hält, so kan doch Frankreich an und für sich immer noch ein
sehr reiches Land seyn. Herrn Neckers Buch, welches im Jahr
1785 erschien, enthält viele genau angegebne, für Staatswirthschaft und politische Rechenkunst sehr wichtige Fakta, und seine
Raisonnements über diese Gegenstände sind durchaus weise und
aufgeklärt. Das Bild, welches er in diesem Buche von dem
Zustande Frankreichs entwirst, hat keinen Zug von dem Ge-
mälde eines Landes, dessen Regierung nichts weiter als eine
reine Last, als ein absolutes Uebel wäre, und für das
es keine andre Heilungsmethode gäbe, als die unsichre und verzweifelte — einer Totalrevolution.

Er behauptet, daß sich die Summe des Goldes und Silbers,
welches vom Jahr 1726 bis zum Jahr 1784 in den französischen
Münzen geprägt worden ist, auf 600 Millionen Thaler belau-
fe *). Es ist unmöglich, daß sich Herr Necker in Ansehung der

---

*) Gegen die Richtigkeit aller dieser Berechnungen ist freylich
    nichts einzuwenden. Aber, ob die Quantität des in der
    Münze ausgeprägten Goldes und Silbers ein sichres Kenn-
    zeichen, und einen brauchbaren Maßstab des Nationalreich-
    thums abgeben kan, dagegen möchten diejenigen wohl wichtige
    Zweifel hegen, welche mit den neuern Principien der Staats-
    ökonomie, so wie sie z. B. in den erhabnen und tiefsinnigen
    Raisonnements eines Smith (Inquiry into the nature
    and causes of the wealth of Nations. Book IV.
    c. 1.) entwickelt werden, vertrauter sind. — Dringender
    als alle diese Calculs spricht für den Satz, den der Verfasser
    hier eigentlich ausführen will, die nachfolgende majestätische,
    und doch so vollkommen wahre Schilderung von Frankreich.
    Anmerk. des Uebers.

N

Quantität der rohen Metalle, die zur Münze gebracht worden
sind, irren konnte, weil hierüber officielle Rechnungen geführt
werden. Das Raisonnement dieses geschickten Finanzministers
über die Quantität des Silbers und Goldes, welches wirklich
in Umlauf war, als er sein Buch im Jahre 1785 schrieb, (also
4 Jahr vor der Absetzung und Einsperrung des Königs) kan
von so unbezweifelter Gewißheit nicht seyn, aber es ist doch auf
so vernünftige Gründe gebaut, daß man schlechterdings nicht
umhin kan, ihm in hohem Grade Credit zu geben. Er berechnet das baare Geld, das damals wirklich in Frankreich vorhanden war, auf ungefähr 550 Millionen Thaler. Eine große
Masse von Reichthum für ein Land von diesem Umfange! Und
weit entfernt, hierin die letzte Gränze des Nationalreichthums zu
sehen, vermuthet Herr Necker, daß diese Masse von Jahr zu
Jahr beträchtlich zunimmt. — Immerhin mag man von seinen
Berechnungen abziehen, was man abzuziehen für nöthig hält:
was übrig bleibt, wird noch eine außerordentliche Summe
ergeben.

Springfedern von solcher Kraft, wie hier im Spiele seyn
müssen, finden sich nicht leicht bey muthlos-gemachter Industrie,
bey Unsicherheit der Besitzungen, oder bey einer durchaus ver-
werflichen Regierung. In der That, wenn ich meine Blicke
auf dieses blühende Frankreich werfe; wenn ich die Menge und
den Wohlstand seiner Städte, die nutzbare Pracht seiner unüber-
treflichen Landstraßen und Brücken, die Bequemlichkeit seiner
kunstreichen Kanäle und Wasserwerke betrachte, die jeden Winkel eines so ausgebreiteten festen Landes in Verbindung mit dem
Meer setzen; wenn ich meine Augen auf die wundervollen Anlagen seiner Häfen und auf alle seine unermeßlichen Schiffarths-
vorräthe, sowohl zum Kriege als zum Handel richte; wenn ich
mir die große Anzahl seiner Festungen, entworfen mit so kühner
und meisterhafter Kunst, ausgeführt und erhalten mit so ungeheuren Kosten vorstelle, die das Land von allen Seiten, wie
eine undurchdringliche Mauer einschließen; wenn ich sehe, welch
ein geringer Theil dieses weitläuftigen Reichs unbebaut liegt, und

zu welcher vollendeten Vollkommenheit die Cultur so mancher
von den besten Produkten der Erde in Frankreich gediehen ist;
wenn ich die Vortreflichkeit seiner Manufakturen und Fabriken
bedenke, die keinen als den unsrigen, und in vielen Stücken
nicht einmalden unsrigen weichen; wenn ich die großen und zahl-
thätigen Stiftungen ansehe, wenn ich den Zustand aller Künste
überschaue, die das Leben beglücken und verschönern, wenn ich
mir die großen Männer vorzähle, die dies Land hervorgebracht
hat, die Helden die seinen kriegerischen Ruhm gegründet haben,
seine klugen Staatsmänner, seine tiefsinnigen Rechtsgelehrten
und Theologen, seine Weltweisen und Mathematiker, seine Philo-
logen, seine Geschichtsforscher und Alterthumskenner, seine reizenden
Dichter, seine geistlichen und weltlichen Redner: — so finde ich in dem
allem etwas, welches die Einbildungskraft ergreift und niederwirft,
etwas, welches das Gemüth am jähen Abhang eines vorschnellen
uneingeschränkten Tadels gewaltsam zurück schreckt, und welches un-
nachläßlich gebietet, daß wir mit hohem Ernst untersuchen, was eigentlich, undwie groß die verborgnen Krankheiten waren, die uns
berechtigen konnten, ein Gebäude von so majestätischer Treflichkeit
dem Erdboden gleich zu machen. Ich bin nicht im Stande, in diesem allen den Despotismus der Türkey zu erkennen. Ich finde nirgends Spuren einer Regierung, die im Ganzen so pflichtvergess-
sen, so verderbt, und so drückend gewesen wäre, daß sie schlechterdings keine Verbesserung zugelassen hätte. Ich
denke im Gegentheil, daß eine Regierung wie diese war, wohl
verdiente, daß man ihre vortreflichen Seiten heraushob, ihre
fehlerhaften ausbesserte, und die Anlagen die sie darbot, zu einer
brittischen Constitution ausbildete.

Jeder, der auf das Verfahren dieser abgesetzten Regierung
seit mehrern Jahren aufmerksam gewesen ist, muß schlechterdings
mitten unter dem beständigen Wechsel der Dinge, der großen
Höfen eigen ist, ein sehr ernsthaftes Bestreben, den Wohlstand
des Landes zu befördern, bemerkt haben: es kan ihm nicht
entgangen seyn, daß diese Regierung eifrig bemüht war, die

Miebräuche, die sich in den Staat eingeschlichen hatten, auf vielen Seiten ganz zu heben, auf vielen beträchtlich zu mildern, und daß selbst die uneingeschränkte Macht des Souverains über die Personen der Unterthanen, die allerdings mit Freyheit und Gerechtigkeit ganz unverträglich war, in der Ausübung von Tage zu Tage gelinder wurde. Weit entfernt, Verbesserungen von sich zu weisen, war diese Regierung vielmehr in einem tadelhaften Grade geneigt, allen Projekten und Projektanten, die Verbeſſrung im Schilde führten, Gehör zu geben. Nur zu sehr begünstigte man den Geist der Neuerung, der zeitig genug die, welche ihn genährt hatten, anfiel und niederbohrte. Es ist blos kalte und nackende Gerechtigkeit die man dieser gefallnen Regierung widerfahren läßt, und nichts weniger als Schmeicheley, wenn man sagt, daß sie viele Jahre vor ihrem Ende mehr durch Leichtsinn und Uebereilung in ihren wohlgemeynten Entwürfen, als durch Mangel an Aufmerksamkeit und an Patriotismus gefehlt hat. Die Regierung von Frankreich in den letzten 15 oder 16 Jahren mit einer weisen und wohl organisirten Staatsadministration aus dieser oder irgend einer andern Periode vergleichen, hieße offenbar unredlich raisonniren. Aber wenn man sie, es sey in Rücksicht auf Verschwendung in den Ausgaben, es sey in Rücksicht auf Strenge in der Ausübung der Gewalt mit einer der vorhergehenden vergleicht, so werden unbefangne Richter gar bald einsehen, wie es mit der Gewissenhaftigkeit derer beschaffen ist, die unaufhörlich von der Bereicherung der Günstlinge, von dem Aufwande des Hofes, oder von den Gräueln der Bastille —unter Ludwig dem XVI sprechen.

Ob das System, wenn es anders ein System heißen kan, was jetzt auf den Ruinen dieser alten Monarchie empor steigt, für die Bevölkerung und den Wohlstand des Landes, dessen es sich angenommen hat, besser als vorhin geschehen ist, sorgen wird, bleibt zum wenigsten ein zweifelhafter Punkt. Ich bin sehr geneigt zu glauben, daß dieses Land, anstatt bey der Veränderung zu gewinnen, eine ganze Reihe von Jahren nöthig haben wird, um sich nur so weit von den Wirkungen dieser philosophi-

schen Revolution zu erholen, daß es seine vorigen Kräfte wieder
erlangt. Wenn Dr. Price für gut finden sollte, uns einige
Jahre später mit einer Berechnung der Volksmenge in Frankreich zu beschenken, so wird er schwerlich sein Mährchen von ten
30 Millionen Seelen, wie er sie im Jahr 1789 berechnete, oder
die Schätzung der Nationalversammlung in eben dem Jahre, die
auf 26 Millionen ging, oder auch nur Herrn Neckers 25 Millionen von 1780 wieder finden. Die Auswanderungen aus
Frankreich sind ungeheuer: ganze Schaaren haben dies wollüstige
Clima und diese verführerische Circeische Freyheit verlassen,
und ihre Zuflucht zu den gefrornen Regionen, und dem brittischen
Despotismus von Canada genommen.

Bey dem jetzigen gänzlichen Verschwinden alles baaren Geldes sollte wohl niemand glauben, daß noch von dem nehmlichen
Lande die Rede wäre, in welchem der Finanzminister vor wenig
Jahren 600 Millionen klingender Münze zu entdecken im Stande
war. Nach dem Anblick zu urtheilen, den es jetzt darbietet, möchte man auf die Vermuthung gerathen, daß es sich einige Jahre
unter der besondern Aufsicht der gelehrten Akademiker von Laputa
und Balnibarbi befunden hatte *). Schon hat die Bevölkerung
von Paris so abgenommen, daß Herr Necker den Betrag der Ge-
treydevorräthe, die zum Unterhalt dieser Stadt erforderlich sind,
der Nationalversammlung um ein Fünftheil geringer angab, als
er sonst gewesen war. Man behauptet allgemein, daß hunderttausend Menschen in Paris ohne Arbeit sind, obgleich diese Stadt
der Sitz des gefangnen Hofes und der Nationalversammlung
geworden ist. Nichts soll, wie man sagt, dem empörenden und
eckelhaften Schauspiel gleich kommen, welches die Betteley in
dieser Hauptstadt aufstellt. Die Verhandlungen der National-
versammlung selbst lassen keinen Zweifel über diesen Gegenstand.
Sie hat der Abstellung des Bettelns einen eignen Ausschuß gewid-

N 3

*) S. Swift's Gullivers Travels, wo der Zustand solcher
Länder, die durch Philosophen regiert werden, meisterhaft geschildert wird. A. d. B.

met. Sie hat zum erstenmale eine Taxe zur Unterhaltung der
Armen ans Licht gebracht, und auf den öffentlichen Rechnungen
von diesem Jahr prangen unermeßliche Summen, die diesem Gegenstande angeblich gewidmet sind. — Mittlerweile sind die Anführer gesetzgebender Clubs und Caffeehäuser von Bewunderung
ihrer eignen Weisheit und Geschicklichkeit trunken. Sie sprechen
mit gränzenloser Verachtung von der ganzen übrigen Welt. Sie
versichern dem Volk, um es über die Lumpen zu trösten, in die
sie es gekleidet haben, daß sie aus ihm eine philosophische
Nation gemacht hätten, und thun ihr äußerstes, um bald durch
politische Quacksalberkünste, durch Aufzüge, Feste und lärmende
Kinderspiele, bald durch falsche Schreckensposten von Verschwörungen und Anfällen, das Geschrey der Nothleidenden zu betäuben,
und das Auge des Beobachters von dem Elend und den Ruinen
des Staats abzulenken. Eine brave Nation wird unstreitig Freyheit von ehrenvoller Armuth begleitet, begüterter und entehren-
der Sklaverey vorziehen. Aber, ehe ein so hoher Preis, als der
Wohlstand eines Landes ist, bezahlt wird, muß man gar fest versichert seyn, daß es wahre Freyheit ist, die man kauft, und daß
sie um keinen andern Preis zu erhalten stand. Indessen wird in
meinen Augen die Freyheit immer sehr zweydeutig seyn, die nicht
Weisheit und Gerechtigkeit an ihrer Seite, und Glückseligkeit
und Ueberfluß in ihrem Gefolge hat.

Die Schutzredner dieser Revolution begnügen sich nicht damit, die Fehler ihrer alten Regierung ins Unendliche vergrößert
darzustellen: sie untergraben den guten Ruf ihres Vaterlandes
selbst, indem sie die Classen der Nation, die natürlicher Weise
die Aufmerksamkeit der Fremden am meisten auf sich zogen, nemlich die Geistlichkeit und den Adel, als Gegenstände des Abscheus
schildern. Wären diese Schilderungen nichts mehr und nichts
weniger als Libelle, so möchte es so viel nicht zu sagen haben.
Aber die Folgen davon sind die schrecklichsten. Hätte der französische Adel, der alle große Landbesitzer im Reiche in sich schloß,
und alle Officier für die Armeen lieferte, jenem deutschen Adel im
mittlern Zeitalter, wider den sich die Hansee-Städte zur Wehr-

fung ihres Eigenthums verbünden mußten, ähnlich gesehen —
wäre er den Orsini und Vitelli in Italien gleich gewesen *),
die aus ihren befestigten Räuberhöhlen den Kaufmann und den
Reisenden anfielen — hätte er sich, wie die Mamelucken in
Egypten, oder wie die Nayrs auf der Küste Malabar, betragen — dann, ich gestehe es, durfte man es mit den Mitteln,
durch welche man die Welt von einer solchen Last befreyete, so genau nicht nehmen. Man konnte über die Bildsäule der Billigkeit und der Barmherzigkeit für einen Augenblick den Schleyer
werfen. Tief erschüttert von dem Gefühl einer gebieterischen
Noth, in welcher sich die Sittlichkeit selbst die Uebertretung ihrer Regeln gefallen läßt, um nur ihre höchsten Principien
gerettet zu sehen, hätten sich die zärtlichsten Gemüther wegge-
wandt, während daß List und Gewalt dem Schattenspiel eines
eingebildeten höhern Standes, der die Menschheit entehrte, indem er sie verfolgte, ein Ende gemacht hätte. Wer auch noch
so sehr Blut und Verrätherey, und Gewaltthätigkeit haßt, würde
bey diesem Bürgerkriege der Laster ein schweigender Zuschauer geblieben seyn.

N 4

---

*) Die Orsini und Vitelli sind berühmte Familien aus den
unruhigen Zeiten der guelphischen und gibellinischen Faktionen — Jedermann kennt die Mamelucken, die Stütze
und das Schrecken der orientalischen Regenten in den vergangnen Jahrhunderten. Eine lange Reihe von Fürsten aus
ihrem Stamm, beherrschte Egypten. Und obgleich Sultan
Selim im Jahr 1517, ihrem Regiment ein Ende machte, so
haben sie doch noch bis auf den heutigen Tag einen mächtigen
und für die andern Einwohner sehr drückenden Einfluß in
die ganze Regierung. — Die Nayres oder Naheres
formiren eine der privilegirten Casten auf der Küste Malabar;
das furchtbarste unter ihren tyrannischen Vorrechten ist dies,
daß es ihnen frey steht, einen gemeinen Mann (aus der Caste
der Pouliats) der ihnen auf öffentlicher Straße nicht aus
dem Wege gehen will, sofort mit einem der Mordinstrumente,
die sie beständig bey sich führen, nieder zu machen.
A. d. U.

Aber verblendete der privilegirte Adel der sich vom Könige berufen, im Jahr 1789 zu Versailles versammelte, oder verdienten seine nachmaligen Deputirten, daß man sie behandelte, wie die Mayrs oder Mameluken dieser, oder wie die Orsini und Vitelli der vergangnen Zeit? — Hätte ich damals eine solche Frage aufgeworfen, man würde mich für einen Wahnsinnigen gehalten haben. Was haben sie denn nachher verbrochen, daß man sie zu Tausenden verjagte, daß man sie wie wilde Thiere hetzte, sie verstümmelte, sie folterte, ihre Familien zerstreute, ihre Häuser in Asche legte, daß man selbst ihren Stand abschaffte, und gern das Gedächtniß desselben ausgerottet hätte, indem man ihnen befahl, sogar die Namen, durch die sie sich bisher unterschieden hatten, abzulegen? — Leset die Instruktionen, die sie ihren Repräsentanten gaben. Sie athmen denselben Freyheitsgeist, sie sprechen eben so laut und dringend von Verbesserung, als die der andern Stände. Ihre Vorrechte in Ansehung der Abgaben hatten sie freywillig aufgegeben, so wie der König vom Anfang an, allen fernern Ansprüchen auf ein uneingeschränktes Recht, Taxen anzuordnen, entsagt hatte. Es war über die Nothwendigkeit einer freyen Constitution nur Eine Stimme in Frankreich. Die absolute Monarchie hatte ihr Ende erreicht. Sie gab ohne Widerstreben, ohne Zuckungen, ohne einen Seufzer den Geist auf. Alle Uneinigkeiten, alle Kämpfe, die nachher entstanden, drehten sich um die Frage: ob man eine despotische Volksregierung, oder eine Staatsverfassung, worin die Macht vertheilt, und abgewogen war, in Frankreich einführen sollte. Es waren die Grundsätze einer brittischen Constitution über welche die triumphirende Parthey den Sieg davon trug.

Schon seit mehrern Jahren bemerkte ich, daß man zu Paris etwas darin suchte, das Andenken Heinrich des IV. zu vergöttern, und dieser Sucht bis zu einer wahrhaft kindischen Uebertreibung nachhing *). Wenn irgend etwas einem die Lust benehmen möchte,

---

*) Im Anfange der Revolution wurde Heinrich IV. nebst
Ludwig IX. und Ludwig XII. noch hin und wieder von

diese Zierde des königlichen Namens zu bewundern, so wären es
solche aufgeblasene Deklamationen treuloser Lobredner. Gerade

N 5

der allgemeinen Verdammniß, die über alles, was König
hieß, ausgesprochen war, freygelassen — dieses ehrenvolle
Privilegium aber, und die ganze Verabgötterung Heinrichs des
IV. hatte ein Ende, als die französischen Weisen bey dem täglich
zunehmenden Lichte ihrer Wiedergeburt klar und deutlich er-
kannten, daß es auch nicht Einen ihrer alten Regenten gab,
der nicht den Titel eines Tyrannen verdiente. Von diesem
Augenblick an wurde Heinrich IV. mit Carl IX. in eine
Classe geworfen.

Um nur eine einzige Probe von dem Tone, in welchem
nach dieser glorreichen Entdeckung über den vergötterten Heinrich gesprochen ward, anzuführen, setze ich hier eine Stelle
aus einem, unter dem Titel: Chronique du mois,
von Clavieres, Briffot, Condorcet, Collot
d'Herbois, Bonneville, Mercier, Guadet, und
andern Männern dieser Größe herausgegebnen Journal in
ihrer originellen Treflichkeit her, weil sie zugleich von den
Principien und dem Styl der Volks-Schriftsteller, zugleich
von dem Unsinn, der Frechheit, Zügellosigkeit und Plumpheit,
die in allen demokratischen Produkten aus der letzten Periode
ohne Ausnahme herrschen, eine schwache Vorstellung geben
kan: Es ist die Rede von der Verlegung der Sessionen der
gesetzgebenden Versammlung aus ihrem zeitherigen Residenzort
in ein neu zu errichtendes Gebäude. Herr Bonneville
spricht: „Nos derniers neveux, dignes de la liberté iront
sans. doute avec attendrissement contempler une salle où les
représentans d'un peuple libre, un instant à la hauteur
de la nation dont ils avoient à consacrer les volontés, dé-
crèterent la Monarchie sans roi (!!) en faisant retirer
le nom royal des actes publics et du serment civique. Mais
puisqu'il faut enfin changer cet emplacement . . . ne vaudroit-
il pas mieux élever une Rotonde, un Capitole à grands degrés
sur le terrain de la place Dauphine, et mettre en face de ce
temple national (à la la place de Henri IV., qui a pro-
mis au peuple la poule au pot, et qui l'a trompé
comme ses ancêtres et ses successeurs,) la statue
de la liberté, la loi à la main, et à ses pieds le canon d'alar-
mes? . . . . Elevez donc au sein' de la cité libre un premier
temple à la liberté dans l'univers. Que j'y voie bientôt les
images de Moyse, de Confucius, du fils de Marie,

ble, welche sich dieses Kunstgriffs am eifrigsten bedienten, beschlossen ihre Lobpreisungen mit der Absetzung seines Nachfolgers und Abkömmlings, eines Mannes, der bey einem eben so guten Charakter sein Volk eben so sehr liebte, als Heinrich IV., und der zur Heilung der alten Gebrechen des Staats unendlich mehr gethan hat, als jener große Monarch jemals that, und nach aller Wahrscheinlichkeit jemals zu thun Willens war. Glücks genug für seine Lobredner, daß er es nicht ist, mit dem sie zu thun haben. Heinrich von Navarra war ein schlauer, entschloßner und rüstiger Fürst. Er besaß allerdings viel Menschlichkeit und Sanftmuth, aber diese Menschlichkeit und Sanftmuth durfte sich seinem Vortheil nicht in den Weg stellen. Er suchte nie geliebt zu werden, wenn er nicht vorher dafür gesorgt hatte, daß man ihn fürchten mußte. Er führte eine milde Sprache, aber er handelte mit Kraft und Festigkeit. Er erstritt und behauptete sein Ansehen im Ganzen, und gab es nie anders als theilweise auf. Er verzehrte die Renten seiner Königlichen Macht auf eine großmüthige Weise: aber er hütete sich, das Capital angreifen zu lassen. Was ihm nach den Grundgesetzen seines Reichs zukam, das ließ er nicht einen Augenblick fahren, und machte sich kein Bedenken das Blut derer, die ihm Widerstand leisten wollten, oft im Felde, zuweilen auf dem Schaffott fließen zu lassen. Weil er es verstand, seinen Tugenden auch bey der undankbaren Rotte Respekt zu verschaffen, hat er sich sogar den Beyfall solcher erworben, die er, hätten sie zu seiner Zeit gelebt, in die Bastille gesperrt, oder wie die Königsmörder behandelt hätte, welche er hängen ließ, nachdem er Paris durch Hunger zur Uebergabe gezwungen hatte.

de Solon, de Licurgue, de Gracchus et auſſi l'image de Brutus! O vous, qui êtes membres du département de Paris, connoiſſez donc vos devoirs et ſachez les remplir! Et comptez-vous pour rien les bénédictions de la terre, affranchie de ſes tyrans? — A. d. U.

Wenn es indeffen diese Panegyriften mit ihrer Bewunderung Heinriche der IV. aufrichtig meynen, so sollten sie doch bedenken, daß sie unmöglich größre Vorstellungen von ihm haben können, als er vom französischen Adel hatte, deffen Tugend, Ehre, Tapferkeit, Vaterlandsliebe und Treue die Gegenstände seiner beständigen Lobeserhebungen waren.

Doch der französische Adel ist seit Heinrichs Zeiten ausgeartet? — Es ist möglich: aber daß es im hohen Grade geschehen seyn sollte, kan ich schlechterdings nicht annehmen. Ich behaupte nicht, Frankreich so genau zu kennen, als manche andre es kennen: aber ich habe mich, so lange ich lebe, bemüht, menschliche Sitten und Charaktere kennen zu lernen: und wie könnte ich mich sonst erkühnen, auch nur mein geringes Scherflein zum Dienst der Menschen beytragen zu wollen! In diesem Studium konnte ich nun wohl nicht leicht eine ansehnliche Claffe der Menschengattung übersehen, die nur wenige Meilen von den Utern meines Vaterlandes entfernt wohnt. Nach meinen genausten eignen Beobachtungen, verglichen mit meinen mühsamsten Nachforschungen, bestand der größte Theil des französischen Adels aus Männern von edelm Stolz und zärtlichem Ehrgefühl sowohl für sich selbst, als für ihren Stand, den sie mit anhaltender und richterlicher Strenge, mehr als ich es in irgend einem andern Lande gefunden habe, bewachten. Sie waren in der Regel gebildet, dienstfertig, liebreich und gastfrey; in ihrer Unterhaltung ungezwungen und offen: ihr Ton militärisch, aber voll Anstand: mit der Litteratur waren sie wohl bekannt, und besonders in den Schriftstellern ihrer Nation belesen. Viele gab es freylich unter ihnen, die über diese Schilderung weit erhaben waren. Ich spreche nur von der Gattung, die man am häufigsten antraf.

In ihrem Betragen gegen die untern Claffen habe ich durchgehends Milde, und etwas mehr Vertraulichkeit bemerkt, als man sie bey uns in dem Umgange zwischen Höhern und Niedrigern anzutreffen pflegt. Einen Menschen, auch den allerartigsten und verachtetsten, zu schlagen, war ein fast unbekanntes Vergehen, und würde den Thäter sehr entehrt haben. Beyspiele von andern Mishandlungen gemeiner Leute waren selten, und von Angriffen auf Eigenthum oder persönliche Freyheit, die sich der Adel erlaubt hätte, habe ich nie gehört: auch würde eine Tyranney dieser Art, da die Gesetze zur Zeit der alten Regierung in Ansehen standen, keinem Unterthan erlaubt worden seyn. — Wenn ich sie als Güterbesitzer betrachtete, fand ich nichts tadelhaftes in ihrem Verfahren, ob ich gleich in den alten Verhältnissen zwischen dem Gutsherren und den Unterthanen überhaupt vieles zu tadeln fand, und vieles geändert wünschte. Wo sie ihre Ländereyen verpachteten, bemerkte ich nie, daß ihre Contrakte mit ihren Pächtern drückend waren. Wo sie die Pächter gegen einen Antheil an den Einkünften wirthschaften ließen, wie es häufig geschah, habe ich nie gehört, daß sie nach Art des Löwen in der Fabel mit ihnen gethan hätten. Der Landadel von Frankreich verfuhr sicherlich in keiner Rücksicht härter, als der Landadel in England, sicherlich in keiner Rücksicht drückender, als die bürgerlichen Güterbesitzer in Frankreich. In den Städten besaß der Adel keine Art von Gewalt: auf dem Lande nur geringe. Die eigentliche Staatsverwaltung, die wichtigsten Zweige der innern Administration waren nicht einmal in den Händen desjenigen Adels, den man gewöhnlich im Sinne hat, wenn man vom französischen Adel spricht *). Die Finan-

---

*) Eine Bemerkung, die Jeder gemacht haben wird, der den unglücklichen Schicksalen dieses Standes auch nur die Aufmerksamkeit des Mitleids geschenkt hat. Wären die Verfolgungen auf den Hofadel, der an der Regierung, mithin auch an den Fehlern der Regierung so mächtigen Antheil hatte, eingeschränkt gewesen, so blieb doch, wenn gleich nicht immer ein hinreichender Grund, durchgängig ein leidlicher Vorwand bey diesen Verfolgungen. Aber der unglückliche Landadel in den Provinzen, dessen Häuser verbrannt, dessen Besitzungen verwüstet, dessen Familien unmenschlich gemordet wurden, der zu Hunderten und Tausenden die Flucht ergreifen mußte, war so unschuldig an allem, was die Könige von Frankreich verbrochen haben konnten, und mochte oft unter den Fehlern des alten Systems eben so sehr gelitten haben, als der unterste

ten, der drückendste und fehlerhafteste Theil der alten Regierung wurden nicht von den Männern verwaltet, welche das Schwerdt führten; sie konnten also auch weder für die tadelhafte Anordnung, noch für die Mißbräuche bey der Einhebung der Abgaben, verantwortlich seyn.

So wie ich mit gutem Grunde behaupte, daß die Adelichen keinen erheblichen Antheil an der Unterdrückung des Volks, da wo wahre Unterdrückung Statt fand, gehabt haben, eben so gestehe ich offenherzig, daß sie nicht frey von Fehlern waren. Eine lächerliche Nachahmung der tadelhaftesten Seite der englischen Manieren, die ihren ursprünglichen Charakter verwischte, ohne daß was sie eigentlich anzunehmen Willens seyn mochten, an ihre Stelle zu setzen, hat ihnen unstreitig Schaden gethan. Zügellosigkeit der Sitten über die Jahre wo Ausschweifungen verzeihlich sind, hinausgetrieben, war unter ihnen gewöhnlicher als unter uns, und herrschte unbezwinglicher (obgleich eben darum vielleicht weniger verderblich) weil mehr äußrer Anstand sie verhüllte. Sie überließen sich zu sehr jener ausgelaßnen Philosophie, die ihren Untergang befördern half. Ein andrer Irrthum, in welchen sie verfielen, ward ihnen noch verderblicher. Sie räumten denjenigen vom Bürgerstande, welche dem Adel an Vermögen gleich, vielleicht überlegen waren, nicht ganz den Rang und das Ansehen ein, das man dem Reichthum, wenn man ihn auch nie der hohen Geburt gleich machen kann, in jedem Staat vernünftiger Weise zugestehen muß. Die Aristokratie der Geburt, und die Aristokratie des Vermögens waren zu sorgfältig von einander abgesondert, obgleich diese Trennung in Deutschland und vielen andern Ländern noch weit merklicher ist. Vorzüglich war es eine harte Ausschließung, daß der Eintritt in die Armee schlechterdings jedem, der nicht von Familie war, verweigert wurde.

Bürger im Lande. Es ist indessen längst bekannt, daß der Fanatismus in jeder Gestalt, der politische so gut als der religiöse, nichts mit großer Wuth bekriegt, als Namen. A. d. U.

Diese Abſonderung halte ich für eine der vornehmſten
Urſachen der Zerſtörung des alten Adels. Am Ende war
ſie doch aber nichts als ein Irrthum, der auf Meynungen
beruhte, und den andre dagegen ſtreitende Meynungen auf⸗
gehoben haben würden. Mit einer fortdaurenden geſetzgebenden
Verſammlung, welche dem Bürgerſtande einen gerechten An⸗
theil an der öffentlichen Macht geſichert hätte, würde bald
alles verſchwunden ſeyn, was beleidigend und gehäßig in die⸗
ſen Diſtintionen war: und die Mannichfaltigkeit von Be⸗
ſchäftigungen, und neuen Zwecken, welche eine gute Conſti⸗
cution veranlaſſen mußte, würde ſelbſt die Fehler in dem ſitt⸗
lichen Charakter des Adels verbeſſert haben.

Dieſes ganze Zetergeſchrey über den Adel iſt das Kunſt⸗
werk einer Parthey, und weiter nichts. Durch Geſetze, Mey⸗
nungen und uralte Gebräuche ſeines Vaterlandes, wären ſie
gleich aus eingewurzelten Vorurtheilen entſprungen, geehrt,
ſelbſt weſentlich begünſtiget zu ſeyn, hat nichts an ſich, das
Abſcheu und Erbitterung bey irgend einem vernünftigen Men⸗
ſchen erregen könnte. Auch die Anhänglichkeit an ſolche Vor⸗
rechte kan man denen, welche ſie beſitzen, nimmermehr zum
Verbrechen machen. Die Hartnäckigkeit, mit welcher jeder das,
was er einmal das Seinige genannt, und worin er ſeine Glück⸗
ſeligkeit gefunden hat, zu erhalten ſucht, und vertheidigt, iſt
eine von den großen Schutzwehren gegen Ungerechtigkeit und Ty⸗
ranney, die die Natur in unſre Bruſt pflanzte. Sie hat die
Wirkungen eines Inſtinkts, der das Eigenthum bewahrt, und
menſchlichen Verbindungen eine dauerhaft Geſtalt ſichert. Wo
liegt hier das Empörende? Der Adel iſt ein köſtlicher Schmuck
der bürgerlichen Geſellſchaft. Er iſt das corinthiſche Capital wohl⸗
geordneter und gebildeter Staaten. Omnes bonæ nobilitati
ſemper favemus war der Ausſpruch eines redlichen und weiſen
Mannes. Es iſt in der That eins von den Kennzeichen eines
freygebohrnen und wohlwollenden Gemüths, dem Adel mit einer
gewiſſen parthenlichen Vorliebe zugethan zu ſeyn. Der muß
kein adelndes Princip in ſeinem eignen Herzen fühlen, der den

Wunſch hegen kan, alle die kunſtreichen Maſchinen, die wir er-
ſonnen haben, um der luftigen Meynung einen Körper, der
flüchtigen Achtung eine beharrliche Geſtalt zu geben, dem Erdboden gleich zu machen. Nur ein hämiſcher, boshafter, miszün-
ſtiger Charakter, ohne Geſchmack am Weſen, ohne Freude an
irgend einer Abbildung, an irgend einem Schattenriſſe des Ver-
dienſtes kan den unverſchuldeten Fall deſſen, was lange in Glanz
und Ehren geblüht hat, mit Frohlocken anſehen. Ich ſehe nicht
gern, wenn irgend etwas zerſtöhrt, irgendwo eine leere Stelle
in dem geſellſchaftlichen Ganzen hervorgebracht, irgendwo die
Oberfläche des Staats mit Ruinen bedeckt werden muß. Es ge-
reichte mir daher nicht zum Misvergnügen, daß mir meine Un-
terſuchungen und Beobachtungen keine ſolche Fehler an dem
franzöſiſchen Adel offenbart hatten, die alle Hoffnung auf Ver-
beſſ'rungen niedergeſchlagen, keine ſolche Misbräuche die mich
beſorgt gemacht hätten, daß je der Gedanke an eine gänzliche
Aufhebung des Standes Eingang finden würde. Der franzöſiſche Adel verdiente keine Beſtrafung. Herabſetzung aber iſt Beſtrafung.

Es diente mir nicht weniger zur Beruhigung, daß mir meine
Nachforſchungen in Anſehung der Geiſtlichkeit ein ähnliches Re-
ſultat gaben. Für mich iſt es nie eine erfreuliche Neuigkeit,
wenn ich höre daß ganze große Innungen und Geſellſchaften un-
heilbar verderbt ſind. Indeſſen bin ich äußerſt hartgläubig, wenn
man von denen, die man eben im Begriff ſteht zu plündern, Böſes
ſagt. Ich bin ſehr geneigt, die Laſter für erdichtet, oder für
übertrieben zu halten, deren Ahndung mit Vortheil für den
Richter verknüpft iſt. Ein Feind iſt ein ſchlechter Zeuge: ein
Räuber iſt ein ſchlechter. Es gab in dieſem Stande unläugbar
Fehler und Misbräuche, und es mußte deren geben, weil er
von alter Stiftung, und wenig unter Aufſicht geweſen war.
Aber in den einzelnen Gliedern deſſelben fand ich keine Verbrechen, welche die Confiskation ihres Vermögens, oder jene grau-
ſamen Beſchimpfungen und Erniedrigungen, oder jene unerhörte Verfolgung verdient hätten, die man, ohne

auch nur einer Reform zu gedenken, gegen sie ergehen ließ.

Wäre diese neue Religionsverfolgung auf irgend eine vernünftige Weise zu rechtfertigen gewesen, so würden die atheistischen Broschürenschreiber, welche allemal die Trompete bliesen,
wenn der Pöbel zum Raube aufgerufen werden sollte, nicht un-
terlassen haben, bey den Vergehungen der jetzt lebenden Geistlichkeit mit Wohlgefallen zu verweilen. Dies thaten sie aber
nicht. Sie sahen sich genöthigt, Beyspiele von Unterdrückungen
und Verfolgungen, zu welchen dieser Stand die Anleitung oder
die Gelegenheit gegeben hat, aus den Geschichten verfloßner
Jahrhunderte, die sie mit teuflischer Industrie gebrandschatzt
haben, hervor zu wühlen, um damit nach Grundsätzen einer
höchst vernunftwidrigen, und eben darum höchst ungerechten
Wiedervergeltung, ihre eignen Verfolgungen und ihre eigne
Grausamkeiten zu entschuldigen. Nachdem sie alle andre Ge-
nealogien und alle andre Familienkennzeichen ausgerottet hatten, haben sie eine Art von Stammbaum für die Verbrechen
erfunden. Es ist schon eine große Unbilligkeit, Menschen für
die Vergehungen ihrer wirklichen Vorfahren zu züchtigen: aber
auf den Grund einer bloßen Erdichtung des Rechts, einer bloß
methaphorischen Verwandschaft zwischen den ehmaligen und jetzigen Gliedern einer Communität, die zu bestrafen, welche an
strafbaren Handlungen keinen andern Antheil hatten, als daß
sie mit den Verbrechern einerley Namen führen, und zu einerley Stande gehören — das ist eine Verfeinerung der Grausamkeit, die der Philosophie dieses erleuchteten Jahrhunderts auf-
behalten war. Die Nationalversammlung ließ ihre Strafge-
richte über Menschen ausbrechen, welche die Gewaltthätigkeiten
der Geistlichen früherer Zeiten gerade so verabscheuen, als es
ihre gegenwärtigen Verfolger nur immer thun können, und
welche ihre Gesinnungen hierüber eben so laut und eben so stark
ausdrücken würden, wenn sie nicht allzudeutlich bemerkten, was
das einzige Ziel aller dieser Deklamationen ist.

Wenn Corporationen unsterblich seyn sollen, so können sie es nur für das Wohl ihrer Mitglieder, nie für ihre Bestrafung seyn. Völker sind selbst nichts anders, als große Corporationen. Nach jenen unnatürlichen Grundsätzen müßten wir Engländer uns berechtiget halten, einen unversöhnlichen Krieg gegen alle Franzosen zu führen, um uns wegen der Uebel die sie uns in verschiedenen Perioden unsrer ehmaligen Kriege zugefügt haben, zu rächen. Von der andern Seite könnten sich die Franzosen vollkommen befugt glauben, von jedem Engländer Genugthuung wegen des vielfachen Elends zu fordern, welches unsre Könige durch ihre ungerechten Einfälle in Frankreich angerichtet haben. Wir hätten gerade eben so viel Grund, einer den andern zu vertilgen, als die Nationalversammlung hat, wenn sie Tausende ihrer Landsleute verfolgt, und die Vergehungen andrer gleiches Namens, die lange vor ihnen lebten, an ihnen zu ahnden vorgiebt.

Wir schöpfen aus der Geschichte den moralischen Unterricht nicht, den sie uns darbietet. Im Gegentheil, wir setzen uns durch eine unbehutsame Behandlung derselben in Gefahr, unsern Charakter dadurch zu verderben, und unsre Glückseligkeit zu zerstöhren. Die Geschichte hat uns ein unermeßliches Buch zu unsrer Belehrung aufgeschlagen, worin der Stoff zu künftiger Weisheit aus den vergangnen Irrthümern und Schwachheiten des menschlichen Geschlechts bereitet wird. Verkehren wir ihre Absicht, so kan sie leicht zu einem Magazin tödlicher Angriffs- und Vertheidigungswaffen für Partheyen aller Art in Kirche und Staat dienen; sie kan Zwistigkeiten und Erbitterungen aufrecht erhalten, oder gar erwecken, und den Gräueln bürgerlicher Fehden eine ewige Nahrung darreichen. Der größte Theil der Geschichte enthält die Schilderungen des mannichfaltigen Elends, welches Stolz, Ehrsucht, Geiz, Rachgier, blinde Lust, Empörungsgeist, Heucheley, ausschweifender Eifer, und das ganze Heer der ungezügelten Neigungen über die Welt gebracht haben, die in der großen Gesellschaft eben so hausen, wie sie — — —

O

. . . . . . in finstern Stürmen
Der kleinen Hütte Frieden wild zerstöhren,
Und jede holde Blume dieses Lebens
In blinder Wuth zerknicken. . .

Jene Laster sind die Ursach dieser Stürme; Religion, Moral, Gesetze, Privilegien, Freyheit und Menschenrechte sind der Vorwand. Der Vorwand liegt allemal in irgend einem trüglichen Schein eines wesentlichen Guts. Wollt ihr die Menschen dadurch von Tyranney und Aufruhr befreyen, daß Ihr die Wurzeln alles dessen, was jene treulosen Leidenschaften zum Deckmantel gebrauchen können, aus ihren Gemüthern reißt? — Dann würdet Ihr ihnen das kostbarste rauben, das ihnen die Natur verliehen hat. So wie jene Gegenstände den Vorwand zu großen öffentlichen Jammerscenen hergeben, so sind die gewöhnlichen Helden und Instrumente in solchen Trauerspielen — Könige, Priester, Senate, Parlamente, Nationalversammlungen, Richter und Feldherrn. Wollt Ihr das Uebel dadurch heben, daß Ihr Euch entschließt, keine Monarchen, keine Staatsbeamten, keine Religionslehrer, keine Ausleger der Gesetze, keine Officiere, keine öffentliche Versammlungen mehr zu dulden? Aendert immerhin die Namen: die Sache muß unter einer oder der andern Gestalt fortdauern. Eine gewisse Maße von Macht muß schlechterdings in der Gesellschaft vorhanden seyn, in welchen Händen sie sich auch befinden, unter welchem Titel sie auch erscheinen mag. Wahre Weisheit wird ihre Arzneyen auf die Laster, nicht auf die Namen richten: auf die bleibenden Ursachen der Uebel, nicht auf die Organe, durch die sie hier oder dort wirken, und auf die vorübergehenden Formen, in denen sie sich zeigen. Jedes andre Verfahren verräth einen Menschenkenner im todten Buchstaben, und einen Stümper in der lebendigen Ausführung. Selten haben zwey Zeitalter in dem, was sie verderbliches thaten, einerley Methode befolgt, und einerley Vorwand benutzt. So arm an Erfindungen ist die menschliche Bosheit nicht.

Indem Ihr noch über ihr Gewand vernünftelt, ist das Gewand längst abgelegt: das nemliche Laster, das Ihr vertilgen wollt, nimmt einen neuen Körper an. Der Geist wandert hinüber: und weit entfernt, seine Lebenskraft bey der Veränderung der Gestalt einzubüßen, tritt er vielmehr seine neue Laufbahn in aller Frische und Fülle einer verjüngten Thätigkeit an: er zieht umher, er verwüstet Eure Länder, während daß Ihr sein Gerippe zum Richtplatz schleppt, oder sein leeres Grabmal darnieder reißt. Ihr mahlt Euch tausend Schreckenbilder von Gespenstern und Geister-Erscheinungen, unterdessen daß jeder Winkel Eures Hauses voll von unfabelhaften Räubern ist. So geht es allen denen, die nur an der äußern Rinde und Schaale der Geschichte nagen, und sich einbilden, sie kämpften mit Intoleranz, Stolz und Grausamkeit, wenn sie die verworfnen Grundsätze abgelebter Partheyen verdammen, da sie doch dieselben gehässigen Laster, womit jene die Welt vergifteten, in andern, vielleicht in schlechtern Faktionen gut heißen und unterstützen.

Die Bürger von Paris hatten sich in vergangnen Zeiten zu willigen Werkzeugen gebrauchen lassen, um die Anhänger Calvins in jener auf ewig gebrandmarkten Bartholomäusnacht umzubringen. Was würde man sagen, wenn es jemanden einfiele den Parisern jetzt die Gräuel jener Zeiten vergelten zu wollen? Dahin hat man sie freylich gebracht, daß sie diese Mordscenen verabscheuen. Sie gegen diese alten Schandthaten aufzubringen, das war den Volksführern und Volkspredigern, da sie nun kein Interesse mehr dabey hatten, den Leidenschaften des Volks diese Richtung zu geben, ein leichtes. Aber nichts desto weniger suchen sie noch immer die nemlichen blutdürstigen Gesinnungen zu nähren, die solche Schandthaten erzeugten. Nur vor wenig Tagen ließen sie jenes Blutbad zur Unterhaltung der Nachkommenschaft derer, die es verübt hatten, auf dem Theater vorstellen *).

O 2

*) In dem Trauerspiel: Carl IX. von Chenier. Anmerk. des Uebers.

In dieser tragischen Posse mußte der Cardinal von Lothringen in seinem geistlichen Ornat erscheinen, und das Signal zum allgemeinen Morde geben. War die Absicht bey diesem Schauspiel etwa, in den Parisern Widerwillen gegen Verfolgung und Blutvergießen zu wecken? — Nein! man wollte sie lehren, ihre eignen Geistlichen zu verfolgen. Indem man ihnen Abscheu gegen alles was Priester heißt, einflößte, wollte man sie aufmuntern, mit verdoppelter Lust die Vernichtung eines Standes zu befördern, der, wenn er überall existiren soll, nicht allein unverletzbar, sondern auch hochverehrt existiren muß. Man wollte ihren Cannibalen-Appetit, (der längst bis zum Ekel gesättiget seyn konnte) durch Abwechselung von Leckerbissen anfrischen: man wollte sie zu neuen Mordthaten aufgelegt erhalten, wenn die Guisen dieser Tage ihrer bedürfen sollten. Eine Versammlung, in welcher eine Menge von Geistlichen und Prälaten saß, mußte es mit ansehen, daß dies schmähliche Schauspiel dicht vor ihrer Thür gegeben ward. Der Verfasser des Stücks wurde nicht auf die Galeeren, die Schauspieler wurden nicht ins Zuchthaus geschickt. Nicht lange nachher wagten es diese Schauspieler sogar, an den Schranken der Nationalversammlung um Zulassung zu verschiednen Gebräuchen einer Religion zu bitten, die sie öffentlich zur Schau gestellt hatten, wagten es, ihr freches Angesicht im Volks-Senat zu zeigen, während daß der Erzbischof von Paris, der seine Gemeine nur durch Gebete und Segnungen an sein Amt, und nur durch Wohlthaten an seinen Reichthum erinnert hatte, sein Haus verlassen, und vor seiner Heerde (als wären es reißende Wölfe) fliehen mußte, weil doch — ein wichtiger Grund zur Verdammniß! — im sechzehnten Jahrhundert der Cardinal von Lothringen ein Rebell und ein Mörder war.

Dies sind die Folgen eines verkehrten Gebrauchs der Geschichte, das Werk derer, die zu einer und derselben sträflichen Absicht alle Zweige des menschlichen Wissens verfälscht haben. Die aber, welche in einer freyern Atmosphäre auf den reinen Höhen der Vernunft athmen, wo Jahrhunderte vor ihren Augen ausgebreitet liegen, und die entferntesten Gegenstände in die hellsten Vergleichungspunkte an einander rücken, wo kleine Namen verschwinden, wo die Kennzeichen kleiner Partheyen verwischt sind, und wohin nichts reichen kan als der innre Gehalt, der sittliche Werth der menschlichen Handlungen — sie werden den Volkslehrern des Palais Royal sagen: der Cardinal von Lothringen war der Mörder des 16ten Jahrhunderts: Euch ward der Ruhm, die Mörder im 18ten zu seyn, und dies ist der einzige Unterschied zwischen Euch und ihm. Aber hoffentlich wird die besser, verstandne und besser, benutzte Geschichte im 19ten Jahrhundert einer bessern Nachkommenschaft gerechten Abscheu gegen beyde barbarische Zeitalter einflößen. Sie wird künftige Priester und künstige Staatsmänner warnen, an den spekulirenden und harmlosen Atheisten künftiger Zeiten die Missethaten nicht zu ahnden, welche in diesem Augenblick die praktischen Eiferer und wüthenden Fanatiker dieser unglücklichen Sekte begehn, deren Anhänger in ihrem ruhigen Zustande die härtste aller Strafen und mehr Qualen als Strafe schaffen kan, blos darin finden — daß sie ihre Anhänger sind. Sie wird unsre spätsten Enkel lehren, weder Religion noch Philosopie darum zu verfolgen, weil verruchte Heuchler einen schnöden Misbrauch mit diesen beyden unschätzbaren Gütern getrieben haben, die uns der allgemeine Vater alles Guten, der die Menschengattung sichtbar und unablässig schützt und versorgt, in der Fülle seiner höchsten Gnade verlieh.

Hätte das Verderbniß der französischen Geistlichkeit jene billigen Gränzen überschritten, die man der menschlichen Schwachheit und gewissen Standesfehlern, ohne die es vielleicht keine Standestugenden geben könnte, einräumen muß, so würde sich allerdings, wenn gleich kein Laster des Unterdrückten die Ungerechtigkeit des Unterdrückers rechtfertigen kan, unsre natürliche Erbitterung gegen die Tyrannen, die in ihren Strafurtheilen Maß und Ziel übersahen, einigermaßen vermindern. Einem Geistlichen, von welcher Classe er auch sey, verzeihe ich gern eine gewisse Anhänglichkeit an seine Meynungen, einen gewissen zudringlichen Eifer diese Meynungen

auszubreiten, eine gewiſſe Vorliebe für ſein Amt und ſeinen
Stand, einen Hang die gemeinſchaftlichen Vortheile dieſes
Standes zu befördern, und die ſo äußerſt natürliche Geneigtheit, diejenigen mehr zu lieben, welche ſeinen Lehren ein auf-
merkſames Ohr leihen, als die, welche ſie verachten und ver-
ſpotten. Ich verzeihe dies alles, weil ich ein Menſch bin,
der mit Menſchen zu thun hat, und weil ich mich wohl hüten
werde, durch einen Exceß von Toleranz in die größte
aller Intoleranzen zu verfallen. Ich muß menſchliche Gebrechen ſo lange ertragen, bis ſie zu Verbrechen heran
wachſen.

Unſtreitig muß dem natürlichen Fortſchritt der menſchlichen
Leidenſchaften von Schwachheit zum Laſter, durch Wachſam-
keit und Feſtigkeit vorgebeugt werden. Aber iſt es wahr, daß
die franzöſiſche Geiſtlichkeit ſchon die Gränzlinie der verzeihlichen Fehler überſprungen hatte? — Nach dem durchgängigen
Styl der neuern franzöſiſchen Schriften zu urtheilen, müßte
die Geiſtlichkeit ſchlechterdings eine Art von Ungeheuer geweſen
ſeyn, ein ſchreckliches Gemiſch von Aberglaube, Unwiſſenheit,
Trägheit, Argliſt, Geiz und Tyranney. Aber iſt dieſe Schilderung gegründet? Iſt es wahr, daß der Wechſel der Zeiten,
die Endſchaft ſo manches ſauren Kampfs, die ſchmerzhafte Erfahrung aller der Uebel, welche der Partheygeiſt geliehrt, nicht
den geringſten wohlthätigen Einfluß auf ihre Gemüther gehabt
hätten? Iſt es wahr, daß ſie noch täglich Eingriffe in die Rechte
der bürgerlichen Macht thun, daß ſie den innern Frieden ihres
Vaterlandes ſtöhren, und den Gang ſeiner Regierung aufhalten,
oder lähmen? Iſt es wahr, daß die Geiſtlichkeit unſrer Zeiten alle andern Stände mit eiſerner Hand nieder drückt, und an
allen Orten die Flammen einer wilden Verfolgung aufgehen läßt?
Haben die Geiſtlichen unſrer Tage ſich jede Art von Betrug
erlaubt, um ihre Beſitzungen zu vergrößern? Haben ſie ſich auf
den Gütern, die ihnen mit vollem Recht gehörten, ungerechte
Behandlungen der Unterthanen zu Schulden kommen laſſen?
Oder haben ſie durch übertriebne Strenge ihr Recht bis zur Un-

gerechtigkeit *Hinauf* geschraubt, und ihre rechtmäßige Ansprüche in Erpressungen *verwandelt?* — Hatten sie, wo sie keine Macht besaßen, *die* Laster derer, welche den Mächtigern beneideten? Loderte *in ihnen* der Geist einer ungestümen Streitsucht? Waren sie, *von der* Begierde nach geistlicher Herrschaft gepeiniget, jeden *Augenblick* bereit, die Obrigkeit ins Angesicht zu schlagen, die *Kirchen* ihrer Gegner zu verbrennen, ihre Priester nieder zu hauen, *ihre* Altäre umzureißen, und sich auf den Trümmern gestürzter *Staaten* den Weg zu einem neuen Reich zu bahnen, indem *sie die* Menschen bald durch Schmeicheleyen bald durch Drohungen ihren bürgerlichen Pflichten untreu machten, und sie zu blinder Unterwerfung unter ihr geheiligtes Ansehen lockten, mit einer Bitte um Duldung anfingen, und mit dem frevelhaftsten *Misbrauch* der Gewalt endigten? —

Dies waren die Fehler die man in vorigen Zeiten einem großen Theil der Geistlichkeit aller Religionspartheyen in Europa vorwarf, und nicht ohne Grund vorwarf.

Wenn es aber ganz unläugbar ist, daß diese Fehler in Frankreich, wie in andern Ländern eher ab, als zugenommen haben, so sollte man auch nach den gemeinsten Regeln der Billigkeit, anstatt der jetzigen Geistlichkeit die Verbrechen anderer Menschen, und die gehäßigen Laster verfloßner Zeiten anzurechnen, sie vielmehr in ihrem Bestreben, einen Charakter der ihre Vorgänger verunstaltete, abzulegen, und Sitten, die mit ihrem erhabnen Amt verträglicher sind, anzunehmen, ermuntern, unterstützen und preisen.

Als ich Gelegenheit hatte, Frankreich gegen das Ende der Regierung des vorigen Königs zu besuchen, war die Geistlichkeit einer der vorzüglichsten Gegenstände meiner Neugierde Nach den Erwartungen, zu denen mich verschiedne neuern Schriftsteller gestimmt hatten, hätte ich allenthalben die heftigsten Klagen über diesen Stand hören müssen: und ich bemerkte nicht einmal Unzufriedenheit mit demselben, weder von Seiten der Regierung, noch von Seiten der Privatleute. Bey näherer Untersuchung fand ich an den Geistlichen durchgängig.

Personen von sanfter Denkungsart und anständigen Sitten,
die Kloster- und Stiftsgeistlichkeit von beyden Geschlechtern
nicht ausgenommen. Ich bin nicht so glücklich gewesen, eine
große Anzahl von Pfarrern kennen zu lernen: aber sie wurden
mir allgemein als Männer von sehr guter Moralität und großer
Treue in ihrem Beruf geschildert. Mit einigen von der höhern
Geistlichkeit bin ich persönlich bekannt worden: von den übrigen
aus dieser Classe habe ich sehr sichre und authentische Nachrichten
gehabt. Sie waren fast ohne Ausnahme Männer von hoher
Abkunft. Sie waren in vielen Stücken andern ihres Standes
vollkommen ähnlich; und wo Verschiedenheit obwaltete, da war
sie zu ihrem Vortheil. Ihre Erziehung war vollständiger, als
die Erziehung des militärischen Adels, so, daß es ihnen weder
an den Kenntnissen, die ihr Berufsgeschäft voraussetzte, noch
an der Würde fehlte, die die Aufrechthaltung ihres Ansehens
erforderte. Sie schienen mir in höherm Grade als ich es je an
Geistlichen bemerkte, hellsehend und freymüthig: Weltmänner von
der edelsten Gattung, weder aufgeblasen noch kriechend in ihren Manieren, und in ihrem ganzen Betragen. Sie schienen mir eine wirklich
hervorragende Classe auszumachen *), in der man ohne viele Ver-

*) Wenn es einer Bestätigung dieses Urtheils bedarf, so werfe
man nur einen Blick auf die zahlreichen Mitglieder der höhern
Geistlichkeit, die in der constituirenden Nationals-
versammlung bis auf die Zeit da die Religionsverfolgung
ausbrach, so glänzende Stellen bekleideten, und erinnre
sich der Erzbischöfe von Aix, von Toulouse, von Bor-
deaux, von Rouen, der Bischöfe von Langres, von
Laon, von Chartres, von Clermont, von Nancy,
und so vieler andern, deren Namen jetzt unter dem Schutthaufen der allgemeinen Zerstörung begraben liegen, die aber
die unbestechliche Geschichte früh oder spät wieder in ihr ver-
dientes Licht stellen wird. „Die Verbannung solcher Männer"
sagt Burke in einem vortreflichen Briefe den er ungefähr
ein Jahr nach der Erscheinung dieses Werks an den Erzbischof von Aix schrieb, „ist hinreichend, um ein ganzes
„Volk mit einem ewigen Schandfleck zu brandmarken. Die,
„welche sie verfolgten, haben durch diese einzige Handlung
„dem Vaterlande, welches sie um solche Talente und

wunderung einen Fenelon angetroffen hätte. Ich sah unter den
Geistlichen zu Paris (häufig sind Menschen dieser Art freylich in
keinem Stande und in keinem Lande) Männer von großer Gelehrsamkeit und großer Reinheit der Sitten; und ich hatte Ursach zu glauben, daß sie nicht in Paris allein zu finden waren. Was ich an andern Orten von der höhern Geistlichkeit beobachtet habe, war
vielleicht nicht hinreichend, um strenge zu beweisen: indessen gab
es doch, auch nur als Probestück betrachtet, zu keinen ungünsti-
gen Schlüssen aufs übrige Anlaß. Ich brachte einige Tage in
einer Provinzialstadt zu, wo ich mich in Abwesenheit des Bischofs mit drey Geistlichen, seinen General-Vicarien unterhielt.
Ich fand an ihnen Männer, die die Zierde einer jeden Kirche
gewesen wären. Sie waren alle drey wohl unterrichtet: zwey
darunter von tiefer und ausgebreiteter, alter und neuer, euro-
päischer und orientalischer Gelehrsamkeit, besonders in ihrem
Fache. Sie hatten eine weit größre Kenntniß unsrer Englischen
Theologen, als ich je bey ihnen vermuthet hätte, und beurtheil-
ten den Charakter dieser Schriftsteller mit critischer Genauigkeit. Einer von diesen würdigen Männern ist seitdem gestor-
ben: es war der Abt Morangis. Mit Freuden bringe ich
diesen Tribut, dem Andenken des edeln, gelehrten und vortreflichen Mannes; gern wollte ich ihn auch den Verdiensten
der beyden andern bringen, wenn ich nicht fürchten müßte,
da, wo ich außer Stande bin, nützlich zu seyn, schädlich zu
werden.

Viele von der hohen Geistlichkeit in Frankreich hatten in
jeder Rücksicht gerechte Ansprüche auf allgemeine Achtung.
Sie haben Ansprüche auf meine Dankbarkeit, und auf manches Engländers Dankbarkeit. Wenn diese Schrift je in ihre

O 5

„solche Tugenden brachten, mehr Böses zugefügt, als
„Millionen von Menschen ihrer Art je wieder gut ma-
„chen können, wenn sie sich auch im Ernst vornehmen soll-
„ten, die Ruinen, die ihr Werk sind, wieder zu bebauen.“
A. d. U.

Hände fällt, so werden sie sich hoffentlich überzeugen, daß es in unsrer Nation noch Herzen giebt, die ihrem unverdienten Fall, und ihrem grausamen Schicksal ein zärtliches Mitleid widmen. Wenn auch eine einzelne schwache Stimme nicht gar weit reichen kan, so ist doch, was ich von ihnen sage, ein Zeugniß, welches die Wahrheit mir abfordert. So oft von dieser unnatürlichen Verfolgung die Rede seyn wird, soll dies Zeugniß aus meinem Munde und aus meiner Feder gehen. Niemand soll mich abhalten, gerecht und dankbar zu seyn. Die Zeit ist da, diese Pflichten auszuüben. Nie ist Gerechtigkeit und Dankbarkeit nothwendiger, als wenn die, welche sich um uns und die Menschheit verdient gemacht haben, Gegenstände der Volksverläumdung und des Hasses mächtiger Tyrannen geworden sind.

Vor der Revolution waren 120 Bischöfe in Frankreich. Immerhin mögen nur wenige unter ihnen Männer von hervorragender Heiligkeit und gränzenloser Wohlthätigkeit gewesen seyn. Von heroischen Tugenden sprechen, heißt natürlich von seltnen Tugenden sprechen. Indessen waren die Beyspiele gänzlicher Verderbtheit gewiß eben so selten unter ihnen. Habsucht und Hang zur Ausschweifung mochten wohl hie und da anzutreffen seyn, wenn man sich die nicht beneidenswerthe Mühe gab, dergleichen Fehler ängstlich aufzusuchen. Ein Mann von meinen Jahren wird sich nie sonderlich darüber wundern, daß es in jedem Stande Menschen giebt, die, wenn es auf Reichthum oder Vergnügen ankömmt, von jener vollkommnen Selbstverläugnung abweichen, welche jeder seinen Nebenmenschen wünscht, mancher von ihnen erwartet, keiner aber mit größrer Strenge fordert, als der, welcher seinem eignen Vortheil am eifrigsten zugethan ist, und sich seinen eignen Leidenschaften am ungezwungensten überläßt. Als ich mich in Frankreich aufhielt, war die Anzahl der lasterhaften Prälaten, wie ich zuverläßig weiß, nicht groß. Gab es hin und wieder einen, der sich nicht durch Regelmäßigkeit des Lebenswandels auszeichnete, so machte er den Mangel der strengern Tugenden einigermaßen durch die geselligen wieder gut, oder er besaß Talente, wodurch er der Kirche und

dem Staate nützlich wurde. Man hat mich verfichert, Ludwig
XVI. fey bey Beförderungen zu Bisthümern weit aufmerkfamer
auf den Charafter der Candidaten gewefen, als fein unmittelba-
rer Vorgänger, und ich halte dies, da ein allgemeiner Verbef-
ferungsgeiſt in diefer Regierung unverfennbar war, für gegründet Aber die Macht, die jetzt in Frankreich herrſcht, hatte
nichts anders zur Abficht, als die Plünderung der Kirche. Sie ſtrafte alle Prälaten, welches offenbar fo viel
hieß, als, die laſterhaften begünſtigen, wenigſtens in Rückſicht
auf den Ruf, und die Meynung der Menfchen. Sie hat aus
den geiſtlichen Würden ehrenlofe Brodtämter gemacht, zu denen
fein Mann von anfehnlichem Stande oder verfeinerter Denkungsart feine Kinder beſtimmen wird. Bloß die unterſte Volfs-
claffe wird fich dazu entſchließen. Die niedre Geiſtlichfeit in
Frankreich war nie zahlreich genug für ihre gehäufte Befchäfti-
gungen: die Pfarrer wurden daher immer von ihren befchwerli-
chen Stellen zu Boden gedrückt: jetzt ift der höhern Claffe alles anſtändige Auskommen abgefchnitten! mithin wird künftig Wif-
fenfchaft und Gelehrfamfeit in der Gallifanifchen Kirche nicht
mehr zu finden feyn. Um ihren Plan zu vollenden, hat die
Nationalverfammlung, ohne die alten Patronatsrechte auch nur
eines Blicks zu würdigen, feſtgefetzt, daß die Geiſtlichen in Zukunft gewählt werden follen; eine Anordnung, die nun vollends jeden Menfchen von ruhigem und nüchternen Charafter, jeden, der noch auf Unabhängigfeit in feinem Amt und Lebens-
wandel einige Anfprüche machen fan, von allen geiſtlichen Stellen zurückfcheuchen, und die ganze Führung des Nationalgeiſtes
in die Hände einer elenden Rotte ausfchweifender, frecher, lü-
ſtiger, unruhiger, fchmeichlerifcher Buben liefern muß, deren
Armfeligfeit und Nichtswürdigfeit das verächtliche Gehalt, das
man ihnen darbietet (in Vergleich mit welchem die Einfünfte
des unterſten Accife-Bedienten reichlich und ehrenvoll find) an-
locken konnte, fich in die gemeinſten und verworfenſten Pöbelca-
balen einzulaffen. Jene Beamten, die fie noch immer Bifchöfe
nennen, werden zu ihren, vergleichungsweife eben fo fchlechtbe-

solbeten Stellen, durch dieselbigen Kü-ste (das heißt, durch
Wahlkünste) von Menschen aller Religionsparthenen, die bis
jetzt vorhanden sind, oder noch entstehen können, ernannt. Die
neuen Gesetzgeber haben nicht das geringste in Ansehung der
persönlichen Erfordernisse zu einem solchen Amte festgesetzt, nichts
was man glauben, nichts was man lehren, nichts was man seyn
muß, um ein Bischof zu werden. Mit der untern Geistlichkeit
ist es gerade das nehmliche, und es scheint völlig entschieden zu
seyn, daß Hohe und Niedrige jede Art von Religion oder Irr
religion, die ihnen gut dünken wird, predigen, jede Art von Le
benswandel, wie es ihre Neigungen mit sich bringen mögen,
führen werden. Es ist auch schlechterdings nicht zu sehen, worin
die Jurisdiction der Bischöfe über die untergeordnete Geistlich
keit bestehen, oder ob überhaupt eine solche Jurisdiction Statt
finden wird.

Mit einem Worte, in meinen Augen ist es klar, daß diese
ganze neue Kirchenverfassung nichts weiter als ein vorbereitender
Schritt zur gänzlichen Abschaffung der christlichen Religion unter
jeder Gestalt seyn soll, ein Streich, den man dann auszuführen
gedenkt, wenn die Gemüther der Menschen durch die Wirkungen
eines Plans, die Diener der Religion in die tiefste Verachtung
zu bringen, dazu gehörig gestimmt seyn werden. Die, welche
nicht glauben wollen, daß die philosophischen Fanatiker, welche
das Heft in diesen Operationen führen, ein solches Vorhaben
schon seit langer Zeit nähren, müssen mit ihrem Charakter und
mit ihren Handlungen völlig unbekannt seyn. Diese Enthusiasten
machen sich kein Gewissen daraus, öffentlich zu erklären: daß ein
Staat ohne Religion weit besser, als mit einer Religion, besteht,
und daß sie alles Gute, was noch etwa in der Religion stecken
möchte, durch ein Projekt von ihrer Erfindung hinreichend zu er
setzen im Stande sind. Dieses Projekt ist eine gewisse, von ihnen
ersonnene Erziehung, die von einer genauen Kenntniß der
physischen Bedürfnisse des Menschen ausgehen, von da zur Bil
dung einer aufgeklärten Selbstliebe fortschreiten, und endlich diese
wohlverstandne Selbstliebe, wie sie uns versichern, mit der Nel

gung zum allgemeinen Besten zusammenschmelzen soll. Der Plan
an sich war längst bekannt. Seit einiger Zeit aber nennen sie dies
Kunststück (wie sie denn überhaupt ein ganzes Wörterbuch von
neuen technischen Ausdrücken erfunden haben) — eine Bürger-
Erziehung.

Ich hoffe, daß ihre hiesigen Anhänger (denen ich jedoch eher
blinde Unbedachtsamkeit als Theilnehmung an den letzten Zwecken
dieser verabscheuungswürdigen Entwürfe Schuld geben will) in
England weder die Plünderung der Geistlichkeit, noch die Beset-
zung der Bisthümer und Pfarren durch Volkswahl einzuführen,
vermögen werden. Dies wäre bey der jetzigen Verfassung der
Welt das höchste Uebel, welches die Kirche treffen könnte, der
Todesstoß für alles was schätzbar im geistlichen Stande war, die
gefährlichste Erschütterung die der Staat jemals durch misver-
standne Religionsanordnungen erlitten hätte. Ich weis sehr wohl,
daß kirchliche Aemter, welche der König oder ein Gutsbesitzer ver-
giebt, zuweilen auf unlautern Wegen erschlichen werden; aber
ich sehe auch aufs allerdeutlichste, daß die andre Methode die
Möglichkeit dieses Misbrauchs ins Unendliche vermehrt, weil
es höchst natürlich ist, daß Ehrgeiz und Intrigue desto verderblicher wirken, durch je mehr und durch je schlechtere Canäle sie
wirken müssen.

Die, welche die französische Geistlichkeit geplündert haben,
schmeicheln sich damit, daß die protestantischen Nationen ihnen
Beyfall geben werden, weil die Priester, die sie beraubten, her-
absetzten, dem Spott und der Verachtung überantworteten, von
der Römischcatholischen, das heißt — wie sie sich ausdrücken —
von ihrer eignen Confession sind. Ich zweifle nicht, daß sich bey
uns und in andern Ländern einige finstre Schwachköpfe finden
werden, welche Secten und Religionspartheyen, die von der
ihrigen abweichen, mehr hassen, als sie das wesentliche der Religion lieben, und gegen solche, die in einzelnen Puncten eines
Systems besondre Meynungen haben, aufgebrachter sind, als gegen
die, die den Grundstein unsrer gemeinschaftlichen Hoffnungen angreifen. Leute dieser Art werden freylich schreiben und sprechen,

wie man es von ihnen erwarten kan. Burnet erzählt, daß zu der Zeit, als er in Frankreich war (im Jahr 1683), die „Methode, Menschen von den besten Fähigkeiten zum catholi= „schen Glauben überzuführen, darin bestand, daß man ihnen „Zweifel gegen die christliche Religion überhaupt beybrachte. „War dies erst gelungen, so schien es ihnen nachher gleich= „gültig, zu welcher Parthey sie sich äußerlich hielten." — Wenn dies wirklich die Politik der Geistlichen zur damaligen Zeit war, so haben ihre Nachfolger volles Recht über sie zu schreyen. Sie zogen den Atheismus einem Religionssystem vor, das mit dem ihrigen nicht übereinstimmte. Es gelang ihnen, dies System hin und wieder zu zerstöhren, aber dem Atheismus gelang es, sie selbst zu zerstöhren. Ich bin nicht abgeneigt, Burnets Erzählung Glauben beyzumessen, weil von einer ähnlichen Denkungsart, nur allzuviel Spuren, (denn auch die geringste ist schon allzuviel) unter uns zu finden sind. Indessen ist sie doch nichts weniger als ausgebreitet.

Die Lehrer, welche die Religion in England reformirt ha= ben, hatten nicht die geringste Aehnlichkeit mit den jetzigen Re= formatoren in Paris. Sie wurden vielleicht so gut als ihre Gegner vom Partheygeiste zu sehr beherrscht; aber sie waren eif= rige Christen, Männer von glühender Frömmigkeit, bereit (wie es einigen wirklich wiederfuhr) mit wahren Heldengeist für ihren besondern Glauben, doch gewiß mit noch weit größrer Freudig= keit für den allgemeinen Stamm der Wahrheit zu sterben, dessen einzelne Zweige sie so tapfer vertheidigten. Die, deren Lehren sie bestritten, geplündert, die gemeinschaftliche Religion, die sie (in ihrem Wesen) so verehrten, daß sie sich für ihre Verbesse= rung aufopferten, verachtet zu haben, hätte bey diesen Männern wahrlich keinen Anspruch auf den Titel eines Bruders und eines Glaubensgenossen gegründet. Viele ihrer Nachfolger haben noch denselben Eifer: nur ist er, da sich die Streitigkeiten ge= legt haben, gemäßigter worden. Sie vergessen nie, daß Gerech= tigkeit und Gnade von der Religion unzertrennlich sind. Nie werden sich, die Gottlosen durch Grausamkeit gegen irgend eine Classe ihrer Mitmenschen ihre Gunst erwerben.

Die neuen Lehrer in Frankreich prahlen unaufhörlich mit ihrem Geiste der Duldung. Daß die, welche keine einzige Religionsmeynung achten, alle dulden, ist ein elendes Verdienst. Allgemeine Gleichgültigkeit ist nicht unpartheyisches Wohlwollen. Die Art von Verträglichkeit, die auf entschiedner Verachtung beruht, ist nicht wahre Menschenliebe. Es giebt in England Personen genug, die den wahren Geist der Duldung besitzen. Nach ihrer Ueberzeugung sind alle Lehren der Religion von Wichtigkeit, wenn auch nicht alle in gleichem Grade; und man kan, wie es bey jedem Gegenstande von wirklichem Werth der Fall ist, mit gutem Grunde eine der andern vorziehen. Sie dulden, nicht weil sie die Meynungen verachten, sondern weil sie die Gerechtigkeit ehren. Sie wünschen aufrichtig und warm, daß allen Religionspartheyen der vollkommenste Schutz angedeihe, weil sie die Grundanlagen im menschlichen Herzen, worauf sie alle beruhen, und den großen Gegenstand, auf welchen sie alle gerichtet sind, lieben und verehren. Sie sehen immer deutlicher und deutlicher, daß alle Freunde der Religion gegen einen gemeinschaftlichen Feind gemeinschaftliche Sache machen müssen. Sie werden sich nie durch Partheygeist so sehr verblenden lassen, daß sie nicht das, was wirklich zum Besten ihrer untergeordneten kirchlichen Gesellschaft geschieht, von den feindseligen Streichen, die gegen das Ganze, wovon sie einen Theil ausmacht, gerichtet sind, sorgfältig unterscheiden sollten. Ich kan nicht bestimmen, wie die Denkungsart aller Menschenclassen in England beschaffen ist. Wenn ich aber von der größern Anzahl spreche, so behaupte ich dreist, daß die Grundsätze des Kirchenraubes nie bey ihnen einen Theil der Lehre von den guten Werken ausmachen, und daß sie die Reformatoren in Frankreich nie in ihre Gemeinschaft aufnehmen werden, wenn sie nicht ihre Maximen von der Rechtmäßigkeit der Verfolgung unschuldiger Menschen sehr sorgfältig verbergen, und alles gestohlne Gut, woher es auch

ſey, zurückgeben. Eher dürfen ſie auf unſre Freundſchaft nicht
rechnen.

Man wird mir vielleicht ſagen, die Beſorgniß, daß, was
in Anſehung der geiſtlichen Güter in Frankreich geſchehen iſt, in
England nachgeahmt zu ſehen, erſtrecke ſich doch nicht auf die
Aufhebung der Klöſter, und dieſer Verfügung dürfe man ſich daher in Rückſicht auf eine uns drohende Gefahr ſo eifrig nicht
widerſetzen. — Es iſt wahr, dieſer beſondre Theil der allgemeinen Confiscation leidet keine unmittelbare Anwendung in England;
aber der Grund auf den dieſer Theil, ſo wie das übrige gebaut
iſt, erreicht uns allerdings, und auf dieſen Grund kan man ins
Unendliche fortbauen. Das lange Parlament in England zog
die Güter der Probſteyen und Kapitel unter eben dem Vorwand
ein, deſſen man ſich in Frankreich beym Verkauf der Güter der
Mönchsorden bedient hat. Die wahre Gefahr bey ſolchen ungerechten Unternehmungen wird dadurch weder vermehrt noch vermindert, daß dieſe oder jene Claſſe von Menſchen zuerſt das Opfer
wird: ſie liegt im Princip dieſer Unternehmungen. Ich ſehe
daß in einem Lande, das dem unſrigen ſo nahe liegt, Maximen
herrſchend werden, welche die Gerechtigkeit, das gemeinſame
Gut aller Menſchen, mit Füßen treten. Vor der franzöſiſchen
Nationalverſammlung iſt Eigenthum nichts, Geſetz und Herkommen nichts. Ich ſehe, daß dieſe Verſammlung ſich erkühnt,
ganz unverhohlen die Lehre von der Verjährung zu verwerfen,
die, wie uns einer ihrer größten Rechtslehrer gezeigt hat *), ſogar einen Theil des Naturrechts ausmacht. Er ſagt, eine genaue
Beſtimmung ihrer Gränzen, eine Sicherſtellung gegen alle Ver-
letzungen derſelben gehörte unter die Urſachen, weshalb man die
bürgerliche Geſellſchaft ſelbſt errichtet hätte. Wenn die Verjährung angegriffen wird, ſo iſt keine Art von Eigenthum mehr ſicher, ſobald es der Gewalt in dürftigen Händen einfällt, ſie an-
zutaſten. — Ich ſehe allenthalben ein Verfahren, das mit der
Verachtung dieſes großen Hauptſtücks des natürlichen Rechts zu-

ſam-

*). Domat.

sammenhängt. Ich sehe, daß die Confiscatoren mit Bisthümern, Stiftern und Klöstern angefangen haben: aber ich sehe
gar nicht, daß sie dabey aufhörten. Ich sehe die Prinzen vom
Geblüt, die nach einem undenklichen Herkommen des Reichs
große Ländereyen besaßen, ihres Eigenthums (fast ohne das leere
Compliment einer Debatte) beraubt, und statt ihrer sichern Einkünfte auf ein ungewisses Gnadengehalt gesetzt, dessen Auszah-
lung der Willkühr einer Versammlung überlassen bleibt, von
der man keine sonderliche Achtung für die Rechte eines Pensionärs erwarten kann, da sie die Rechte des Eigenthümers so
schamlos übertritt — Aufgebläht durch ihre ersten ruhmlosen
Siege, und auf allen Seiten von selbstverschuldetem Mangel
gedrückt, haben sie es endlich gewagt, das Eigenthum aller Classen von Bürgern eines großen Reichs auf einmal über den Haufen zu werfen. Sie haben alle ohne Ausnahme gezwungen, in
ihrem Handelsverkehr, beym Kauf und Verkauf ihrer Grundstücke, in allen bürgerlichen Geschäften, und in allen Verbindungen des Lebens die Symbole ihrer Speculation auf einen
künftigen Absatz ihres Raubes, als volle und gesetzmäßige
Zahlung anzunehmen. Wo haben sie nur noch eine Spur
von Freyheit oder Eigenthum übrig gelassen? — Die Pacht
eines Kohlgartens, der einjährige Zins von einer Bauerhütte,
das Verlagsrecht einer Bierstube oder eines Bäckerladens,
wirkliche Atome des Eigenthums, werden in unserm Parlament mit größrer Achtung behandelt, als in Frankreich die
ältesten und wichtigsten Besitzungen, die sich in den Händen
der angesehensten Personen befanden, selbst als das gesammte
Interesse aller Geldbesitzer und Handlungstreibenden im Reich.
Wir haben eine hohe Meynung von den Befugnissen der gesetzgebenden Macht: aber das ließen wir uns nie träumen, daß
Parlamenter ein Recht hätten, Eigenthum anzugreifen, Verjährung zu überwältigen, oder eine Münze von eigner Erdichtung statt der reellen und von allen Nationen anerkannten
mit gewaffneter Hand einzuführen. Ihr aber in Frankreich,
die ihr damit anfingt, Euch den billigsten Einschränkungen zu

P

widerfetzen, habt damit geendiget, daß Ihr Euch den gräulichsten Despotismus, der je existirt hat, über Eure Häupter jogt! Der Grundsatz, nach welchem Eure Confiscatoren zu Werke gehen, ist eigentlich der: daß ihre Proceduren zwar vor einem gewöhnlichen Gerichtshofe nicht zu rechtfertigen sind, daß aber die Regeln der Verjährung eine gesetzgebende Versamlung nicht binden. So ist denn nun der letzte Zweck dieser Gesetzgeber einer freyen Nation nicht die Sicherheit sondern die Zerstöhrung des Eigenthums, und nicht des Eigenthums allein, sondern, was tausendmal schlimmer ist, jeder Regel und Maxime, die ihm Festigkeit geben kan, und aller Instrumente, die seinen Umlauf befördern sollen.

Als die Anabaptisten von Münster Deutschland im 16ten Jahrhundert durch ihr wildes Gleichheitsystem und ihre gefährlichen Grundsätze über das Eigenthumsrecht in Verwirrung setzten, welches Land in Europa zitterte nicht bey den Fortschritten ihrer Wuth? Es giebt nichts, was die Weisheit so sehr in Schrecken setzt, als ansteckender Fanatismus, weil gegen diesen Feind ihre Waffen am allerohnmächtigsten sind. Wir sehen jetzt täglich, daß eine Menge von Schriften, die man mit unglaublichem Eifer und ungeheuren Kosten verbreitet, und eine Menge von Predigten, die auf öffentlichen Straßen und in öffentlichen Versammlungsörtern zu Paris gehalten werden, den Geist einer atheistischen Schwärmerey in alle Gemüther blasen. Diese Schriften und Reden haben den Pöbel in Frankreich schon zu einer so eisernen und barbarischen Härte gestimmt, daß nicht nur jedes moralische und religiöse Gefühl von ihm gewichen ist, sondern auch jede menschliche Regung in ihm verstummt, und daß der elende Haufe sogar die unleidlichen Uebel aller Art, die die gewaltsamen Zerrüttungen und Convulsionen im Besitzstande nothwendig herbeyführen mußten, mit finstrer Gleichgültigkeit erträgt *). Diesem heillosen Fa-

*) Ich weis nicht ob die folgende Schilderung vollkommen richtig ist, wenigstens war es die Absicht derer, die sie entwarfen, daß

natismus folgt Proselytenmacherey auf dem Fuß. Sie haben
allenthalben Gesellschaften, die durch Cabalen und Correspon-

P 2

man sie für richtig anerkennen, und dadurch zur Nacheiferung
gereizt werden sollte. In einem Briefe aus Toul, der in einem der Journale stand, heißt es von dem Volk des dortigen
Distrikts: „Die hiesigen Einwohner haben von Anfang der
„Revolution an, allen Verführungen der Bigotterie, allen
„Verfolgungen und Neckereyen der Revolutionsfeinde wider-
„standen. Ohne sich um ihren eignen offenbaren
„Vortheil zu bekümmern, wenn es darauf ankömmt,
„die großen und aufs Ganze gerichteten Operationen der Na-
„tionalversammlung zu befördern, sehen sie mit größter Ge-
„lassenheit die Abschaffung aller der geistlichen Stiftungen, die
„ihnen ihren Unterhalt reichten, und selbst die Aufhe-
„bung ihres bischöflichen Sitzes an, der einzigen Zuflucht, die
„man ihnen hätte vergönnen können, oder vielmehr vergönnen
„sollen: zu der schrecklichsten Armuth verdammt,
„und verdammt, ohne daß man sie nur gehört hätte, mur-
„ren sie doch keinen Augenblick, bleiben den Grundsätzen des
„reinsten Patriotismus getreu, und sind bereit, ihr Blut für
„die Aufrechthaltung einer Constitution zu vergießen, die ihre
„Stadt in kurzem der schmählichsten Nichtigkeit über-
„geben wird“ — Das traurigste bey dieser Schilderung
ist, daß die Einwohner dieses Distrikts gar nicht nöthig hatten,
mit allen diesen Widerwärtigkeiten die Freyheit zu erkaufen,
weil die Relation, welche die obige Stelle enthält, selbst offenherzig eingestehen muß, daß sie von jeher frey gewesen waren; die Gelassenheit also, mit der sie gänzlichen Ruin und
Bettelarmuth, und die schreyendste Ungerechtigkeit, ohne den
geringsten Widerstand ertragen, kan nichts anders seyn,
als die Wirkung dieses fürchterlichen Fanatismus. A. d.
D. —

Hier ist der wahre Sitz des Uebels, die eigentlich Materia
peccans der unbezwinglichen Krankheit, die seit 3 Jahren
in Frankreichs Adern raset, und vielleicht noch lange darin
rasen wird. Es kan durchaus keinen unheilbarern Kranken
geben, als den, dem seine Schmerzen wohlgefallen. Dies ist aber der wahre Zustand der französischen
Nation. Alle Leiden sind ihr süß, wenn nur der Traum
ihrer Selbstregierung ihr bleibt. Ihr Glück ist das Glück
eines Wahnsinnigen, der die Geißel des Kerkermeisters nicht
fühlt, weil er sich für den König der Könige hält.

demßen aller Art ihre Lehre verbreiten. In Kanton Bern und an vielen andern Orten haben diese Gesellschaften schon Bewegungen verursacht. Sie sind in Deutschland äußerst geschäftig. Spanien und Italien haben sie wenigstens nicht unversucht gelassen. Hauptsächlich aber liegt England in dem ausgedehnten Plan ihrer bösartigen Menschenliebe; und in England finden sie Leute, die ihnen die Arme entgegen strecken, die ihre Thaten von mehr als einer Kanzel preisen, die in mehr als einer periodischen Zusammenkunft Addressen an sie richten, und Lobreden auf sie halten, die sich von ihnen Symbole brüderlicher Vereinigung zuschicken lassen, und von ewigen Bündnissen sprechen, ohne zu erwägen, ob nicht vielleicht die Macht, der unsre Constitution die Bestimmung aller äußerlichen Verhältnisse ausschließend übertragen hat, für gut finden wird, ihnen den Krieg anzukündigen.

Es sind nicht so sehr die Besitzungen unsrer Geistlichkeit, für die ich das Beyspiel von Frankreich fürchte, obgleich ein Angriff auf dieselben kein geringes Uebel wäre. Der große Gegenstand meiner Besorgnisse ist, daß man es jemals auch in England für eine Maxime der Politik halten möchte, seine Zuflucht zu Confiscationen zu nehmen, oder, daß irgend eine Classe von Bürgern sich einfallen ließe, die andern nach Wohlgefallen zu behandeln, um sich aus ihren Verlegenheiten zu helfen *). Nationen waden tiefer und tiefer in den Ozean einer grän-

---

Wenn man dieser politischen Schwärmerey auf den Grund geht, so sinkt das Gewand einiger hochtönenden Phrasen; und was übrig bleibt, ist — **der Fanatismus der Eitelkeit.** A. d. U.

*) Si plures sunt, quibus improbe datum est, quam illi, quibus iniuste ademtum est, idcirco plus etiam valent? Non enim numero haec judicantur sed pondere. Quam autem habet aequitatem ut agrum multis annis, aut etiam saeculis ante possessum qui nullum habuit, habeat, qui autem habuit, amittat? — Und weiterhin, nachdem er den Aratus von Sicyon, über seine meisterhafte und patriotische Methode die

zenlosen Staatsschuld. Diese Staatsschuld, die anfänglich, weil sie eine Menge von Interessenten bey der öffentlichen Ruhe erschuf, die

P 3.

Folgen einer großen ungerechten Confiscation (durch eine
sehr ansehnliche Summe seines eignen Geldes) aufzuheben,
gepriesen hatte: — O virum magnum, dignumque qui in
nostra republica natus esset! Sic par est agere cum civibus,
non (ut bis jam vidimus) hastam in foro ponere, et
bona civium voci subjicere praeconis. At ille Graecus, (id
quod fuit sapientis et praestantis viri) omnibus consulendum
putavit: eaque est summa ratio et sapientia boni civis, com-
moda civium non divellere, atque omnes aequitate eadem
continere. Cicero de officiis. Lib. II. c. 22. 23. —
Die ganze Stelle enthält vortrefliche Gedanken über die Verderblichkeit unmoralischer Maßregeln für Staaten, wie für
einzelne Menschen. Cicero ist durchgängig geneigt, keinen
einzigen Fall anzunehmen, wo es erlaubt wäre, Eingriffe in
das Privateigenthum zu thun, um das öffentliche Wohl zu
befördern — Der vortreflichste seiner Commentatoren, der
die Strenge dieses Grundsatzes mit der heiligen Maxime:
salus publica suprema lex esto, zu vereinigen sucht, und
die Gränzen, welche die allgemeine Gerechtigkeit von der
Sorge für die allgemeine Wohlfahrth scheiden, mit der
gewissenhaften Partheylosigkeit die seiner sanften, menschlichen,
nüchternen Philosophie eigen ist, angiebt, beschließt seine
Bemerkungen über diesen Gegenstand, denen man gewiß den
Vorwurf nicht machen wird, daß sie den politischen Reforma-
tor zu sehr beschränkten, mit folgenden Worten: „Aber über-
„haupt ist die Regierung noch weit mehr zur Erhaltung, als
„zur Verbesserung eingesetzt. Sie war zuerst blos dazu be-
„stimmt, zu beschützen. Erst spät hat sie sich eine Aufsicht
„über die Wirthschaft und die Erwerbsmittel der Privatper-
„sonen angemaßt: erst spät allgemeine Veranstaltungen ge-
„macht, um dieselben zu erweitern oder zu leiten. Dieser
„Theil ihrer Kunst ist immer noch am wenigsten auf sichre
„Grundsätze gebracht: er ist noch immer von dem ungewisse-
„sten Erfolge. Wenn dieses die Regierung schon bey solchen
„Einrichtungen in der Staatswirthschaft behutsam machen
„muß, welche keinem Einzelnen zu schaden, und allen zu
„nutzen scheinen: wie vielmehr muß sich dieselbe fürchten,
„das Glück, was ein Theil der Bürger erlangt hat, zu
„stöhren und zu vermindern, um eine ungewisse Verbesse-
„rung im Allgemeinen hervorzubringen. Garves Philoso-

Sicherheit der Regierungen beförderte, wird in dem Uebermaß, zu welchem sie gediehen ist, wahrscheinlich die Veranlassung zu ihrem Umsturz werden. Sorgen die Regierungen für die Tilgung dieser Schuld durch drückende Auflagen, so finden sie ihr Ende in dem allgemeinen Hasse des Volks. Sorgen sie nicht dafür, so werden sie das Opfer der gefährlichsten aller Partheyen, einer zahlreichen, gekränkten aber nicht ausgerotteten Schaar aufgebrachter Geldbesitzer. Die Menschen, welche diese Parthey ausmachen, suchen ihre Sicherheit zuerst bey der Redlichkeit einer Regierung; sobald diese nicht mehr hinreicht, bey der Macht derselben. Wenn sie die alten Regierungen unfruchtbar, abgetragen, und ohnmächtig finden, so daß sie keine raschen und herzhaften Entschließungen von ihnen mehr erwarten können, so werden sie sich nach neuen umsehen, die mehr Energie besitzen; und diese Energie wird sich nicht in der Entdeckung neuer Hülfsmittel, sondern in der Verachtung alter Pflichten hervorthun. Revolutionen sind trefliche Gelegenheiten zu Confiscationen: und wer kan voraussehen, unter welchem Titel das nächste Bubenstück dieser Art in die Welt treten wird? — So viel ist ausgemacht, daß die Grundsätze, die jetzt in Frankreich herrschen, Menschen und Menschenclassen aller Art in den entferntesten Ländern angreifen können, die in ihrer unschuldigen Sorglosigkeit gewiß nicht ahnden, daß sie in Gefahr sind. Viel'leicht wird gerade hievon die künftige Verfolgung ausgehen: man wird solche unschuldige Bürger für unnütze Bürger erklären: sind sie einmal unnütz so werden sie zeitig genug ungeschickt seyn, ihre Güter zu verwalten — Mehrere Länder von Europa sind in ofnem Aufruhr. In vielen ist ein hohles Gemurmel unter dem Boden; die schwankende Bewegung die wir von Zeit zu Zeit verspüren, ist der Vorbothe eines allgemeinen Erdbebens in der politischen Welt. Schon entstehen in verschiednen Ländern Verbindungen und Correspondenzen von der

„phische Abhandlungen zu Cicero von den „Pflichten, 2ter Theil, S. 170. A. d. U.

allerseltſamſten Art *). Bey dieſer Lage der Sachen wird es
denn wohl dringend, auf ſeiner Hut zu ſeyn. In allen Revolutionen die wir zu erwarten haben (wenn Revolutionen einmal
unvermeidlich ſind) wird nichts den Stachel der Verderblichkeit
ſo ſicher abſtumpfen, nichts das Gute, was ſie bey ſich führen
mögen, ſo unvermiſcht hervorziehen, als daß wir ihnen
ein Gemüth voll unerſchütterlicher Liebe zur Gerechtigkeit und
voll tiefgewurzelter Zärtlichkeit für das Eigenthum entgegen
tragen.

Doch dieſe Confiscation, ſagen ihre Vertheidiger, darf andre Nationen nicht in Schrecken ſetzen. Sie iſt nicht das
Werk einer blinden Raubſucht, ſondern der überlegte Entſchluß
tiefer Staatsklugheit, welche den Plan hatte, ein großes
Reich von der Laſt eines alten, weitverbreiteten, übermächti-
gen und gefährlichen Aberglaubens zu befreyen — Mir wird
es unendlich ſchwer, Staatsklugheit und Gerechtigkeit getrennt
zu denken. Die große, bleibende Staatsklugheit der bürgerlichen Geſellſchaft, iſt — Gerechtigkeit. Jede auffallende Abweichung von ihr geräth unvermeidlich in den Verdacht, gar
nicht mehr Staatsklugheit zu ſeyn.

Wenn Menſchen durch längſt vorhandne Geſetze und
Verfaſſungen aufgemuntert werden, eine gewiſſe Lebensart zu
ergreifen; wenn dieſe Lebensart von jeher als rechtmäßig anerkannt worden iſt: wenn ſie ihre Neigungen und ihren Ideengang dazu gewöhnten: wenn uralte Sitten und Meynungen mit
der Befolgung gewiſſer Vorſchriften ihre Ehre, mit der Uebertretung derſelben ihre Schande und ſogar Strafe verknüpft haben, dann iſt es ein ungerechtes Unternehmen einer geſetzgebenden Macht, durch einen plötzlichen Umſturz der alten Lebensweiſe

P 4

*) Siehe zwey Bücher, betitelt: Einige Originalſchrif-
ten des Illuminaten-Ordens — Syſtem und
Folgen des Illuminaten-Ordens — — Es iſt
merkwürdig genug, daß der engliſche Verfaſſer dieſe
beyden Schriften citirt, und an dieſem Orte citirt.
A. d. U.

ihren Principien und ihren Empfindungen zu gleicher Zeit Gewalt anzuthun, sie unbarmherzig aus ihrem Stande und aus allen ihren Verhältnissen zu reißen, und alles was bisher die Quelle ihrer Glückseligkeit und der Maßstab ihrer Ehre gewesen war, mit Schmach und Verachtung zu brandmarken. Wenn nun hiezu noch Verbannung aus ihren Wohnungen, und Confiscation ihrer Güter kömmt: dann reicht mein Scharfsinn nicht mehr hin, um dies despotische Spiel mit den Gefühlen, den Ueberzeugungen, den Vorurtheilen und den Besitzungen einer ausgebreiten Menschenclasse von der frechsten Tyranney zu unterscheiden.

Da die Ungerechtigkeit in den Beschlüssen der Nationalversammlung so einleuchtend ist, so müßte die Staatsklugheit, das heißt, der Vortheil, welchen die Nation davon zu erwarten hat, wenigstens eben so einleuchtend, und von entschiedner Wichtigkeit seyn. Jeder, der nicht von Leidenschaften getrieben wird, der bey seinen Planen das allgemeine Beste und nichts weiter zum Zweck hat, wird augenblicklich erkennen, daß die wahre Klugheit ganz andre Regeln vorschreibt, wenn von der ersten Einführung eines Instituts die Rede ist, ganz andre, wenn es auf dessen Abschaffung ankömmt, zumal wenn diese Abschaffung da Statt finden soll, wo ein solches Institut weite und tiefe Wurzeln geschlagen, und wo Dinge von größerm Werth als es selbst haben mag, sich daran angeschlossen und so damit verwebt haben, daß man es, ohne diese wesentlich zu verletzen, nicht ausrotten kan. Der wahre Staatsmann würde schüchtern zu Werke gehen, wenn der Fall auch wirklich so wäre, wie ihn die Sophisten in ihren abgeschmackten Deklamationen aufstellen. Aber so ist er nicht. Es giebt hier, wie in den meisten Problemen der Politik, einen Mittelweg Es giebt ein drittes zwischen absoluter Ausrottung und unveränderter Beybehaltung. Spartam nactus es, hanc exorna — Dies ist, meiner Meynung nach, eine Regel voll tiefer Weisheit und die einem redlichen Verbesserer unablässig vor dem Gemüth schweben sollte. Ich begreife nicht, wie es irgend ein Mensch bis zu einer solchen Raserey des Eigendünkels gebracht haben kan, daß er sein Vaterland wie ein Stück weiß Papier ansieht, worauf er kritzeln kan, was ihm beliebt. Ein thätiger Geist voll lebhafter und wohlwollender Spekulationen, kan wünschen, daß die Gesellschaft, in der er lebt, anders organisirt seyn möchte als er sie findet: aber ein guter Patriot und ein wahrer Staatsmann sucht allemal aus dem schon vorhandnen Stoff, den ihm sein Vaterland darbietet, soviel zu machen als möglich ist. Neigung zum Erhalten und Geschicklichkeit zum Verbessern, sind die beyden Elemente, deren Vereinigung in meinen Augen den Charakter des großen Staatsmanns bilden. Alles was hievon abweicht, verräth den gemeinen Kopf in der Erfindung, und eröfnet den Ruin der Gesellschaft in der Ausführung.

Es giebt Augenblicke im Lebenslaufe der Staaten, wo einzelne Menschen berufen sind, durch große Geistesanstrengungen wichtige Verbesserungen zu bewirken. In solchen Augenblicken fehlt es diesen Menschen, wenn sie auch das volle Vertrauen des Fürsten und des Landes besitzen, und mit dem größten Ansehen bekleidet sind, doch nicht selten an schicklichen Werkzeugen. Ein Staatsmann der große Plane durchsetzen soll, sieht sich, wie der Mechaniker der große Lasten bewegen soll, nach einer Kraft um: findet er diese Kraft, so wird er sie, so gut als der Mechaniker die seinige, zum Zweck zu lenken wissen. So lag, meines Erachtens, in den mönchischen Instituten eine sehr brauchbare Kraft für den Mechanismus einer wohlwollenden Politik. Da waren ansehnliche Einkünfte, die schon eine gemeinnützige Bestimmung hatten, da gab es Menschen, die ganz für gemeinnützige Zwecke abgesondert waren; Menschen, die vermöge ihres Standes und Berufs von keinen andern als gemeinnützigen Banden wissen, keine andre als gemeinnützige Triebfedern haben durften; Menschen, die sich in der Unmöglichkeit befanden, die Güter ihrer Gemeinheit in Privatbesitzungen zu verwandeln, die kaum ein persönliches Interesse kannten; die, wenn sie geizten, nur für eine Gesellschaft geizten; Menschen, denen Armuth ehrenvoll war, bey denen blinder Gehorsam die Stelle der Freyheit vertrat. Umsonst mag der, der solcher Dinge bedarf, sich weit und breit nach Mitteln umsehen, sie hervorzubringen. „Der Wind bläset, wo er will." Solche Institute sind die Kinder des Enthusiasmus, aber sie werden die Werkzeuge der Weisheit. Weisheit kan keinen Stoff hervorbringen: Natur oder Zufall liefern ihn: Der Weisheit Stolz ist — sich seiner zu bedienen. Das ununterbrochne Leben solcher Corporationen und die Ewigkeit ihrer Besitzungen sind Momente von äußerster Wichtigkeit für jeden, der weit-aussehende Anlagen entworfen hat und mit Planen schwanger geht, die nur langsam und spät reifen können, und denen er Dauer sichern möchte, wenn sie vollendet sind. Wie kan man Ansprüche auf einen hohen Rang, wie auch nur auf die geringste Stelle unter den großen Staatsmännern machen, wenn man eine solche Kraft als die, welche in den Reichthümern, der Disciplin und dem Charakter der geistlichen Corporationen lag, in Händen hat, und sie durchaus zu keinem großen und bleibenden Gewinn für sein Vaterland zu benutzen weiß. Die Nationalversammlung konnte nichts, als sie zerstöhren: einem denkenden und fruchtbaren Geiste würden beym Anblick eines solchen Schatzes tausend Ideen und Entwürfe zugeströmt seyn. Die Vernichtung irgend einer Kraft, die aus dem rohen, schöpferischen Boden der menschlichen Seele wild hervorgeschossen war, ist in der moralischen Welt von gleichem Gewichte, als die Zerstöhrung einer körperlichen Grundkraft in der physischen. Sie ist gerade so thörigt, als ein Versuch, die Elasticität der fixen Luft im Salpeter, oder die Gewalt der Dünste, oder das Urprincip der Electricität oder des Magnetismus (wenn menschliche Kunst bis dahin reichte) auszurotten. Alle diese Kräfte lagen beständig in der Natur, und ihre Wirkungen waren von jeher sichtbar. Aber man achtete ihrer nicht: sie schienen zum Theil zwecklos, zum Theil verderblich, zum Theil für Zeitvertreibe und Kinderspielwerke gemacht zu seyn, bis der Geist des tiefsinnigen Beobachters mit der Hand des schaffenden Künstlers sich vereinte, ihrem wilden Fluge Fesseln anlegte, sie unter das Joch menschlicher Absichten und Richtungen beugte, und so aus ihnen

zugleich die mächtigsten und die folgsamsten Diener bey den großen
Unternehmungen des Herrn der Erde bildete. Waren 50,000
Menschen, deren geistige und körperliche Thätigkeit Ihr gebrauchen konntet, waren so viele Hunderttausende jährlicher Einkünfte die keiner von den Vorwürfen trifft, womit Ihr die ehmaligen Besitzer derselben belastet, eine zu schwere Masse um
durch Eure Geschicklichkeit regiert zu werden? Verstandet Ihr
die Menschen auf keine andre Weise zu benutzen, als daß Ihr
aus Mönchen Pensionärs machtet? Wußtet Ihr die großen
Einkünfte auf keine andre Weise anzulegen, als daß ihr nach
Verschwendermanier, den Fonds veräußertet? Wenn Ihr so
armseligen Geistes wart, so wird euer Verfahren begreiflich.
Eure Staatsmänner verstehen ihr Gewerbe nicht: es blieb
ihnen nichts übrig, als das Handwerkzeug zu verkaufen.

„Aber diese Institute sind auf Aberglauben allein gegründet, und sie verleihen, so lange sie vorhanden sind, dem Aberglauben eine beständige Nahrung" — Dies bestreite ich nicht:
aber es konnte euch nicht hindern, dem Aberglauben selbst seine
reichliche Beysteuer zum allgemeinen Wohl auszupressen. Ihr
benutzt andre Anlagen und andre Leidenschaften des menschlichen
Herzens, die in moralischer Rücksicht von eben so zweydeutigem
Gehalt sind, als der Aberglaube. Eure Sache war es, das,
was in dieser Leidenschaft, so wie in allen Leidenschaften, schäd-
liches lag, zu mildern und zu verbessern. Ist denn Aberglaube
das größte aller Laster? Ich bin sehr überzeugt, daß er in seiner
höchsten Ausschweifung ein fürchterliches Uebel werden kan. Er
ist indessen als eine Eigenschaft des menschlichen Gemüths ein Gegenstand moralischer Behandlung, folglich aller Gradationen und
Bestimmungen fähig. Aberglaube ist die Religion schwacher
Seelen; ein Zusatz von Aberglauben muß schlechterdings in einer
oder der andern — kindischen oder schwärmerischen — Gestalt in
solchen Seelen geduldet werden, weil man sonst die Schwachen
um eine Stütze bringen würde, deren die Stärksten nicht einmal
entrathen können. Das Wesen aller Religion besteht unstreitig in
der Unterwerfung des menschlichen Willens unter den Willen des

obersten Weltregierers, im Vertrauen auf seine Führungen, in
der fernen Nachahmung seiner unerreichbaren Vollkommenheit.
Das übrige ist unser Werk. Es kan jenem großen Hauptzweck
förderlich, es kan ihm hinderlich seyn. Weise Menschen, die als
solche nichts bewundern (wenigstens nichts, was unter die mu-
nera terrae gehört) werden diese Nebendinge weder ungestüm
lieben, noch ungestüm hassen. Ueberhaupt ist Weisheit nicht der
strengste unter den Züchtigern der Thorheit. Es sind die entgegengesetzten Thorheiten, welche die blutigsten und unversöhnlichsten
Kriege mit einander führen, und welche sich ihrer Vortheile aufs
grausamste bedienen, wenn es ihnen gelingt, den unbändigen
Pöbel auf die eine oder die andre Seite ihres Kampfes zu ziehen.
Weisheit wird immer neutral bleiben. Wenn aber ein kluger
Mann in der Hitze des Gefechts zwischen blinder Liebe und wü-
thendem Haß, da wo der Gegenstand keines von beyden verblent-
schlechterdings gezwungen wäre, gewisse Irrthümer und Ausschweifungen zu verwerfen, und andre beyzubehalten, so würde
er wahrscheinlich die Thorheit, welche aufbaut, erträglicher finden, als die welche niederreißt; die, welche ein Land bereichert,
lieber ergreifen als die, welche es plündert; die, welche übelverstandne
Wohlthaten vertheilt lieber als die, welche offenbare Ungerechtigkeiten ausübt; die, welche dem Menschen gebietet, sich selbst erlaubte
Freuden zu versagen, lieber als die, welche andern den dürftigen Unterhalt ihrer Selbstverläugnung entreißt — So und nicht anders ist die wahre Lage der Sache, wenn man zwischen den
alten Stiftern des mönchischen Aberglaubens und den
Anhängern des philosophischen Aberglaubens, den
eingebildeten Weisen des Tages, entscheiden soll.

Ich setze jetzt alle Betrachtungen über den angeblichen Vortheil des Staats beym Verkauf der geistlichen Güter bey Seite,
ob ich gleich gestehen muß, daß ich diesen Vortheil für völlig schi-
märisch halte. Ich will diesen Augenblick blos die Veränderung im Besitzstande, die dadurch bewirkt worden ist, in Erwägung ziehen, und ohne Weitläuftigkeit untersuchen,

wie die Staatsklugheit von dieser Veränderung urtheilen möchte.

In jedem wohlhabenden Staat wird mehr producirt, als zum unmittelbaren Unterhalt der Producirenden nöthig ist. Der Ueberschuß macht das Einkommen des Grundbesitzers aus, wird also von einem Menschen verzehrt, welcher selbst nicht arbeitet. Dieser Müssiggang des Eigenthümers aber ist die Veranlassung zu hundertfältiger Arbeit: seine Ruhe ist ein Sporn für die Thätigkeit andrer. Die einzige Sorge des Staats ist nur, daß das Capital erhalten werde, daß so viel von den Renten, als möglich ist, wieder zur Belebung der Industrie die sie hervorbrachte, zurückkehre, und daß das, was verzehrt wird, den Sitten des Besitzers so wie den Sitten derer, welchen er es wieder zuwendet, den kleinsten möglichen Nachtheil zufüge.

Ein weiser Gesetzgeber wird allemal, ehe er sich entschließt, einen alten Besitzer zu vertreiben, und einen neuen in seine Stelle zu setzen, beyde aufs sorgfältigste und aus mehrern Gesichtspuncten mit einander vergleichen. Ehe man sich den Gefahren aussetzt, die mit gewaltsamen Revolutionen im Eigenthum auf dem Wege weitgreifender Confiscationen unzertrennlich verknüpft sind, muß man hinlänglich überzeugt seyn, daß die Erwerber der confiscirten Güter um ein beträchtliches arbeitsamer, regelmäßiger, moralischer, daß sie weniger geneigt, dem Arbeiter eine unbillige Portion seines Gewinns abzudringen, oder einen übertriebnen Theil der Einkünfte in eigner Person zu verzehren, daß sie fähiger seyn werden, den Ueberschuß derselben auf eine weise und gleichförmige Art, so wie es den großen Zwecken der Staatswirthschaft angemessen ist, zu verwenden — als die alten Besitzer, diese mögen nun Bischöfe, Domherrn, Aebte oder Mönche heißen, „Mönche sind träge." Es sey so! Gesetzt sie hätten keine andre Beschäftigung als im Chor zu singen. So sind sie doch wenigstens nicht unnützer als eine Menge derer, die weder singen noch reden, gewiß nicht unnützer als die, welche auf der Bühne singen. Sie sind eben so nutzbar beschäftiget, als wenn sie vom Anbruch des Tages bis in die Nacht eins aus dem zahllosen Heer der überflüßigen, knechtischen, lichtscheuen, entmannenden — oft pestilentialischen und tödtlichen Gewerbe treiben, zu welchen der Luxus der bürgerlichen Gesellschaft tausend Unglückliche unwiderruflich verdammt hat. Wenn es nicht überall schädlich wäre, den natürlichen Lauf der Dinge zu hemmen und das große Circulationsrad, zu deßen Umwälzung auch die so seltsam gerichtete Thätigkeit dieser Elenden das ihrige beyträgt, irgendwo aufzuhalten, so würde ich mich weit geneigter fühlen, diese Menschen von ihrer traurigen Industrie loszureißen, als den süßen Frieden klösterlicher Einsamkeit zu stöhren. Menschlichkeit und vielleicht selbst Politik würden jenes Unternehmen eher billigen als dieses. Es ist ein Gegenstand, über den ich oft gedacht habe, und nie, ohne dabey zu leiden. Nichts ist gewißer als daß nur die Nothwendigkeit, sich der Herrschaft des Luxus und der Tyranney der Moden zu unterwerfen, die bey der Vertheilung des Ueberschußes vom Produkt des Bodens keiner Regel als ihrem Eigensinn folgen, die Zulaßung solcher Beschäftigungen und Gewerbe in einem wohl eingerichteten Staat rechtfertigen kan. Um zu dieser Vertheilung aber den Stoff zu geben, dazu dienen die unnützen Ausgaben der Mönche so gut, als die unnützen Ausgaben der Müßiggänger unter den Layen.

Wenn die Vortheile bey der Erhaltung des zeitherigen Besitzers, und die Vortheile bey der Aufnahme eines neuen, einander die Wage halten, so ist kein Grund zur Veränderung vorhanden. Wie aber, wenn auch dies hier nicht einmal der Fall wäre? wenn der Unterschied zu Gunsten der alten Besitzer ausschlüge? Mir scheint es nicht, daß die Ausgaben derer, welche man in Frankreich vertrieben hat, die Wirkung, die, durch deren Hände sie gehen, zu verderben, so unmittelbar und so durchgängig gehabt haben können, als die Ausgaben der neuern Günstlinge, die man in ihre Häuser gesetzt hat, sie haben werden. Was sollten wir in der Verwendung großer Landrenten anstößiges und unerträgliches finden, wenn wir sie der Anhäufung großer Bibliotheken gewidmet sehen, welche die Archive der Stärke und der Ohnmacht des menschlichen Geistes sind;

der Anschaffung alter Münzen und Diplome, welche Gesetze und
Gebräuche aufbewahren und erklären; kostbarer Gemählde und
Bildsäulen, welche die Gränzen der Natur, indem sie ihr nach-
eifern, zu erweitern scheinen: großer Denkmähler der Todten, die
den Blick des Lebenden und seine Verbindungen über das Grab hinaus führen; weitläuftiger Naturaliencabinetter, die eine Versammlung von Repräsentanten aller Classen und Geschlechter der
Welt darstellen, und den Zugang zu den Wissenschaften durch
gereizte Neugier eröffnen, und durch kunstreiche Anordnung er-
leichtern? Wenn in großen bleibenden Instituten alle diese Gegenstände einer vernünftigen Pracht vor den Gefahren gesichert
werden, die ihnen von dem Leichtsinn und den Launen der Pri-
vatpersonen drohen, sind dann die Summen, die man darauf
verwendete, schlechter angelegt, als wenn sie die vorüberrauschenden Grillen und Begierden tausend einzelner Besitzer befriedigt hätten? Fließt nicht der Schweiß des Maurers und des
Zimmermanns eben so angenehm und eben so heilsam, wenn er
die Religion einen majestätischen Tempel erbaut, als wenn er
dem Luxus seine Sommerhäuschen, der Schwelgerey ihre
schmutzigen Schlupfwinkel bereitet; eben so ehrenvoll und nutzbar bey der Ausbesserung dieser alten Monumente, die der Rost
so manches Jahrhunderts deckt, als bey den vergänglichen
Wohnplätzen flüchtiger und unstäter Wollust, bey Opernhäusern
und Spielhäusern und Freudenhäusern und Clubhäusern und
Obelisken auf dem Märzfelde? — Wird der Ueberschuß
vom Produkt der Olive und des Weinstocks mehr gemißbraucht,
wenn er denen, die ein frommer Wahn für höhere Wesen hält,
weil er sie mit Gott näher verbunden glaubt, ihren mäßigen Unterhalt reicht, als wenn er die zahllose Menge der unnützen
Diener der Eitelkeit und Thorheit einiger Großen füttert? Ist
die Auszierung der Gotteshäuser eine Ausgabe die einem weisen
Manne weniger ziemt, als Bänder und Tressen und National-
cocarden und Landhäuschen, und Nachtpartheyen und alle die
zahllosen Schwelgereyen und Geckereyen, in welchen der Reiche
seinen lästigen Ueberfluß verhandelt?

Selbst diese werden geduldet, nicht weil sie gut an sich sind, sondern bloß, weil noch schlechtre in ihre Stelle treten könnten und weil überdies Eigenthum und Freyheit ihre Duldung in einem gewissen Grade unvermeidlich machen. Warum sollten wir einen andern, in jeder Rücksicht löblichern Gebrauch der Güter verwerfen? Warum sollten wir sie mit Verletzung alles Eigenthums und Uebertretung aller Freyheitsprincipien aus den bessern Händen in die schlechtern verbannen?

Diese ganze Vergleichung zwischen den neuen Besitzern und den alten ist bisher noch immer in der Voraussetzung angestellt, daß die letzten keiner Verbesserung fähig waren. Es ist aber sehr natürlich, daß, sobald von Reformen die Rede ist, Corporationen weit mehr unter der Gewalt des Staats stehen, als einzelne Bürger je darunter stehen können und dürfen; und dies ist doch ein höchst wichtiger Umstand für jeden der etwas unternimmt, das den Namen einer Staatsoperation verdienen soll — So weit in Ansehung der Güter der Klostergeistlichkeit.

Wende ich mich zu den Gütern der Bischöfe, der Domherren und der weltlichen Aebte, und untersuche die Gründe der Einziehung derselben, so kan ich schlechterdings nicht entdecken, weshalb alle Ländereyen in einem Staat nur auf eine einzige Weise besessen, nur auf eine einzige Weise vererbt werden sollen. Kan mir irgend ein philosophischer Plünderer nachweisen, was übles darin liegt, daß eine gewisse, wenn auch ziemlich ansehnliche Portion des Landeigenthums in einer Reihe von Personen fortgepflanzt wird, die der Absicht der Stiftung nach immer, und sehr häufig in der That Frömmigkeit, Sittlichkeit und Gelehrsamkeit im ausgezeichneten Grade besitzen? daß es Einkünfte im Staat giebt, welche vermöge ihrer Bestimmung nach Maßgabe persönlicher Verdienste den angesehensten Familien Unterstützung und neuen Glanz, den niedrigsten die Mittel, zu Würde und Hoheit zu gelangen, verleihen? Einkünfte mit deren Genuß die Ausübung gewisser Pflichten (was nun auch der Werth dieser Pflichten seyn mag) als eine Bedingung verknüpft ist, die wenigstens äußern Anstand und äußre Strenge der Sitten vorschreiben? die

eine edle aber nie ausschweifende Gastfreyheit beleben, wovon
ein Theil den Werken der Barmherzigkeit gewidmet ist, und de=
ren Inhaber, wenn sie auch ihre Obliegenheiten nicht erfüllen,
wenn sie ihrem Stande untreu werden, und in gewöhnliche
Edelleute oder Güterbesitzer ausarten, immer noch eben so gut seyn
können, als die, denen man ihre confiscirten Güter einzuräumen
gedenkt? Ist es besser, daß Grundstücke von denen besessen wer=
den, welchen gar keine Pflicht vorgeschrieben ist, als von denen,
die wenigstens einige zu beobachten haben? von denen, deren
Stand und Beruf gewisse Tugenden, und wäre es denn auch
nur den Schatten gewisser Tugenden erheischt, als von denen,
die in der Verwaltung ihres Vermögens kein ander Gesetz ken=
nen als ihren Willen und ihre Neigungen? — Es ist auch un=
gegründet, daß die schlimmen Folgen des Besitzes der todten
Hand die Ländereyen der Geistlichkeit in dem Grade wie man
behauptet hat, träfen*). Sie kommen fast schneller als alle übrigen,
aus einer Hand in die andre. Uebermaß ist allenthalben schädlich,

---

*) Obgleich unter den Besitzungen der todten Hand
in den alten Urkunden, Gesetzen und Statuten häufig und
in den neuern Dokumenten und Schriften fast durchgängig
die Güter der Geistlichkeit und andrer Corporationen ver=
standen werden, so wissen doch alle, welche mit den Ge=
bräuchen und der Sprache des Mittelalters bekannt sind,
daß diese Bedeutung des Worts im Grunde nur eine ab=
geleitete und uneigentliche Bedeutung ist, und daß ur=
sprünglich der Ausdruck: Güter der todten Hand
(praedia manus mortuae) nichts anders bezeichnete, als
die Besitzungen einer in den Zeiten des Lehenssystems sehr
zahlreichen Classe von Leibeignen, die über das Ihrige auf
keine Weise, weder durch Testament noch durch Schenkun=
gen disponiren konnten, weil bey ihrem Tode alles, was
sie gehabt hatten, dem Herrn wieder zufiel. Eine Ver=
fassung von so entschiedner Verderblichkeit, daß selbst gleich=
zeitige Schriftsteller wenn sie davon sprechen, sie consue=
tudinem pessimam, lineae humani generis inhumanam
nennen. S. Du Cange Glossarium mediae et
infimae latinitatis. voc. manus mortua.
A. d. U.

Q

und es ist daher nicht zu wünschen, daß eine zu große Masse von Landeigenthum mit gewissen Aemtern auf Lebenszeit verbunden werde. Aber es ist nicht abzusehen, wie irgend ein Staat wesentlich darunter leiden kan, wenn Verdiensten und Talenten, die die Natur bey der Geburt nicht begünstigte, eine Aussicht auf eine glänzende Station übrig gelassen wird, und wenn es einen Gegenstand giebt, den man erwerben kan, ohne vorher Geld erworben zu haben.

———————